論孟義理別裁

陳滿銘◎著

目次

附錄

自序

自民國五十六年起，就一直被安排擔任「四書」的課，不曾間斷過。開始的十幾年，先後教的全是體育、數學、工業教育等外系的「學庸」。而在十幾年前，由於課程之需要，才從外系調回本（國文）系來任課，除了講授大三的「學庸」外，又擔任大一的「論語」課，而且在夜間教學碩士班開「中國文化基本教材專題研究」的課程。由於《學》、《庸》的思想，包括《孟子》的主張，主要淵源於孔子學說，和《論語》有血脈關係，所以講起這幾門課來，很容易收到互相會通、印證的效果。就在這互相會通、印證之過程中，先後又將平日自己體會或教學所累積的心得予以彙整，寫了一些長短不一的論文，發表在各刊物或專書裡。此外，又受三民書局之邀，修訂《四書讀本》，負責《學》、《庸》，並協助校閱《論語》的部分；並且參與高中、高職《中國文化基本教材》課本與教師手冊的編撰工作，負責《論語》、《學》、《庸》的部分。這些難得之機緣，使自己在「生命的學問」之成長路程上，得以走得步履雖平緩，卻還留下一點足跡，可說是頗值得慶幸之事。

孔門的學說，以「仁且智」的聖人境界為其最高理想，而這種理想，必須透過「好學」，「由智而仁」（自明誠）地以人為之努力，激發「由仁而智」（自誠明）的天然潛能，使「仁」（成己）與「智」（成物）兩者產生互動、循環而提升的作用，逐漸由「偏」（局部）而「全」（整體）地增進不已，最後臻於「仁且智」的聖人境界。如此合天（天之道）、人（人之道）為一，是使人無限往上自覺的康莊大道，這種思想在《論語》一書裡，可以找到它的源頭、脈絡，而以《中庸》一書，發展得最為成熟而完整；至於《孟子》與《大學》，則前者較側重於「由仁而智」（自誠明）的「天之道」，後者較側重於「由智而仁」（自明誠）的「人之道」，兩者雖各有所偏重，而其歸趨卻一致。由此看來，程、朱把它們合為《四書》，是很有道理的。

兩年前，為教學之需要，集結有關《學》、《庸》的論文共十五篇，由萬卷樓圖書公司出版了《學庸義理別裁》一書，供學生參考。而這本論文集，則集結十二篇（含附錄兩篇）有關《論》、《孟》的論文，依次是：（一）〈談孔子的四教：文、行、忠、信〉（《孔孟月刊》二十三卷一期，一九八四年九月）、（二）〈孔子的仁智觀〉（《國文天地》十二卷四期，一九九六年九月）、（三）〈談《論語》中的「義」〉（《高中教育》六期，一九九九年六月）、（四）〈論博文約禮〉（《中國學術年刊》二十一期，二〇〇〇年三月）、（五）〈《孟子・養氣》章的篇章結構〉（《慶祝莆田黃錦鋐教授八秩嵩壽論文集》，二〇〇一年六月）、（六）〈《論語》中的「道」〉（《孔孟月刊》四十卷六期，二〇〇二年二月）、（七）〈論《論語》中的「直」〉（《孔孟月刊》四十一卷一期，二〇〇二年九月）、（八）〈《論語》「天生德於予」辨析〉（《師大學報》四十七卷二期，二〇〇二年十月）、（九）〈《論語》「志道」、「據德」、「依仁」、「游藝」臆解〉（《中國學術年刊》二十四期，二〇〇三年三月）、（十）〈《孟子》義利之辨與《論語》、《大學》〉（《孔孟月刊》四十一卷七、八、九期，二〇〇三年三、四、五月）、（附錄一）〈談儒家思想體系中的螺旋結構〉（《國文學報》二十九期，二〇〇〇年六月）、（附錄二）〈論「多」、「二」、「一（0）」的螺旋結構〉（《師大學報》四十七卷三期，二〇〇三年四月）。此十二篇文章，除了「附錄」兩篇是「求同」外，其他的都從各個角度「求異」。也就是說前十篇，都是可以由「附錄」兩篇來加以統合的。

我們的祖先，生活在廣大「時空」之中，整天面對紛紜萬狀之現象界，為了探其源頭，確認其原動力，以尋得其種種變化的規律，孜孜不倦，日積月累，先後留下了不少寶貴的智慧結晶。大致說來，他們先由「有象」（現象界）以探知「無象」（本體界），再由「無象」（木體界）以解釋「有象」（現象界），就這樣一順一逆，往復探求、驗證，久而久之，終於形成了他們的宇宙人生觀。而這種宇宙人生觀，各家雖各有所見，但若只求其同而不求其異，則總括起來說，都可以從「（0）一、二、多」（順）與「多、二、一（0）」（逆）的互動、循環而提升的螺旋關係上加以統合。就以《論語》來說，各種德行是「多」，「仁」與「智」是「二」，而「仁且智」的聖域或其原動力（太極、至誠），則為「一（太極）0（至誠）」。這樣來看待孔子的人道思想（「多、

二、一（0）」），既最能掌握要領，就是來探討其天道思想（「（0）一、二、多」），也一樣暢通無阻，直達源頭。因此本書附錄〈論儒家思想體系中的螺旋結構〉與〈論「多」、「二」、「一（0）」的螺旋結構〉兩篇論文，有著「一以貫之」的作用。

在此出版前夕，把有關這本論文集的一些事，略作陳述，一面既藉以自勉，一面也希望藉此對讀者提供些許幫助，以增進對這本論文集的認識；更希望以此就正於方家學者。

序於台灣師大國文系八三五研究室

二〇〇三年五月三日

談孔子的四教：文、行、忠、信

一、前言

孔子一生，志存匡濟，而事與願違，既未受到列國諸侯的重用，也未獲得父母之邦的信任，於是退而講學於洙泗，造就了三千子弟，成功的為我國的教育開拓了一條康莊大道。就在他半生的講學生涯中，曾經留下許許多多有關教育的寶貴理論與措施，供後人遵循；而其中涉及教育之內容與步驟的，雖為數不少，但就簡要、周備而論，則不得不推「文、行、忠、信」四教了。這所謂的四教，見於《論語．述而》：

子以四教：文、行、忠、信。

對於這一章，何晏《集解》說：

四者有形質，可舉以教。

邢昺疏云：

此章記孔子行教以此四事為先也。文，謂先王之遺文；行，謂德行：在心為德，施之為行；中心無隱，謂之忠；人言不欺，謂之信；此四者有形質，故可舉以教也。

朱子《集註》說：

程子（頤）曰：「教人以學文、修行而存忠信也。忠信，本也。」

而劉寶楠《正義》則云：

文，謂《詩》、《書》、禮、樂；凡博學、審問、慎思、明辨，皆文之教也。行，謂躬行也；中以盡心曰忠；恆有諸己曰信。人必忠信，而後可致知、力行，故曰：「忠信之人，可以學禮。」此四者，皆教成人之法，與教弟子先行後學文不同。

從上引的註文中，我們不難發現，他們對文、行、忠、信的解釋，大都過於簡略，並且也未盡一致，實在無法使人藉以了解各自的內容；而他們雖已用了形質、本末或先後來表出四教之間的關係，但也依然籠統了些，是不足以由此看出四教步驟的嚴密來的。因此實有進一層的加以辨析並補充的必要；本文即基於這個必要，嘗試對這四教，先依序作個別的探討，再逐步把它們綜合、串聯起來，辨明它們本末、先後的關係，以見孔子教育內容之充實與步驟之嚴密。

二、文之教

所謂的「文」，照邢昺的疏，指的是「先王之遺文」，而這「先王之遺文」，依劉寶楠看來，即「《詩》、《書》、禮、樂」。他們的這種說法，究竟是正確、周延呢？還是有所偏差、缺憾？這就有待我們從《論語》中引出一些有關的文字來看看了。

「文」字在《論語》一書裡，出現過很多次，其中用作名詞的，除了是人名、謚號或指文采、文字者外，尚有如下數章：

子曰：「弟子入則孝，出則弟，謹而信，汎愛眾而親仁，行有餘力，則以學文。」（〈學而〉）

子貢曰：「夫子之文章，可得而聞也；夫子之言性與天道，不可得而聞也。」（〈公冶長〉）

子曰：「君子博學於文，約之以禮，亦可以弗畔矣乎！」（〈雍也〉）

子曰：「文，莫吾猶人也；躬行君子，則吾未之有得。」（〈述而〉）

子曰：「大哉堯之為君也。……巍巍乎其有成功也，煥乎其有文章！」（〈泰伯〉）

子畏於匡，曰：「文王既沒，文不在茲乎？天之將喪斯文也，後死者不得與於斯文也；天之未喪斯文也，匡人其如予何？」（〈子罕〉）

顏淵喟然歎曰：「……夫子循循然善誘人，博我以文，約我以禮，欲罷不能。」（〈子罕〉）

曾子曰：「君子以文會友，以友輔仁。」（〈顏淵〉）

孔子曰：「……故遠人不服，則修文德以來之。」（〈季氏〉）

上引的「文」字，見於〈學而〉、〈雍也〉和〈子罕〉（博我以文）的，指的全是文獻，也就是先王所遺下的《詩》、《書》、禮、樂典籍；見於〈述而〉和〈顏淵〉的，指的同是知識、學問，顯然也未越出《詩》、《書》、禮、樂等的範圍；而見於〈公冶長〉和〈泰伯〉，與「章」字合為「文章」一辭的，則前者是指《詩》、《書》、禮、樂的學問，後者是指禮樂制度；至於見於〈子罕〉（文不在茲乎）和〈季氏〉的，乃一指文化的傳統，一指政教的修治，雖然所側重的各不相同，但無疑的仍是繞著禮樂來說的。可見這些「文」字所指的，不是《詩》、《書》、禮、樂等文獻或學識，就是禮樂的推行與傳統。由此足以看出邢昺和劉寶楠兩人的說法，是正確的，只不過是稍欠周延、明晰罷了。

說實在的，孔子的「文」教，所強調的乃在於知識、學問的廣泛獲得；要獲得廣泛的知識、學問，則非從「先王之遺文」著手不可；而「先王之遺文」，又不外是《詩》、《書》、禮、樂而已。所以孔子教人，必先取《詩》、《書》、禮、樂為教材，來教導學生從中學得待人、做事的道理。這和《中庸》「明善」（即「自明誠」之「明」）、《大學》「格物」、「致知」的主張，可以說是相互貫通的。因此趙順孫《四書纂疏》引《朱子語錄》說：

> 文便是窮理，豈可不見於行？然既行矣，又恐行之未有誠實，故又教之以忠信，所以程子言忠信為本，蓋非忠信，則所行不成耳。

又引陳氏說：

須知學文，所以窮理；修行，所以體是理於身；而存忠信，又所以萃是理於心者也。

而劉寶楠也認為「博學、審問、慎思、明辨」，都是「文之教」。關於這點，《論語．公冶長》裡有段記載，可以使我們獲得更充分的認識，那就是：

子貢問曰：「孔文子何以謂之文也？」子曰：「敏而好學，不恥下問，是以謂之文也。」

孔子「敏而好學，不恥下問」的兩句話，不是正好為「文」字下了最好的注腳嗎？泛泛從文獻的學習上說是如此，若根本的從文獻的內涵上來說，則《詩》、《書》、禮、樂等典籍所蘊含的，雖包羅萬象，卻不外人情與天理，是可以用一個字來貫穿它們的，那就是禮。在《禮記》的〈禮運〉裡曾載孔子的話說：

夫禮，先王承天之道，以治人之情，故失之者死，得之者生。《詩》曰：「相鼠有體，人而無禮；人而無禮，胡不遄死？」是故夫禮，本於天，殽於地，列於鬼神，達於喪祭、射御、冠昏、朝聘，故聖人示之，故天下國家可得而正也。

而曾文正公在〈聖哲畫像記〉一文中也說：

先王之道，所謂修己治人、經緯萬彙者何歸乎？亦曰禮而已矣。

「禮」所以能如此經天緯地、貫內通外，是由於它原就可以兼賅本末的緣故。它以「末」而言，指的是具體的禮樂條文，也就是典章制度與行為規範；而以「本」來說，則指的是抽象的禮樂原理，也就是仁義；這樣一本一末，透過了「性」的作用，自然就能合天人、內外而為一了。

禮樂的條文，眾所周知，是可以隨著時代、環境與對象的不同而有所改變的；而禮樂的原理，卻不會因為時代、環境與對象的改變而有所損益。所以初學的人，一定得透過禮樂的條文以尋得禮樂的原理，以作為待人、做事的準則。孔子曾自述其修學以成聖的歷程說：

吾十有五而志於學，三十而立，四十而不惑，五十而知天命，六十而耳順，七十而從心所欲、不踰矩。（《論語．為政》）

在開頭的兩個歷程裡，所謂「十有五而志於學」的「學」，指的便是「學禮」，也就是學習

《詩》、《書》、禮、樂的典籍；而「三十而立」的「立」，則指的是「知禮」，也就是獲得《詩》、《書》、禮、樂的學識。因此《論語．季氏》載孔子的話說：

不學禮，無以立。

又〈堯曰〉篇也載孔子的話說：

不知禮，無以立也。

由此可知，孔子的「文」教，指的便是智育，是以禮、樂、《詩》、《書》為主要教材，教人由「學禮」而「知禮」，從而獲得待人、做事的學識，以作為進一步「篤行」的依據的。

三、行之教

所謂的「行」，根據邢疏，是指「德行」；而所謂的「德行」，由他「在心為德，施之為行」

的補充說明看來，則指的是「施德於身」，換句話說，也就是「道德的行為」。在表面上，這種解釋好像很合理，不過，在《論語》一書裡，我們卻始終找不到一個「行」字是可作「德行」解的。試看下列各章：

子曰：「父在，觀其志；父沒，觀其行。」（〈學而〉）

子曰：「……言寡尤，行寡悔，祿在其中矣。」（〈為政〉）

子曰：「君子欲訥於言而敏於行。」（〈里仁〉）

子曰：「始吾於人也，聽其言而信其行；今吾於人也，聽其言而觀其行。」（〈公冶長〉）

子曰：「……吾無行而不與二三子者，是丘也。」（〈述而〉）

子曰：「……夫聞也者，色取仁而行違，居之不疑。」（〈顏淵〉）

（子）曰：「言必信，行必果，硜硜然小人哉！」（〈子路〉）

子曰：「邦有道，危言危行；邦無道，危行言孫。」（〈憲問〉）

子張問行，子曰：「言忠信，行篤敬，雖蠻貊之邦，行矣；言不忠信，行不篤敬，雖州里，行乎哉？」（〈衛靈公〉）

子曰：「……言中倫，行中慮，其斯而已矣。」（〈微子〉）

右引的「行」字，除了〈衛靈公〉「行矣」、「行乎哉」的兩個字是作動詞來用外，其餘的十五個字，全屬名詞，而且也都意指「行為」，是不能特別的當「德行」來講的。可見《論語》一書中的「行」字，在用作名詞時，說的全是「行為」，而邢昺卻特意的在「行」上加一「德」字來解釋，這正犯了「增字為訓」的偏差，與朱子訓「大學」為「大人之學」一樣，是不足取的。

行，單就「行之教」本身來說，是「行為」，但從根源上承接「文之教」而言，則是「實踐」，是「身體力行」。因此《論語．為政》載孔子的話說：

> 多聞闕疑，慎言其餘，則寡尤；多見闕殆，慎行其餘，則寡悔。言寡尤，行寡悔，祿在其中矣。

很顯然的，在這段話裡，孔子是把「慎行其餘」的「行」（實踐）與「行寡悔」的「行」（行為）串連在一起來說的，這就足以看出「行為」與「實踐」間關係的密切來了。我們再舉數章看看：

> 子路有聞，未之能行，唯恐有聞。（〈公冶長〉）
>
> 子曰：「君子義以為質，禮以行之，孫以出之，信以成之，君子哉！」（〈衛靈公〉）
>
> 孔子曰：「……隱居以求其志，行義以達其道。」（〈季氏〉）

> 子路曰：「……君子之仕也，行其義也。」（〈微子〉）

這些「行」字，我們很容易看出，都當「實踐」來講，而所實踐的，依次是所聞與禮、義。所謂「聞」，範圍雖很廣，但從根本上說，卻不外禮義；而一個人能懂得何者為禮、何者為義，則正是「文之教」的結果。《論語．述而》載孔子的話說：「文，莫吾猶人也；躬行君子，則吾未之有得。」這不就告訴了我們這種由學文而躬行所學——禮義的次序與道理嗎？所以朱子《集註》引程子的說法，在「行」上加一「修」字來顯現它的意義；而劉寶楠更以「躬行」來解釋「行」字，是有著堅實的依據的。

劉寶楠以「躬行」來釋「行」，依據的是〈述而〉「躬行君子」的一句話；如果轉就《中庸》來說，則指的是「固執」或「篤行」。《中庸》第二十章（依朱子《章句》，下併同）說：

> 誠之者，擇善而固執之者也。博學之，審問之，慎思之，明辨之，篤行之。

這裡所謂的「博學」、「審問」、「慎思」、「明辨」，說的是「擇善」的工夫，也就是「文之教」；而「篤行」，說的是「固執」的工夫，也就是「行之教」。因此，「行」可說是轉「知」（文）為「德」（忠、信）的最重要關口，乃工夫最吃緊處，是一點也疏忽不得的。假如我們對於所學，一有疏忽，不能直接用「心」去作懇切的體認，以有效的將前人證自天理、天心的寶貴經驗（文）轉換成自家的生命經驗，那麼，對前人（典籍）的一言一語、天理的一點一滴，便將疑是疑非，似懂非懂，無法產生「於我心有戚戚焉」（《孟子．梁惠王上》）的親切感受，進而使它們跳躍著生命的脈息，以收到教育的真正效果。

所以我們讀任何典籍（學文），絕不能只把它當作「知識」看待，一讀即了，而須有日新又新的實踐工夫，才能即知即行，達到知行合一的目標。孔子所以在「文之教」（智育）後，即接以「行之教」來帶動「忠」、「信」二教（德育），不是明白的告訴了我們這個道理嗎？

四、忠之教

所謂的「忠」，自古以來，人都往往把它與「恕」擺在一起，同樣的隸屬於「仁」或「誠」下，當成學者下學之事看待，以為非「道體之本然」，只是「入道之門，求仁之方」（見朱熹〈答柯國材書〉）而已。而《論語》一書中，也的確有好多處的「忠」字，是針對著下學之事來說的，譬如：

曾子曰：「吾日三省吾身：為人謀而不忠乎？與朋友交而不信乎？傳不習乎？」（〈學而〉）

子曰：「臨之以莊，則敬；孝慈，則忠。」（〈為政〉）

孔子對曰：「君使臣以禮，臣事君以忠。」（〈八佾〉）

子張問曰：「令尹子文三仕為令尹，無喜色；三已之，無慍色。舊令尹之政，必以告新令尹，何如？」子曰：「忠矣。」曰：「仁矣乎？」曰：「未知；焉得仁？」（〈公冶長〉）

樊遲問仁，子曰：「居處恭，執事敬，與人忠。」（〈子路〉）

這幾個「忠」字，無疑的，全就待人（包括君）、做事上言，可說僅是群德的一種而已。所以在《論語．里仁》「夫子之道，忠恕而已矣」句下，邢昺便解釋說：

忠，謂盡中心也；恕，謂忖己度物也。

朱子也註說：

盡己之謂忠，推己之謂恕。

而於《中庸》第十三章「忠恕違道不遠」句下，孔穎達更疏云：

忠者，內盡於心；恕者，外不欺物。恕，忖也；忖度其義於人。

很顯然的，這些解釋，沒有一個不是從下學方面來著眼的。它們捨句式而外，無論在詞面或意義上來說，都非常接近，他們同樣的在「中心」、「心」或「己」這個實體上，加一個性屬動詞的「盡」字，如同「恕」字之加「忖」或「推」字一般，看來所著重的是「用」而非「體」，似乎都不免帶有喧賓奪主和「勉強」的意味。這是他們固執的僅著眼於人為而忽略天賦來訓釋所導致的偏差。有了這種偏差，那就無怪會有許多學者一直把「忠」認作是成德的方法，而非本體了。

其實，「忠」字和「恕」一樣，是大可不必「實」上帶「虛」的添加「盡」、「推」等字以顯其義的。我們只須就字的形體看，便知「忠」就是「中心」（不偏之心）的意思，而「恕」則是「如心」（無私之心）的意思。顯而易見的，它的主體是「心」，而「中」，則和「如」一樣，是屬於限制性、形容性的附加詞。這樣來解釋，可謂直截了當，一眼即可領會。邢昺在「子以四教」章下疏云：「中心無隱，謂之忠。」用的便是這種直截了當的解釋，這比起孔、朱等人的「增字為訓」，無疑的要好得多、準確得多了。

既然「忠」和「恕」，同是直貼心體而言的「中心」與「如心」，那麼，與《中庸》所說的

「中和」（中以性言，和以情言），關係是至為密切的。《中庸》首章說：

喜怒哀樂之未發，謂之中；發而皆中節，謂之和。中也者，天下之大本也；和也者，天下之達道也。致中和，天地位焉，萬物育焉。

這裡所謂的「喜怒哀樂之未發」，指的是「天命」之性（就心之理言）；所謂的「發而皆中節」，說的是「率性」之情（中節是善，即恕；不中節，是惡，即不恕）；而所謂的「中」、「和」，則是就心之境而言的，若改就心之體來說，那就是忠恕了。因此忠恕，既可以上通於天道，與誠、仁同源，也能夠下貫於人道，與孝、慈共脈，可以說是徹上徹下，通內通外，合天人而一的。所以程子說：

忠者，天道；恕者，人道。忠者，無妄；恕者，所以行乎忠也。忠者，體，恕者，用；大本、達道也。

而顧亭林也說：

夫子之道，忠恕而已矣；忠也者，天下之大本（中）也；恕也者，天下之達道（和）也。（《日知錄》）

可見「忠」和「恕」，是一體一用，既屬下學之事，亦是上達之事；既屬學者之事，亦是聖人之事；是不宜單從學者下學一面來看的，否則，內外上下，就無法「一以貫之」了。

由此可知，孔子所謂的「忠」，不僅僅是限於下學之事而已，該也包括上達一面而言的。而如果我們把它配合「文」、「行」二教來看，則顯然的，以偏指上達的心體來說較為合理。因為「文」經過了「行」，如不能由外而內的落到心體之上，那麼，一切的努力將成為空中樓閣，虛而不實了。所以《中庸》第三十一章說：

自明誠，謂之教。

這裡所謂的「明」，即「文」；而「誠」，以體而言，該是指「忠」，以用而言，則是指「信」（即恕）。這樣來看待「忠」字，相信是更能合天人、通內外，以見孔子教育思想的完密來的。

五、信之教

所謂的「信」，就其本義而言，是「誠實」，因此《說文》云：

> 信，誠也。從人言。

這種帶著「誠實」意義的「信」字，在《論語》中，可謂隨處可見，譬如：

> 子曰：「道千乘之國，敬事而信，節用而愛人，使民以時。」（〈學而〉）
>
> 子曰：「人而無信，不知其可也。」（〈為政〉）
>
> 子曰：「……上好信，則民莫敢不用情。」（〈子路〉）
>
> 子曰：「……好信不好學，其蔽也賊。」（〈陽貨〉）

這些「信」字，毫無例外的，用的都是本義。但所謂「朋友之交，言而有信」（《論語．學而》），這個本義是「誠實」的「信」字，後來卻一轉而專用於「朋友之交」的一倫上，變為群德的一種。《論語．學而》說：

與朋友交，而不信乎？

而〈公冶長〉也說：

子曰：「老者安之，朋友信之，少者懷之。」

可知「信」在這裡，已由廣義而一變為狹義的了。這種狹義的「信」，與「忠」或「恕」究竟有著什麼關係呢？對於這個問題，我們可從《中庸》的一段文字裡看出端倪。《中庸》第十三章說：

忠恕違道不遠。施諸己而不願，亦勿施於人。君子之道四，丘未能一焉：所求乎子以事父，未能也；所求乎臣以事君，未能也；所求乎弟以事兄，未能也；所求乎朋友先施之，未能也。

從這段文字裡，我們可得知「恕」的表現可分為兩類：一是消極性的，那就是「施諸己而不願，亦勿施於人」；一是積極性的，那就是「所求乎子以事父」、「所求乎臣以事君」、「所求乎弟以事兄」、「所求乎朋友先施之」。由於這兩種「恕」，並立根於「忠」，兼及「施」與「勿施」，牢籠既周遍，植基亦深厚，所以自然就成了群德的總匯（安行忠恕是仁，利行、勉強行忠恕是義）。試看所謂的「所求乎子以事父」，既是恕，也是孝；所謂的「所求乎臣以事君」，既是恕，也是敬（《大學》第三章說：「為人臣止於敬」）；所謂的「所求乎弟以事兄」，既是恕，也是悌；所謂的「所求乎朋友先施之」，既是恕，也是信。而「施諸己而不願，亦勿施於人（父、君、兄、朋友）」，固然是恕，又何嘗不是孝、不是敬、不是悌、不是信呢？可見同樣的一個「恕」存於身，是可隨著對象的不同而衍生出各種不同的道德行為來的。所以「信」，就狹義而言，指的是植根於「忠」，而專行於朋友之間的一種恕德。而孔子的「信」教，是否僅僅是指此而言呢？答案當然是否定的。不過，也正由於「信」一跨出狹義的畛域，伸向廣義（即本義）一面，則它與「恕」字一樣，是可以直接內通於「忠」，以涵蓋孝、悌、敬、信（朋友之交）諸德的，所以孔子在《論語》一書中，常用「信」字與「忠」字並舉，以廣泛的論述待人、做事的道理，如：

子曰：「……主忠信，無友不如己者。」（〈學而〉）

子曰：「十室之邑，必有忠信如丘者焉。」（〈公冶長〉）

子曰：「……主忠信，徙義，崇德也。」（〈顏淵〉）

子曰：「言忠信，行篤敬，雖蠻貊之邦，行矣。」（〈衛靈公〉）

可見「信」，如同「恕」一般，和「忠」是有著非比尋常的關係的。《性理大全》載朱子的話說：

忠是裡面發出，信是就事上說；忠是要盡自家這個心，信是要盡自家這個道理。

又說：

信者，忠之驗；忠只是盡己，因見於事而為信。

由朱子的上兩段話中，我們可以得知，「信」和「忠」的不同，只在於一外一內、一用一體罷了。這樣，「信」自然就能夠直接內通於「忠」，以統括孝、悌、敬、信（朋友之交）諸德了。

單就「待人」（盡人之性）一層來說是如此，如進一步的就「接物」（盡物之性）一層來看，則「信」又是兼指物之實理而言的。對於這點，孔子在《論語》中雖沒有明言，但就他整個教育思想體系上看，是本就廣及於此的。因此程子說：

盡己為忠，盡物為信。極言之，盡己者，盡己之性也；盡物者，盡物之性也。信者，無偽而已，於天性有所損益則偽矣。《易・無妄》曰：「天下雷行，物以無妄。」動以天理故也。（《性理大全》）

又說：

忠信，以人言之。要之，則實理也。（同右）

可見「信」，不只是可憑以「盡人之性」來純化人倫關係而已，更可藉以「盡物之性」來改善物質環境，使人與天合而為一，最後臻於「天地位」、「萬物育」的境界。《中庸》第二十二章說：

> 唯天下之至誠，為能盡其性（忠—內）；能盡其性，則能盡人之性；能盡人之性，則能盡物之性（信—外）；能盡物之性，則可以贊天地之化育；可以贊天地之化育，則可以與天地參矣。

由「盡其（己）性」的「忠」（成己）而達於「盡人之性」、「盡物之性」的「信」（成物），以至於贊化育、「與天地參」，所說的正是這種道理。

由此可知，孔子的「信」教，是教人在承「忠」之教，以「盡其（己）性」後，由內而外的發揮真實無妄的「智」（文）、「仁」（忠）力量，做到「盡人之性」（孝、悌、敬、「信」）、「盡物之性」的地步，以期達成教育上「成己」、「成物」的最終目標。

六、結語

經過這番探討，我們已可大致看出孔子四教的內容與關係來。固然它的內容是無所不包的，卻可以化繁為簡，用一個「禮」字來貫穿；而所謂的「禮」，若就其本、其文而言，則不外是「仁義」（忠信）、「義理」而已。因此《中庸》第二十章說：

> 仁者，人也；親親為大。義者，宜也；尊賢為大。親親之殺、尊賢之等，禮所生也。

而《禮記．禮器》也說：

> 先王之立禮也，有本有文。忠信（相當於仁義），禮之本也；義理，禮之文也。無本不立，無文不行。

所以我們可以這樣說：所謂的「文之教」，是在教人知禮，知仁義（忠信），知義理；所謂的「行之教」，是在教人體禮，體仁義（忠信），體義理；所謂的「忠之教」，是在教人存禮，存仁義（忠信），存義理；所謂的「信之教」，是在教人驗禮，驗仁義（忠信），驗義理。孔子這樣的把智育和德育打成一片，由「文」而「行」（外—人）而「忠」（內—天）而「信」（外—天），一層遞一層的來教育學生，可謂兼賅了內外、本末，融貫了天人、知行，與《中庸》那藉「自明（外）誠（內）」之教（人—就吸收言），以激發「自誠（內）明（外）」之性（天—就發揮言）的主張，顯然是彼此相通的。《中庸》第二十二章說：

自誠明，謂之性；自明誠，謂之教；誠則明矣，明則誠矣。

又第二十五章說：

誠者，非自成己而已也，所以成物也。成己，仁也；成物，知也；性之德也，合外內之道也。

《中庸》的作者要人自明（文）而誠（行、忠）的發揮與生俱來的成德潛能——仁性以成己，並且自誠（忠）而明（信）的發揮與生俱來的認知潛能——智性以成物，這不是更進一層的闡明了孔子四教的依據、步驟與目標了嗎？從這裡看來，孔子之所以成為有史以來最偉大的教育家，被尊稱為至聖先師，可謂其來有自，絕不是偶然的。

（原載《孔孟月刊》二十三卷一期，一九八四年九月）

孔子的仁智觀

一、前言

孔子的學說，以「仁」為重心，是任誰也不能否定的。但如果以為孔子只專注於「仁」，而忽略了「智」，則不免犯了以偏概全的毛病。因為孔子始終是以「仁且智」之聖人境界為終極目標的。而要達到這個目標，則非靠「學」不可，所以孔子最注重「學」，也最「好學」，他說：「我非生而知之者，好古敏以求之者也。」（《論語．述而》），又以為「善人」（質善而未學者）「不踐跡，亦不入於室（聖人領域）」（《論語．先進》），所謂「踐跡」，指的就是「學」。可見在孔子眼裡，「學」是使人成聖的唯一大道。以下就從「學」的不同階段，著眼於仁、智的分立、互動與融合等關係，來探討孔子對仁智的看法。

二、仁智的分立

人在未學或學的效果未顯著之前，仁和智，或由於未經後天修學的開發，或由於開發有限，往往只局限於先天所能發揮的小仁、小智之框框裡，所以會為「氣稟所拘，人欲所蔽」（朱子《大學章句》），顧得了仁，就失去了智；顧得了智，就失去了仁，而形成種種偏差。就以「仁」來說，由於未能藉「學」以有效地呈現知性，明辨是非，因此不但採擷不到「仁」的真正果實，甚至還有陷於不仁的危險。就像一般父母之於子女，雖完全出於一片仁（愛）心，但所謂「其蔽也愚」（《論語．陽貨》），所謂「人莫知其子之惡」（《大學》第八章，依朱子《章句》，下併同），只知一味地加以溺愛、縱容，而不能適時地引導他們遷善，以致最後害了他們。這樣，從其動機來看，雖仍不失其為仁；但就結果而論，不能不說已犯了「愚」的過失。《論語．里仁》云：

> 子曰：「人之過也，各於其黨；觀過，斯知仁矣。」

對於這幾句話，朱子在其《論語集註》中曾引程顥和尹焞的話說：

> 程子曰：「人之過也，各於其類，君子常失於厚，小人常失於薄；君子過於愛，小人過於忍。」尹氏曰：「於此觀之，則人之仁、不仁可知矣。」

人若這樣「失於厚」、「過於愛」，就其出發處說，固然還可稱之為仁，然而持以嚴格，就其終極處來看，則豈止是「其仁不足稱」（《禮記．檀弓下》）而已，就是目為不仁，也是不為過的。再就「智」來說，如果一個人的智慧，僅僅凝自一己之經驗與冥想，而不能經由廣泛的學習來發揮的話，在日常所累積的知識，無疑地，大都將是有所偏差，而且是膚泛無根的。因為以個人的經驗而言，它經常會受到自身「形氣之私」的影響，造成錯誤的累積，而導致他在知行上的種種偏失。譬如《大學》第八章說：

> 人之其所親愛而辟（偏私之意）焉，之其所賤惡而辟焉，之其所畏敬而辟焉，之其所哀矜而辟焉，之其所敖惰而辟焉，故好而知其惡，惡而知其美者，天下鮮矣。

這裡所謂的「人之其所親愛（賤惡、畏敬、哀矜、敖惰）而辟焉」，說的正是人由偏私經驗所累積而成的行為上的偏失；而鮮能「好而知其惡，惡而知其美」，則指的是人由偏私經驗所累積而成的認知上的過錯。人一旦有了這種偏失、過錯，久而久之，將只有至於孟子所謂「安其危，而利其菑，樂其所以亡者」（〈離婁上〉）的地步而後已了。而以個人的冥想而言，它與繼「審問」而作的「慎思」，是截然不同的。「慎思」乃辨別是非善惡的一個必經階段，而冥想，則由於無「學」作為階梯，以化主觀為客觀，勢將憑空「窮高極遠，而無所止」（朱子《論語集註》），如此，就是再如何努力，也「終卒不得其義」，而「徒使人精神疲勞倦怠」（邢昺《論語疏》）而已。所以《論語．為政》載孔子的話說：

思而不學則殆。

由此可見，人在平日，單憑個人經驗與冥想所凝成的「知」（就內言是睿智，以外言為知識），經常是有偏差的，是「危而不安」（朱子《論語集註》）的。

這種小仁、小智，因為在源頭上未予溝通，便產生了各不相涉而分立的現象。如《論語．衛靈公》載孔子的話說：

知及之，仁不能守之，雖得之，必失之；知及之，仁能守之，不莊以涖之，則民不敬；知及之，仁能守之，莊以涖之，動之不以禮，未善也。

這裡所謂的「知」與「仁」，還須益以「莊」與「禮」，才能臻之於「善」，與所謂的「大智」、「大仁」，差距尚遠，可知兩者有著各自分立的偏失。又如《論語・陽貨》載子貢的一段話說：

> 惡徼（伺察之意）以為知者，惡不孫以為勇者，惡訐以為直者。

此處所謂的「知者」、「直者」（即仁者，見錢穆《論語要略》第五章），與真正的「智者」、「直者」（仁者），不僅僅是有別而已，簡直已是完完全全地「背道而馳」了。因此這種「仁」與「智」（知），就個人而言，多來自於一點先天潛能的發揮，以致各自分立，那必然是或多或少地帶有缺失的。如要加以補救，除加緊修學之外，實在別無良途。

三、仁智的互動

加緊修學是使人由小仁、小智邁向大仁、大智的唯一途徑。人如付諸行動，朝這個方向奮進，就進入了學的初程。在進入這個階段之前，孔子主張人要先守住大本「仁」以力行，然後才

「學文」以求「智」。《論語．學而》云：

子曰：「弟子入則孝，出則弟，謹而信，汎愛眾而親仁。行有餘力，則以學文。」

對這幾句話，朱子《集註》引洪興祖說：

未有餘力而學文，則文滅其質；有餘力而不學文，則質勝而野。

又引尹焞說：

德行，本也；文藝，末也。窮其本末，知其先後，可以入德矣。

他們用文與質、本與末來說明孔子在此階段所以主張先仁（質—本）而後智（文—末）的理由，說明得十分清楚。此外，孔子在《論語．述而》裡說：

志於道，據於德，依於仁，游於藝（智之事）。

朱子《集註》註說：

學者於此，有以不失其先後之序。

所謂「先後之序」，指的就是這種先仁而後智的順序。而孔子本身也實在是因為由仁而智，好學不已，所以最後才能達於「仁且智」的至聖境界。《論語・公冶長》云：

子曰：「十室之邑，必有忠信如丘者焉，不如丘之好學也。」

這裡的「忠信」，指的是「仁」之事；而「好學」，所謂「好學近乎知（智）」（《中庸》）第二十章，依朱子《章句》，下併同），指的是「智」之事。可見孔子所以超越「質勝而野」的凡人而優入聖域，顯然是由於能由仁而智，好學不已的緣故。

在真正進入學的初程或中程以後，孔子的主張就不同了。他主張由智而仁，以發揮修學的最大效果。《論語・雍也》云：

子曰：「君子博學於文，約之以禮，亦可以弗畔矣夫！」

對此，朱子《集註》引程顥說：

博學矣，又能守禮而由於規矩，則亦可以不畔道矣。

如此由「博學」（智）而「約禮」（仁），自然能日趨於善而「不畔道」。又《論語．子罕》也載顏淵的話說：

夫子循循然善誘人，博我以文，約我以禮。

朱子《集註》注此說：

又引侯仲良說：

博文、約禮，教之序。

> 博我以文，致知格物也；約我以禮，克己復禮也。

由此可見孔子此時教人修學，是採由智而仁之順序的。

以學（教）之序而言，孔子主張先由仁而智，然後再由智而仁，便自自然然地使「仁」與「智」在源頭上產生溝通而互動的作用，以致「仁」的背後有「知」，「知」的背後有「仁」，而減少種種偏失。《論語．里仁》云：

> 子曰：「不仁者不可以久處約，不可以長處樂。仁者安仁，知者利仁。」

對後兩句話，朱子《集註》說：

> 仁者則安其仁，而無適不然；知者則利於仁，而不易所守。蓋雖深淺之不同，然皆非外物所能奪矣。

從表面上看，在這裡是把仁者與智者分開來講的，但其實，所謂「安仁」與「利仁」，乃就「安而行之」與「利而行之」（《中庸》第二十章）來說，而大家都知道兩者是層進而非平列的關係，也就是說，「利而行之」久了就可以邁入「安而行之」的地步，朱子所謂「深淺之不同」，指的當是這個意思。又《論語．顏淵》載孔子的話說：

> 舉直錯諸枉，能使枉者直。

朱子《集註》注云：

> 舉直錯諸枉，知也；使枉者直，則仁矣。如此則二者不惟不相悖，而反相為用矣。

所謂「不相悖」，所謂「反相為用」，充分說明了仁與智互動的關係。

四、仁智的融合

仁與智在經過「反相為用」的歷程以後，就邁入了融合的階段，這是修學的終極目標。它可由孔子的一段話來說明，這段話見於《論語．為政》，他說：

吾十有五而志於學，三十而立，四十而不惑，五十而知天命，六十而耳順，七十而從心所欲、不踰矩。

從這段話裡，可知孔子在十五歲便開始立志學聖，到了三十而邁上了「立」的階段，這所謂的「立」，據《論語．季氏》載伯魚引孔子的話說：

不學禮，無以立。

又於〈堯曰〉說：

不知禮，無以立也。

可知它是指學禮（道）、知禮（道）而言的。孔子在這十五至三十的頭一階段裡，就正如《荀子．勸學》所言：

> 始乎誦經，終乎讀禮。

用了十五年的時間不斷地「誦經」、「讀禮」（即學文），以熟悉往聖的智慧與經驗之結晶─道，而達於「知禮」的境地，既一面作為日常行事的準則，又一面引為推求未知的依據。如此以已知推求未知，過了十年，便使得人我內外「豁然貫通」（藉前賢證自天理的寶貴經驗來豁醒自家內在的睿智），而順利地達於「不惑」的階段。到了這時，梗塞於心目間的認知障礙，自然就一一消去，達到不迷不眩而能直探本真的地步。因此朱子《集註》在「四十而不惑」句下注云：

> 於事物之所當然，皆無所疑。

這樣，對個別事物之理「皆無所疑」，而逐次將「知」累積、貫通、提升，經過十載，則所謂「知極其精」（朱子《集註》），便對「本原」的天命能了然於胸，這就進入了「知天命」的階段了。而「知」既極其精，又極其大，於是再過十年，便到了「聲入心通」（朱子《集註》）的「耳順」階段。此時，就像徐英《論語會箋》引陸隴其所言：

> 聞一善言，見一善行，若決江河，此聲之善者；詖、淫、邪、遁，知其蔽、陷、離、窮，此聲之不善者；皆一入便通。

可以說已充分發揮了內在的睿智，把知識的領域開拓到了極度，達於大智的地步。進學至此，再繼續帶動人為（由智而仁）與天賦（由仁而智）作最高一層的融合，那麼到了七十，便「從心所欲、不踰矩」而臻於「不勉而中（大仁），不思而得（大智）」（《中庸》第二十章）的聖人境界了。

雖然，由表面上看來，在這段孔子所自述的成聖歷程裡，自十五至六十的幾層進學階段，所謂「志於學」、「立」（知禮）、「不惑」、「知天命」與「耳順」，無可例外地，都偏向於「智」來說，但在每個階段裡，皆無疑地是「智」中有「仁」的，因為一律少不了由智而仁、由仁而智的「學之序」。打從「志於學」開始，可以說即靠著這種「學之序」，才能在天人的交互作用下，一環進一環、一層進一層地向上遞升，邁過「耳順」，直達「從心所欲、不踰矩」的至聖領域，否則至聖之境既無由造，而「仁」與「智」也不能由「曲」而「至」地在「學」之終程統之於「至聖」而冶為一爐了。這種至聖的境界，從《孟子．公孫丑上》的一段話裡，也可獲得進一步的了解，這段話是：

> 昔者，子貢問於孔子曰：「夫子聖矣乎？」孔子曰：「聖，則吾不能。我學不厭，而教不倦也。」子貢曰：「學不厭，智也；教不倦，仁也。仁且智，夫子既聖矣！」

這段話明白地指出了孔子是「仁且智」的聖人，這是「仁」與「智」融合的最高境界，是不由得不令人「心鄉（嚮）往之」（《史記．孔子世家贊》）的。

五、結語

由上所述，可知孔子對仁、智的主張，是由仁而智、由智而仁，使得小仁、小智日趨於大仁、大智，以至於合仁、智為一的。這可說是《中庸》「自誠明（由仁而智），謂之性（天賦）；自明誠（由智而仁），謂之教（人為）。誠則明矣，明則誠矣（仁、智合一）」（第二十一章）的思想淵源所在。而這種天人合一的主張，正是儒家的核心思想，我們不但要「心鄉往之」，而且是須以日新又新的實踐工夫努力以赴的。

（原載《國文天地》十二卷四期，一九九六年九月）

談《論語》中的「義」

一、前言

《論語》一書，主要在論「仁」（含「智」①），這是眾所周知的。而一談到「義」，則習慣地想到《孟子》，以為「義」到了孟子的時候才受到重視。這從哲學史的觀點來看，雖然也有它的道理，但就因而認定孔子不重視「義」，那就錯了。因為「義」，就後天人為的努力而言，是由「知」（智）渡到「仁」的一道橋梁，所以孔子在論「仁」或「知」（智）之同時，也關注到「義」之上，只不過談論的次數較少一些而已。

二、何謂「義」

「義」字在《論語》一書裡，總共出現了二十四次。其中有十八次直接出自孔子之口，那就是：

子曰：「非其鬼而祭之，諂也，見義不為，無勇也。」（〈為政〉）

子曰：「君子之於天下也，無適也，無莫也，義之與比。」（〈里仁〉）

子曰：「君子喻於義，小人喻於利。」（〈里仁〉）

子謂：「子產有君子之道四焉：其行己也恭；其事上也敬；其養民也惠；其使民也義。」（〈公冶長〉）

樊遲問知。子曰：「務民之義，敬鬼神而遠之，可謂知矣。」（〈雍也〉）

子曰：「德之不脩，學之不講，聞義不能徙，不善不能改，是吾憂也。」（〈述而〉）

子曰：「飯疏食飲水，曲肱而枕之，樂亦在其中矣！不義而富且貴，於我如浮雲。」（〈述而〉）

子曰：「主忠信，徙義，崇德也。」（〈顏淵〉）

子曰：「是聞也，非達也。夫達也者，質直而好義，察言而觀色，慮以下人；在邦必達，在家必達。」（〈顏淵〉）

子曰：「小人哉，樊須也！上好禮，則民莫敢不敬；上好義，則民莫敢不服；上好信，則民莫敢不用情。」（〈子路〉）

子曰：「今之成人者何必然？見利思義，見危授命，久要不忘平生之言，亦可以為成人矣。」（〈憲問〉）

子曰：「群居終日，言不及義，好行小慧，難矣哉！」（〈衛靈公〉）

子曰：「君子義以為質；禮以行之，孫以出之，信以成之。君子哉！」（〈衛靈公〉）

孔子曰：「君子有九思：視思明，聽思聰，色思溫，貌思恭，言思忠，事思敬，疑思問，忿思難，見得思義。」（〈季氏〉）

孔子曰：「隱居以求其志，行義以達其道。吾聞其語矣，未見其人也。」（〈季氏〉）

子曰：「君子義以為上。君子有勇而無義為亂，小人有勇而無義為盜。」（〈陽貨〉）

而另外六次，則分別出自有子、公明賈、子路、子張之口，即：

> 有子曰：「信近於義，言可復也；恭近於禮，遠恥辱也；因不失親，亦可宗也。」（〈學而〉）
>
> 公明賈對曰：「以告者過也。夫子時然後言，人不厭其言；樂然後笑，人不厭其笑；義然後取，人不厭其取。」（〈憲問〉）
>
> 子路曰：「不仕無義。長幼之節，不可廢也；君臣之義，如之何其廢之？欲潔其身，而亂大倫。君子之仕也，行其義也。道之不行，已知之矣。」（〈微子〉）
>
> 子張曰：「士，見危致命，見得思義，祭思敬，喪思哀，其可已矣！」（〈子張〉）

這些「義」字，用法雖有不同，但它們的含義，都是從「宜」之義引伸出去的。而這種「宜」之義，在《禮記．中庸》裡就明白道出：

> 仁者，人也；親親為大。義者，宜也；尊賢為大。親親之殺，尊賢之等，禮所生也②。

〈中庸〉的作者在此，不但指明「義」是「宜」，更強調「禮」生自於「仁」與「義」，「義」之重要由此可知。而對這個「宜」字，朱子注云：

> 分別事理，各有所宜也③。

他沒有說出這「各有所宜」的「事理」是什麼，但如將他在《論語》中對「義」字所作一些解釋合起來看，則不外是「天理」與「人道」。他注「信近於義」之「義」云：

義者，事之宜也④。

注「君子喻於義」之「義」云：

義者，天理之所宜⑤。

注「務民之義」云：

專用力於人道之所宜⑥。

注「上好義」之「好義」云：

好義則事合宜⑦。

注「君臣之義」云：

謂之義，則事之可否、事之去就，亦自有不可苟者⑧。

由於人對天、人的「事理」都「各有所宜」，自然就能一一符合道德規範，所以「義」便可以用來指各種「恰當」、「合理」或「善良」的事（行為）或其本質。朱子解釋「義以為質」說：

義者，制事之本，故以為質幹⑨。

而程顥也說：

此四句（即義以為質，禮以行之，孫以出之，信以成之）只是一事，以義為本⑩。

很明顯地，用這種意思來解釋《論語》中的各個「義」字，是都可以解釋得通的。

三、「義」與「知」（智）

「知」字出現在《論語》一書裡，有三種含義：一為智力，指聞見或推悟的能力，如〈陽貨〉載孔子的話說：

> 唯上知與下愚不移。

何晏注此云：

> 孔（安國）曰：上知不可使為惡，下愚不可使強賢⑪。

而朱子則以為：

> 此承上章（即「子曰：性相近，習相遠也」）而言，人之氣質相近之中，又有美惡一定，

而非習之所能移者⑫。

可見這裡所謂的「知」，是指先天的智力來說的。也就是說孔子在此，指出不受後天習染所改易的有兩種人：其一為上智之人，這種人習於善而不移於惡，所以《漢書．古今人表》說：

可與為善，不可與為惡，是謂上智⑬。

其二為下愚之人，這種人習於惡而不遷於善，所以《漢書．古今人表》說：

可與為惡，不可與為善，是謂下愚⑭。

這兩種人所以這樣「不移」，完全是受了先天資質的影響，〈季氏〉載孔子的話說：

生而知之者，上也。學而知之者，次也，困而學之，又其次也。困而不學，民斯為下矣。

這所謂的「上也」、「下矣」，指的就是「上知」、「下愚」，而「次也」、「又其次也」，指的則是

「中人」，這種人「可與為善，可與為惡」（《漢書．古今人表》），習性是可以有所轉移的，孔子說：「中人以上，可以語上也。」（〈雍也〉）就是指這一大群人來說的。陳大齊解釋說：

> 「生而知之者」一章的要旨，在於闡述先天智力的等級，並附帶述及後天教養的有無，以於同一智力等級內再分別其高下。「生而知之者」，是先天智力最高的人，「學而知之者」，是先天智力較次的人。「困而學之」與「困而不學」的困字，注釋家或解作窮字，或解作「有所不通」，亦係就先天的智力而言，言其智力有窮或有所不通，亦即言其智力甚低⑮。

解釋得很精要。

二為知識或求知識，指聞見或推悟的外在過程或結果，如〈為政〉云：

> 子曰：「由，誨女知之乎？知之為知之，不知為不知，是知也。」

對這章文字，邢昺疏云：

此誨辭也，言汝實知之事，則為知之；實不知之事，則為不知，此是真知也⑯。

而朱子亦注云：

我教汝以知之之道乎！但所知者則以為知，所不知者則以為不知，如此則雖或不能盡知，而無自欺之弊，亦不害其為知矣。況由此而求之，又有可知之理乎⑰！

據知孔子在本章，教子路不可強不知以為知。《荀子．儒效》說：

知之曰知之，不知曰不知，內不自以誣，外不自以欺⑱。

又〈非十二子〉說：

言而當，知也；默而當，亦知也⑲。

與此精神正一貫。

三為智慧，指增廣並提升聞見或推悟的層面所激起的內在成效。這種「知」（智），孔子談得很多，如：

子曰：「里仁為美，擇不處仁，焉得知？」（〈里仁〉）

子曰：「不仁者，不可以久處約，不可以長處樂。仁者安仁，知者利仁。」（〈里仁〉）

樊遲問知。子曰：「務民之義，敬鬼神而遠之，可謂知矣。」（〈雍也〉）

子曰：「知者樂水，仁者樂山；知者動，仁者靜；知者樂，仁者壽。」（〈雍也〉）

子曰：「君子道者三，我無能焉：仁者不憂；知者不惑；勇者不懼。」子貢曰：「夫子自道也！」（〈憲問〉）

子曰：「可與言，而不與之言，失人；不可與言，而與之言，失言。知者不失人，亦不失言。」（〈衛靈公〉）

這些「知」，說的全是智慧。這種智慧，可說是自正確的知識（正知）中提煉出來的，可藉以從根源上辨別是非、真偽，而掌握真正的「義」。朱子注〈中庸〉「義者，宜也」說：「分別事理，各有所宜」，要做到這一點，就得靠這種智慧。即以上舉「樊遲問知」來說，孔子直接以「務民之義」視作「知」（智），更可看出這種「知」（智）與「義」的密切關係。陳大齊說：

此章所說，可以令人窺知孔子關於知與義所懷的見解。「務民之義」，《集解》引王肅說為註：「務所以化導民之義也」，朱註則云：「民，亦人也……專用力於人道之所宜」。這兩種註釋比較起來，朱註較為切當。「務民之義」，即是致力於人之所應為，簡言之，亦即是行義。行義可稱為知，則義必屬於知的範圍而以知為其內容。且孔子此言是概括的論斷，認為全部的義統統具有知的內容，未容許其有例外。義既以知為必具的內容，可見義出於知而以知為其本源，知與義可謂具有源與流的關係[20]。

可見孔子是極力主張經由「好學」[21]來發揮智力，敏求「正知」[22]，以呈顯智慧的，也唯有如此才能辨明是非、真偽，掌握真正的「義」，而成就各種德業。所以孔子重視「知」（智）以掌握「義」，是十分自然的事。

四、「義」與「仁」

「仁」是孔子學說的重心所在，談論到它的當然就最多。在這些論「仁」的篇章裡，有的就它所涵攝的部分內容，即「偏仁」來談論；有的則就它的整體意義，即「全仁」來著眼。前者如：

（樊遲）問仁。曰：「仁者先難而後獲，可謂仁矣。」（〈雍也〉）

仲弓問仁。子曰：「出門如見大賓，使民如承大祭，己所不欲，勿施於人；在邦無怨，在家無怨。」仲弓曰：「雍雖不敏，請事斯語矣！」（〈顏淵〉）

司馬牛問仁。子曰：「仁者，其言也訒。」曰：「其言也訒，斯謂之仁已乎？」子曰：「為之難，言之得無訒乎？」（〈顏淵〉）

樊遲問仁。子曰：「愛人。」（〈顏淵〉）

樊遲問仁。子曰：「居處恭，執事敬，與人忠；雖之夷狄，不可棄也。」（〈子路〉）

子張問仁於孔子。孔子曰：「能行五者於天下，為仁矣。」請問之。曰：「恭、寬、信、敏、惠。恭則不侮，寬則得眾，信則人任焉，敏則有功，惠則足以使人。」（〈陽貨〉）

這些章節所說的全屬「偏仁」之事，也就是說「仁」中「攝有『訒』，攝有『先難後獲』」[23]，也攝有恭、敬、忠、信、敏、惠和恕等。朱子注「司馬牛問仁」章說：

仁者心存而不放，故其言若有所忍而不易發，蓋其德之一端也㉔。

這所謂「其（仁）德之一端」，正說出了孔子在此所談的「仁」只是「偏仁」而已。這種「一端」的看法，不僅適用於此，也適用於上引的其他章節。陳大齊說：

在答覆樊遲時，以愛人為仁。又一次答覆樊遲時，舉了三事，與答覆子張時所舉的五事，其中有一事是相同的。合此兩次答語而言，恭、敬、忠、寬、信、敏、惠七事，都是仁。答覆仲弓時，舉了四事。「出門如見大賓」，即是「居處恭」的恭，「使民如承大祭」，即是「執事敬」的敬。「己所不欲，勿施於人」，是恕。故恕與無怨，亦為仁所涵攝㉕。

把「一端」之「仁」說得十分清楚。

至於後者，如：

孟武伯問：「子路仁乎？」子曰：「不知也。」又問。子曰：「由也，千乘之國，可使治其賦也；不知其仁也。」「求也何如？」子曰：「求也，千室之邑，百乘之家，可使為之宰也；不知其仁也。」「赤也何如？」子曰：「赤也，束帶立於朝，可使與賓客言也；不

知其仁也。」（〈公治長〉）

或曰：「雍也仁而不佞。」子曰：「焉用佞？禦人以口給，屢憎於人。不知其仁，焉用佞？」（〈公治長〉）

子張問曰：「令尹子文，三仕為令尹，無喜色；三已之，無慍色。舊令尹之政，必以告新令尹。何如？」子曰：「忠矣。」曰：「仁矣乎？」曰：「未知，焉得仁。」「崔子弒齊君，陳文子有馬十乘，棄而違之。至於他邦，則曰：『猶吾大夫崔子也。』違之。之一邦，則又曰：『猶吾大夫崔子也。』違之。何如？」子曰：「清矣。」曰：「仁矣乎？」曰：「未知，焉得仁。」（〈公治長〉）

憲問恥。子曰：「邦有道，穀；邦無道，穀。恥也。」「克、伐、怨、欲不行焉，可以為仁矣？」子曰：「可以為難矣，仁則吾不知也。」（〈憲問〉）

在這裡，孔子以為令尹子文為「忠」而未至於「仁」、陳文子是「清」而未至於「仁」，說仲弓、子路、冉求、公西赤都「不知其仁」，而且指出即使沒有「克、伐、怨、欲」等毛病，也一樣不能稱之為「仁」。可見這所謂的「仁」，指的是全德，也就是「全仁」。對於這一點，邢昺注「孟武伯問子路仁乎」這一章時引孔安國，云：

> 仁道至大，不可全名[26]。

而朱子在注「或曰雍也」這一章時說：

> 或疑仲弓之賢，而夫子不許其仁，何也？曰：「仁道至大，非全體而不息者，不足以當之。如顏子亞聖，猶不能無違於三月之後，況仲弓雖賢，未及顏子，聖人固不得而輕許之也」[27]。

所謂「仁道至大，不可全名」，所謂「非全體而不息者，不足以當之」，正說出了這種「全仁」的特點，也由此可知孔子不輕易許人以「仁」，就是著眼於此啊！

大體說來，孔子日常都以「偏仁」來勉勵弟子或其他人，希望他們能日積月累，由偏而全地逐步走上「全仁」的最高境界。而要做到這一點，則非由「義」開始著手不可。當然，孔子並未直接指明它們的關係，但可以由以下篇章裡得到此種訊息。首先見於〈里仁〉：

> 子曰：「君子喻於義，小人喻於利。」

朱子注此云：「義者，天理之所宜」，的確唯有深喻「天理之所宜」，才能使所作之事合乎「仁」的要求，所以陳大齊說：

君子所應喻而不忽的，只是義，故所持以應付一切的，亦必是義。君子所持以成事的，既必是義，而所成的事，又只是仁。合而言之，義所成的，只是仁，不是仁以外的事情。所以義是不能有離於仁的㉘。

其次見於〈季氏〉：

（孔子曰：）「『隱居以求其志，行義以達其道。』吾聞其語矣，未見其人也。」

這所謂的「其道」，指的就是「仁道」，試看〈里仁〉記孔子之言云：

富與貴，是人之所欲也；不以其道，得之不處也。貧與賤，是人之所惡也；不以其道，得之不去也。君子去仁，惡乎成名？君子無終食之間違仁，造次必於是，顛沛必於是。

這裡所說的「其道」，指的就是「仁」，因此後面才有「去仁」、「違仁」的說法。如此看來，「其道」和「仁」是先後呼應的；而所謂「去仁」即「去其道」，「違仁」即「違其道」。無怪陳大齊釋「行義以達其道」說：

> 行義所達的，只是道，不是其他事情。此所云道，當然係指仁道而言。故「行義以達其道」，意即行義以達其仁，又可見義之不能有離於仁了㉙。

由此可見「義」與「仁」是有著密切關係的。這種關係，如就〈中庸〉「三行」來看，「勉強而行之」和「利而行之」是「義」，而「安而行之」則為「仁」。單就某一德目來說，如眾所周知，「勉強而行之」久了，就可以「利而行之」；「利而行之」久了，自然就可以「安而行之」。如和「三知」合起來看，就可以形成如下循環之關係：

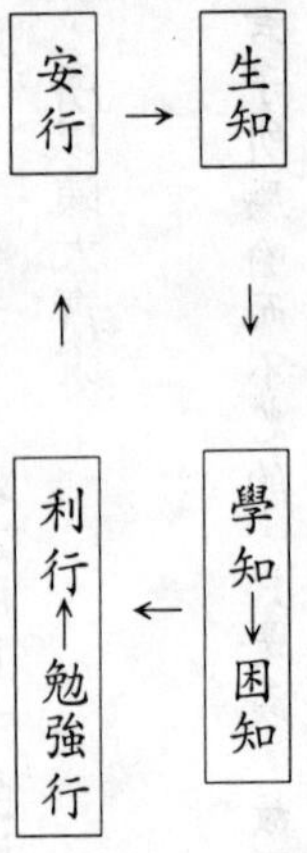

如此由「困知」、「學知」（知）而「勉強行」、「利行」（義），再由「勉強行」、「利行」而「安行」（仁），接著由「安行」而「生知」（智），然後又由「生知」而「困知」、「學知」，不斷地循環作用不已，則「仁」和「知」（智）在「義」的牽合之下，自然就由偏而全地合而為一了。

五、結語

綜上所述，《論語》一書中所說的「義」，介於「知」（智）與「仁」之間，具有貫串與節制的作用，而居於樞紐的地位。就「知」與「義」來說，「知是義所從出，是義的基石」㉚，就「義」與「仁」而言，「義不存於仁外，義中亦有仁，仁亦不存於義外」㉛。所以人要邁向「仁且智」的聖人境界㉜，絕不能捨「義」而不由；不然，掌握不好「義」，亦即掌握不好「天理」、「人道」之所宜，是會走上偏差而誤人誤己的。

（原載《高中教育》六期，一九九九年六月）

注釋

①參見拙作〈孔子的仁智觀〉《國文天地》十二卷四期，一九九六年九月），頁八～一五。
②見《四書集註》（學海出版社，一九八四年九月初版），頁三五。
③同注②。
④同注②，頁五九。
⑤同注②，頁七七。
⑥同注②，頁九二。
⑦同注②，頁一四二。
⑧同注②，頁一八三。
⑨同注②，頁一六三。
⑩同注⑨。
⑪《十三經注疏》八《論語注疏》（藝文印書館，一九六五年六月三版），頁一五四。
⑫同注②，頁一七三。
⑬見《漢書》（鼎文書局，一九九一年七版），頁八六一。
⑭同注⑬。
⑮見《孔子學說》（正中書局，一九六三年），頁一七七。

⑯同注⑪，頁一八。

⑰同注②，頁六四。

⑱見《荀子詁譯》（仰哲出版社，一九八七年九月），頁一七八。

⑲同注⑱。

⑳同注⑮，頁一八〇。

㉑《論語．公冶長》：「子曰：『十室之邑，必有忠信如丘者焉；不如丘之好學也。』」

㉒同注⑮，頁一八二～一九八。

㉓同注⑮，頁一一四。

㉔同注②，頁一三三。

㉕同注㉓。

㉖同注⑪。頁四二。

㉗同注②，頁八〇。

㉘同注⑮，頁一七〇。

㉙同注㉘。

㉚同注⑮，頁一七三。

㉛同注⑮，頁一七一。

㉜同注①。

論博文約禮

一、前言

孔子主張人要不斷學習，藉「由智而仁」的人為努力，觸發「由仁而智」的天然潛能，達於「仁且智」的最高境界①。要達到這種境界，就必須從博文、約禮作起。《論語・雍也》二十五②載孔子的話說：「君子博學於文，約之以禮，亦可以弗畔矣夫！」又〈子罕〉十載顏淵的話說：「夫子循循然善誘人，博我以文，約我以禮，欲罷不能。」可見孔子平日教人，以博文、約禮為重。對此二者的內容與關係，孔子雖未直接言明，但從孔子相關的一些言論或後儒的闡釋裡，可以找到答案。

二、何謂「博文」

「文」字在《論語》一書裡，出現達二十四次③，其中用作名詞的，除了是人名、諡號或指文采、文辭者與上引兩則外，尚有如下數章：

子曰：「弟子入則孝，出則弟，謹而信，汎愛眾而親仁，行有餘力，則以學文。」（〈學而〉六）

子曰：「夏禮吾能言之，杞不足徵也。殷禮吾能言之，宋不足徵也。文獻不足故也，足則吾能徵之矣。」（〈八佾〉九）

子貢曰：「夫子之文章，可得而聞也；夫子之言性與天道，不可得而聞也。」（〈公冶長〉十二）

子以四教：文、行、忠、信。（〈述而〉二十四）

子曰：「文，莫吾猶人也；躬行君子，則吾未之有得。」（〈述而〉三十二）

子曰：「大哉堯之為君也。……巍巍乎其有成功也，煥乎其有文章！」（〈泰伯〉十九）

子畏於匡，曰：「文王既沒，文不在茲乎？天之將喪斯文也，後死者不得與於斯文也；天之未喪斯文也，匡人其如予何？」（〈子罕〉五）

曾子曰：「君子以文會友，以友輔仁。」（〈顏淵〉二十四）

孔子曰：「……故遠人不服，則修文德以來之。」（〈季氏〉一）

上引的「文」字，見於〈學而〉六、〈八佾〉九、〈雍也〉二十五、〈子罕〉十的，指的全是文獻，也就是先王所遺下的《詩》、《書》、禮、樂等典籍；見於〈述而〉三十二、〈顏淵〉二十四的，指的同是知識、學問，顯然也未越出《詩》、《書》、禮、樂的範圍；而見於〈公冶長〉十二、〈泰伯〉十九，與「章」字合為「文章」一辭的，則前者是指《詩》、《書》、禮、樂的學問，後者是指禮樂制度；至於見於〈子罕〉五、〈季氏〉一的，乃一指文化的傳統，一指政治的修治，雖然所側重的各不相同，但無疑地仍是繞著禮樂來說的。可見這些「文」字所指的，不是《詩》、《書》、禮、樂等文獻或學識，就是禮樂的推行與傳統。所以何晏在〈子罕〉十引孔安國云：

言夫子既以文章開博我，又以禮節節約我，使我欲罷而不能。④

而邢昺在〈雍也〉二十五疏云：

> 此章言君子若博學於先王之遺文，復用禮以自檢約，則不違道也⑤。

又朱熹在〈學而〉六注說：

> 文，謂《詩》、《書》文藝之文⑥。

另外，劉寶楠在〈述而〉二十四也注說：

> 文，謂《詩》、《書》、禮、樂；凡博學、審問、慎思、明辨，皆文之教也⑦。

由此可見，孔子教人「博學以文」，是要廣泛地獲得知識、學問；要廣泛地獲得知識、學問，則非從「先王之遺文」著手不可；而「先王之遺文」，又不外是《詩》、《書》、禮、樂而已。若要達到這種「博學於文」的目的，則捨「好學」外，別無他途。《論語．公冶長》二十七載孔子的話說：

十室之邑，必有忠信如丘者焉，不如丘之好學也。

孔子「天縱之將聖」（《論語．子罕》六），尚且「好學」不已，何況是一般人呢？〈述而〉十九載孔子的話說：

我非生而知之者；好古，敏以求之者也。

朱熹注引尹焞云：

孔子以生知之聖，每云好學者，非惟勉人也。蓋生可知者，義理耳。若夫禮樂名物，古今事變，亦必待學而後有，以驗其實也⑧。

可知孔子不但自己「好學」，也時時勉人「好學」，因為這是邁往聖域的唯一基石。《論語．公冶長》十四載：

子貢問曰：「孔文子何以謂之文也？」子曰：「敏而好學，不恥下問，是以謂之文也。」

孔子「敏而好學，不恥下問」的兩句話，正好為「博文」下了最好的注腳。朱熹注此說：

凡人性敏者，多不好學，位高者，多恥下問，蓋亦人之所難也。孔圉得謚為文，以此而已⑨。

這就是《禮記．中庸》「博學之，審問之」的意思。這樣看來，孔子教人，必先取《詩》、《書》、禮、樂為教材，來教導學生從中學得待人接物，以至於宇宙人生的道理。《史記．孔子世家》說：

孔子以《詩》、《書》、禮、樂教弟子，蓋三千焉⑩。

而陳大齊先生釋此說：

孔子設教，既未能證實其有科系的劃分，故其所用以教其弟子的教材，當無不同。《史記．孔子世家》謂「孔子以《詩》、《書》、禮、樂教弟子」，徵諸《論語》，其說甚是。至於《詩》、《書》、禮、樂四者以外，是否亦以《易》為教材，則不無問題。「子曰：『興於《詩》，立於禮，成於樂。』」（〈泰伯〉）「子所雅言：《詩》、《書》、執禮，皆雅言也。」（〈述而〉）上引第一則，初說「興於詩」，終說「成於樂」，故後世註家都釋此章為孔子垂示修身為學的次第。既為修身為學的次第，必依以教其弟子，故《詩》、禮、樂三者之為教材，當無足疑。第二則雖未明言其為與修身為學有關，但《詩》、《書》、禮三者既為孔子所常言，亦必常以告語其弟子，故此三者，亦可推定其為教材。第一則只舉了《詩》、禮與樂，未舉及《書》，第二則只舉了《詩》、《書》與禮，未舉及樂，合而言之，適於《史記》所說的《詩》、《書》、禮、樂四事。此下試分述孔子教人學《詩》、學禮等情形，以見此四者之確為孔門的教材[11]。

可見孔子教人，是以「文」，即《詩》、《書》、禮、樂為教材。

三、何謂「約禮」

「禮」字在《論語》一書中，總共出現了七十四次⑫。其中大都出自孔子之口，茲列舉一部分如下，以見一斑：

子曰：「道之以政，齊之以刑，民免而無恥。道之以德，齊之以禮，有恥且格。」（〈為政〉三）

子張問：「十世可知也？」子曰：「殷因於夏禮，所損益，可知也。周因於殷禮，所損益，可知也。其或繼周者，雖百世，可知也。」（〈為政〉二三）

子曰：「人而不仁，如禮何！人而不仁，如樂何！」（〈八佾〉三）

林放問禮之本。子曰：「大哉問！禮，與其奢也，寧儉；喪，與其易也，寧戚。」（〈八佾〉四）

子夏問曰：「『巧笑倩兮，美目盼兮，素以為絢兮。』何謂也？」子曰：「繪事後素。」曰：「禮後乎？」子曰：「起予者商也，始可與言《詩》已矣。」（〈八佾〉八）

子曰：「夏禮吾能言之，杞不足徵也。殷禮吾能言之，宋不足徵也。文獻不足故也，足則吾能徵之矣。」（〈八佾〉九）

子貢欲去告朔之餼羊。子曰：「賜也，爾愛其羊，我愛其禮。」（〈八佾〉十七）

定公問：「君使臣，臣事君，如之何？」孔子對曰：「君使臣以禮，臣事君以忠。」（〈八佾〉十九）

子曰：「居上不寬，為禮不敬，臨喪不哀，吾何以觀之哉？」（〈八佾〉二十六）

子曰：「能以禮讓為國乎？何有？不能以禮讓為國，如禮何？」（〈里仁〉十三）

子曰：「恭而無禮則勞，慎而無禮則葸，勇而無禮則亂，直而無禮則絞。君子篤於親，則民興於仁；故舊不遺，則民不偷。」（〈泰伯〉二）

子曰：「興於《詩》，立於禮，成於樂。」（〈泰伯〉八）

顏淵問仁。子曰：「克己復禮為仁。一日克己復禮，天下歸仁焉。為仁由己，而由人乎哉？」顏淵曰：「請問其目。」子曰：「非禮勿視，非禮勿聽，非禮勿言，非禮勿動。」顏淵曰：「回雖不敏，請事斯語矣。」（〈顏淵〉一）

子路曰：「衛君待子而為政，子將奚先？」子曰：「必也正名乎。」子路曰：「有是哉，子之迂也！奚其正？」子曰：「野哉，由也！君子於其所不知，蓋闕如也。名不正，則言不順；言不順，則事不成；事不成，則禮樂不興；禮樂不興，則刑罰不中；刑罰不中，則

民無所措手足。故君子名之必可言也，言之必可行也。君子於其言，無所苟而已矣。」〈子路〉三）

子路問成人。子曰：「若臧武仲之知，公綽之不欲，卞莊子之勇，冉求之藝，文之以禮樂，亦可以為成人矣。」曰：「今之成人者何必然？見利思義，見危授命，久要不忘平生之言，亦可以為成人矣。」（〈憲問〉十三）

子曰：「君子義以為質，禮以行之，孫以出之，信以成之。君子哉！」（〈衛靈公〉十七）

子曰：「知及之，仁不能守之；雖得之，必失之。知及之，仁能守之；不莊以涖之，則民不敬。知及之，仁能守之，莊以涖之；動之不以禮，未善也。」（〈衛靈公〉三十二）

孔子曰：「天下有道，則禮樂征伐自天子出；天下無道，則禮樂征伐自諸侯出。自諸侯出，蓋十世希不失矣；自大夫出，五世希不失矣；陪臣執國命，三世希不失矣。天下有道，則政不在大夫；天下有道，則庶人不議。」（〈季氏〉二）

以上「禮」字之所指，大體可分為兩類：其一為「禮」之本，其二為「禮」之文。其中直接而明白地論及「禮」之本的，有兩章，即〈八佾〉四與〈衛靈公〉十七。朱熹注〈八佾〉四說：

禮貴得中，奢易則過於文，儉戚則不及而質，二者皆未合禮。然凡物之理，必先有質而後有文，則質乃禮之本也。⑬

且引范祖禹說：

禮失之奢，喪失之易，皆不能反本，而隨其末故也。禮奢而備，不若儉而不備之愈也，喪易而文，不若戚而不文之愈也。儉者物之質，戚者心之誠，故為禮之本⑭。

朱熹又注〈衛靈公〉十七說：

義者，制事之本，故以為質幹。而行之，必有節文。出之必以退遜，成之必在誠實，乃君子之道也⑮。

且引程顥說：

義以為質，如質幹然，禮行此，孫出此，信成此，此四句，只是一事，以義為本⑯。

可見「禮」是以「義」為「本」（質）的，但就其他相關篇章來看，卻有不同說法，如朱熹注〈為政〉三說：

德、禮則所以出治之本，而德又禮之本也。此其相為終始⑰。

又注〈八佾〉九說：

禮必忠信為質⑱。

又注〈八佾〉二十六說：

為禮以敬為本⑲。

又注〈泰伯〉八說：

禮以恭敬辭遜為本⑳。

據知「禮」又以「德」、「忠信」、「敬」、「辭遜」為本（質），而這些說法，看似紛雜，卻可由一個「仁」字加以統攝。孔子說：「人而不仁，如禮何！人而不仁，如樂何！」（〈八佾〉三）正好可間接說明這一點㉑。對於這一章，邢昺疏云：

> 此章言禮樂資仁而行也㉒。

所謂「資仁」，即相當於「以仁為質（本）」的意思。由此看來，「禮」（樂）是以「仁義」為本（質）的。《禮記．中庸》說：

> 仁者，人也；親親為大。義者，宜也；尊賢為大。親親之殺，尊賢之等，禮所生也㉓。

這幾句話直截了當地把「禮」生於「仁義」的意思，說得極明白。這種「禮」生於「仁義」的說法，也見於《孟子．離婁上》：

> 孟子曰：「仁之實，事親是也；義之實，從兄是也。智之實，知斯二者，弗去是也。禮之

實，節文斯二者是也。」㉔

所謂「節文斯二者」，是指根據仁義而制定儀節，使行之有度的意思，也就是說，「禮」是用來表現「仁義」的，所以勞思光先生說：

孔子如何發展其有關「禮」之理論？簡言之，即攝「禮」歸「義」，更進而攝「禮」歸「仁」是也㉕。

可見在孔子的理論體系裡，「禮」是以「仁義」為本的。

至於「禮」之文，則指典章制度、行為規範。《禮記．中庸》說：

大哉！聖人之道，洋洋乎，發育萬物，峻極于天。優優大哉！禮儀（大儀則）三百，威儀（小儀則）三千，待其人而後行，故曰：苟不至德，至道（指禮儀與威儀）不凝焉㉖。

所謂「禮儀」，指的就是典章制度；所謂「威儀」，指的就是行為規範。而這種「禮」之文，因為關係重大，當然是非由具備「至德」之天子制定不可，此即「非天子不議禮，不制度，不考文」

㉗的原因。《論語．季氏二》載孔子的話說：「天下有道，禮樂征伐自天子出」，就是這個緣故，就以上引諸例而言，〈為政〉三、二十三，〈八佾〉三、四、八、九、十七、十九，〈里仁〉十三，〈泰伯〉八，〈子路〉三，〈憲問〉十三，〈衛靈公〉三十二，〈季氏〉二等，都偏於「治人」的典章制度來說。《禮記．禮運》載孔子的話說：

> 夫禮，先王以承天之道，以治人之情，故失之者死，得之者生。《詩》曰：「相鼠有體，人而無禮；人而無禮，故不遄死？」是故夫禮，本於天，殽於地，列於鬼神，達於喪祭、射御、冠昏、朝聘，故聖人示之，故天下國家可得而正也㉘。

說的就是這種「禮」之文。而其餘的，如〈八佾〉二十六、〈泰伯〉二、〈顏淵〉一、〈衛靈公〉十七等，則偏於「修己」的行為規範來說。陳大齊先生解釋其中的「顏淵問仁」章說：

> 禮之具有指導作用的，在孔子此一則言論中，表示得非常明顯。「非禮勿視」四語，明示視聽言動都須服從禮的指導，有合於禮，纔可視、可聽、可言、可動，不合於禮，便不可視、不可聽、不可言、不可動，禮成了可否視、聽、言、動的決定標準。「克己復禮為仁」，則不但仁的四目應當服從禮的指導，連諸德集合體的仁亦須服從禮的指導了。有合

於禮，纔是真正的仁，不合於禮，只是似仁而實非仁，禮亦成了仁否的決定標準㉙。「禮」是「可否視、聽、言、動」的決定標準，很明顯地，指的是個人的行為規範。

由於禮之本是仁義，所以是無可損益的；而禮之文，則隨著時空不同，可加以損益。朱熹注〈為政〉二十三引胡寅說：

> 天敘天秩，人所共由，禮之本也。商不能改乎夏，周不能改乎商，所謂天地之常經也。若乃制度文為，或太過則當損，或不足則當益。益之損之，與時宜之，而所因者不壞，是古今之通義也㉚。

說的就是這種道理。對這種道理，牟宗三先生就其「不變」部分也加以申論說：

> 道德的天理一定如此，所以其所成之倫常也都是不變的真理。聖人制禮盡倫，為天地立心，為生民立命，有其嚴肅的意義。周公制禮，因而演變成五倫，孔子就在這裡說明其意義，點醒其價值㉛。

由此可知可變的是禮之文，而禮之本是永遠不變的。也正因為禮之文是可變的，所以落在某一時空裡，便有著逆向的指導、節制作用，以使「仁」發揮真正的價值，也就是說：「有合於禮，纔是真正的仁，不合於禮，只是似仁而實非仁，禮亦成了仁否的決定標準。」㉜對這一點，姜國柱也解釋說：

> 孔子把「仁」和「禮」緊密地結合在一起。「仁」為仁愛、體諒、關懷、忍讓等道德精神：「禮」為制度、典章、規範、秩序等政治規定。「仁」是人的本質，是人的主觀意識的自覺活動：「禮」是人們的行動準則，是社會對人的外在約束。如果只有外在約束、強制，而無內在的自覺性，那麼人的一切行為都變成強制性，而失去了人的意識能動性的特點，如果只有內在自覺活動，而無社會規定的行為規範，那麼人人都按自己的意志、標準，各行其事，這就不能保持社會和家庭的尊卑、上下、先後、長幼等秩序。為了把主觀意識與社會規範統一起來，孔子強調仁和禮的統一。以禮的準則行仁，以仁的自覺復禮。「克己復禮」，使「天下歸仁」㉝。

將這種仁（義）以生「禮」、「禮」以成仁（義）的關係，闡釋得很清楚。

而要促使「禮」以成仁義，就必須時時「約之以禮」。所謂「齊之以禮」（〈為政〉三）、「使臣以禮」（〈八佾〉十九）、「立於禮」（〈泰伯〉八）、「克己復禮」（〈顏淵〉一）、「文之以禮樂」（〈憲問〉十三）、「禮以行之」（〈衛靈公〉）十一），說法雖不同，但都是「約之以禮」的意思；而所謂「恭（慎、勇、直）而無禮則勞（葸、亂、絞）」（〈泰伯〉八）、「動之不以禮，未善也」（〈衛靈公〉三十二），則從反面說明了「約之以禮」。「約之以禮」的重要，由此可見。

四、「博文」與「約禮」

博文與約禮，初看起來，是兩回事，似乎沒有直接的關係。其實，「文」所載的，也不外是一個「禮」字罷了。在上文的探討裡，我們已經指明「文」是《詩》、《書》、禮、樂的典籍，而《詩》、《書》所記載的，雖包羅萬象，卻可用禮樂來貫穿它們。《史記．孔子世家》說：

孔子之時，周室微而禮樂廢，《詩》、《書》缺。追跡三代之禮，序《書傳》，上紀唐、虞之際，下至秦繆，編次其事。曰：「夏禮吾能言之，杞不足徵也。殷禮吾能言之，宋不足徵也。足，則吾能徵之矣。」觀殷夏所損益，子曰：「後雖百世可知也，以一文一質。周監二代，郁郁乎文哉。吾從周。」故《書傳》、《禮記》自孔氏。孔子語魯大師：「樂其可知也。始作翕如，縱之純如，皦如，繹如也，以成。」「吾自衛反魯，然後樂正，〈雅〉、〈頌〉各得其所。」古者《詩》三千餘篇，及至孔子，去其重，取可施於禮義，上采契、后稷，中述殷、周之盛，至幽、厲之缺，始於衽席，故曰〈關雎〉之亂以為〈風〉始，〈鹿鳴〉為〈小雅〉始，〈文王〉為〈大雅〉始，〈清廟〉為〈頌〉始」。三百五篇孔子皆弦歌之，以求合〈韶〉、〈武〉、〈雅〉、〈頌〉之音。禮樂自此可得而述，以備王道，成六藝[34]。

這一大段文字，一開始就先由「禮樂廢」切入，再依序述明孔子序《書》刪《詩》，以興禮樂的用心與努力，終以「禮樂自此可得而述」作一總結，並由此擴及於六藝，這樣雖未直接指明禮樂是《詩》、《書》的內容重心，但這種意思是極明顯的。因此，這所謂的「文」，可以用禮樂來概括它的具體內容。徐復觀先生說：

《論語》上對「文」一字，有若干特殊的用法。如孔子說孔文子「敏而好學，不恥下問，是以謂之文也」。又「公叔文子之臣，大夫僎，與文子同升諸公。子聞之曰：可以為文矣」。但最具體而切至的用法，則以禮樂為文的具體內容。如「周監於二代，郁郁乎文哉」，朱注：「言視其二代之禮而損益之」。「文不在茲乎」，朱注：「道之顯者謂之文，蓋禮樂制度之謂」。朱子的解釋，較《中庸》為落實而亦可相涵。「煥乎其有文章」，朱注：「文章，禮樂法度也」。法度實際可以包括在禮裡面，朱子在這種地方，實際是以禮樂釋「文」。尤其是「子路問成人，子曰：若臧武仲之知，公綽之不欲，卞莊子之勇，冉求之藝，文之以禮樂，亦可以為成人矣」的一段話，更分明以禮樂為文的具體內容。「文之以禮樂」的「文」作動詞用；「文之以禮樂」的結果，文便由動詞變而為名詞。因此，可以這樣說，《論語》上已經有把禮樂的發展作為「文」的具體內容的用法。再看看《易．賁卦》的〈彖傳〉說「文明以止，人文也」；吳澂對文明的解釋是「文采著明」，約略與文飾之義相當；「止」是節制，文飾而有節制，使能得為行為、事物之中，本是禮的基本要求與內容；則所謂「文明以止」者，正指禮而言。古人常以禮概括樂，《易正義》謂：「言聖人觀察人文，則《詩》、《書》、禮、樂之謂」，《詩》、《書》、禮、樂，成為連結在一起的習慣語，實則此處應僅指禮樂，而禮樂亦可以包括《詩》、《書》。「觀乎人文以化成天下」，實即是與禮樂以化成天下。〈賁．大象〉「山下有火，賁。君子以明庶政，無敢折獄」，即孔子之所謂「齊之以禮」，以與「齊之以刑」相對。因此，中國之所謂人文，乃指禮樂之教、禮樂之治而言，應從此一初義，逐步了解下去，乃為能得其實[35]。

在這則文字裡，他不但指出了「禮樂為文的具體內容」、「而禮樂亦可以包括《詩》、《書》」，更指明了「古人常以禮概括樂」，這樣說來，這所謂的「文」，經過抽絲剝繭後，只剩下一個「禮」字而已。因此「博學以文」，就是要廣泛地去「學禮」（〈季氏〉十三）的意思。如此「學禮」以「知禮」（〈堯曰〉三），便可以拿所學知之「禮」來規範自己的行為，做到「克己復禮」的地步，孔子以為如此「亦可以弗畔矣夫」（〈雍也〉二十五），期勉之意是十分明顯的。

孔子這樣以「博文」、「約禮」來期勉學者，便形成他「由知（智）而仁」的教育理論㊱。朱熹在〈子罕〉十「博我以文，約我以禮」下注云：

> 博文、約禮，教之序㊲。

又引侯仲良云：

> 博我以文，致知格物也；約我以禮，克己復禮也㊳。

可知孔子平日教人修學，是採「由知（智）而仁」的順序的。又〈顏淵〉二十二載：

> 樊遲問仁。子曰：「愛人。」問知。子曰：「知人。」樊遲未達。子曰：「舉直錯諸枉，

> 能使枉者直。」

朱熹注此云：

> 舉直錯諸枉，知也。使枉者直，則仁矣。如此則二者不惟不相悖，而反相為用矣㊴。

又趙順孫《論語纂疏》引《語錄》云：

> 每常說仁、知，一箇是慈愛，一箇是辨別，各自向一路。惟是「舉直錯諸枉，能使枉者直」，方見得仁知合一處，仁裡面有知，知裡面有仁㊵。

所謂「不相悖」、「反相為用」，又所謂「仁裡面有知，知裡面有仁」，充分說明了「仁」和「知」（智）互動的關係㊶。這種關係扣到「舉直錯諸枉」來說，那就是「由知（智）而仁」了。又〈子張〉六載：

> 子夏曰：「博學而篤志，切問而近思，仁在其中矣。」

朱熹注此云：

> 四者皆學問思辨之事耳，未及乎力行，而為仁也。然從事於此，則心不外馳，而所存自熟，故曰仁在其中矣[42]。

這就是說：學者在「力行」（仁）之前，要做好「學問思辨」（知）的工夫，這種「學之序」[43]，就是「由知（智）而仁」。此與《禮記．中庸》「博學之，審問之，慎思之，明辨之，篤行之」的說法，是一致的。

孔子不單以「由知（智）而仁」的「教之序」來教人，就連他自己也以此躬行不懈。〈為政〉四載：

> 子曰：「吾十有五而志於學；三十而立；四十而不惑；五十而知天命；六十而耳順；七十而從心所欲、不踰矩。」

從這段話裡，我們知道：孔子在十五歲時，便開始立志學聖，到了三十而邁上了「立」的階段。

這所謂的「立」，據〈季氏〉十三載伯魚引述孔子的話說：

不學禮，無以立。

又於〈堯曰〉三載孔子的話說：

不知禮，無以立也。

可知它是指學禮、知禮而言的。孔子就在這十五至三十的頭一個階段裡，正如《荀子．勸學》所言：

始乎誦經，終乎讀禮[44]。

用了十五年的時間，不斷地在「文」（《詩》、《書》）內「誦經」、「讀禮」，以熟悉往聖先賢的思想與經驗的結晶，而達於「知禮」的境地，即一面作為日常行事的準則，以「克己復禮」，又一面引為推求未知的依據，一以知十。如此以已知（「文」內）推求未知（「文」外）過了十年，便人我內外，於「禮」無不「豁然貫通」㊺，而順利達於「不惑」的階段。到了這時，梗塞於心目之間的認知障礙，自然就完全消去，達到不迷不眩而能直探本原的地步，所以朱熹在「四十而不惑」下注說：

> 於事物之所當然，皆無所疑㊻。

這樣對個別事物之理，也就是「禮」㊼，皆無所疑，而逐次地將「知」累積、貫通、提升，經過十載，則所謂「知極其精」㊽，便對本原的天理人情能了然於胸，這就進入了「知天命」的階段了。這所謂的「知天命」，據邢昺是如此解釋的：

> 命，天之所稟受者也。孔子四十七學《易》，至五十窮理盡性，知天命之終始也㊾。

而朱熹則以為：

> 天命，即天道之流行，而賦於物者，乃事物所以當然之故也㊿。

由邢、朱兩人的解釋看來，其最大不同只是前者偏就「稟受者」（性）來說明㊿，而後者則偏就「賦予者」（命）來闡述罷了。這樣著眼之處雖有不同，但說的無非是天理人情，而此天理人情，正是「禮」之所由出，《左傳．昭公二十五年》載子產的話說：

夫禮，天之經也，地之義也，民之行也㊷。

又《荀子．樂論》也說：

禮也者，理之不可易者也㊸。

而《禮記．坊記》則說：

禮者，因人之情而為之節文㊹。

又《遼史．禮志一》更進一步說：

理自天設，情由人生⑮。

可見「知天命」，講得淺一點，即知天理人情，是就「文」（《詩》、《書》）外來指「知禮」的。如此知既極其精，又極其大，於是再過十年，對「禮」（理）便到了「聲入心通」⑯的「耳順」階段。此時就像陸隴其所言：

聞一善言，見一善行，若決江河，此聲之善者；詖、淫、邪、遁，知其蔽、陷、離、窮，此聲之不善者，皆一入便通⑰。

可以說已充分地發揮了內在的睿智，把知識的領域開拓到了極度，達於「至明」的境地。修學至此，所謂「誠（仁）則明（智）矣，明則誠矣」⑱，經過了人為（自明誠）與天賦（自誠明）的最高一層融合，那麼到了七十，自然就可以「從心所欲、不踰矩」，而臻於「不勉而中（誠─仁），不思而得（明─智）⑲的「至誠」境界了。

就在這段孔子所自述的成聖歷程裡，凡所「學」、所「立」、所「不惑」、所「知」、所「耳順」、所「不踰矩」者，無非是「禮」。而在「耳順」之前，雖無可例外地，都偏向於「智」（明）來說，但在每層階段裡，皆是「知」（博文）中有「行」（約禮）、「明」（智）裡帶「誠」（行）

的。因為每個階段，都包含有修學過程中的許多層面，而這修學的每個層面，是一點也少不了「由知（智）而仁」的「學之序」的。打從「志於學」開始，可以說即靠著這種「學之序」，才能在知行、天人的交互作用下，一環進一環、一層進一層地，由「約」而日趨於「不約」，逐步遞升，邁過「耳順」，直至「從心所欲、不踰矩」的至聖領域。否則，至聖之境既無由造，而「知」（智）與「仁」也不能由偏而全地在最後統之於至誠而冶為一爐了[60]。

由此可知「博文」與「約禮」之關係，極其密切，是由互動、循環而提升，不斷地發揮螺旋式[61]的作用的。

五、結語

經由上文的探討，可知「博學於文」，是「博學於『禮』」的意思，為「知」（智）之事；而「約之以禮」，乃篤行於「禮」，也就是「克己復禮」的意思，為「行」（仁）之事。所謂「知所行（禮）」、「行所知（禮）」，兩者有不可分之關係，《禮記．中庸》所說「誠之者，擇善（知—智）而固執之（行—仁）者也」[62]，說的同是這種「學之序」。而孔子的教育思想，在人為實施這一方面，從這裡可以看出它的精密來。

（原載《中國學術年刊》二十一期，二〇〇〇年三月）

注　釋

①參見拙作〈孔子的仁智觀〉《國文天地》，十二卷四期，一九九六年九月），頁八～一五。

②依朱熹《四書集註》（文津出版社，民一九八五年九月初版），下併同。

③據楊伯峻之統計，見《論語譯注》（河洛圖書出版社，一九七八年十二月臺初版），頁二三一。

④見《十三經注疏》八《論語注疏》（藝文印書館，一九六五年三版），頁七九。

⑤同注④，頁五五。

⑥同注②，頁一一一。

⑦見《論語正義》（臺灣商務印書館，一九六八年三月臺一版），卷八，頁四八。

⑧同注②，頁二三〇。

⑨同注②，頁一八八。

⑩見《史記會注考證》（萬卷樓圖書公司，一九九三年八月初版），頁七六〇。

⑪見《孔子學說》（正中書局，一九六三年），頁二九四～二九五。

⑫同注⑶，頁三一八。

⑬同注⑵，頁一五一。

⑭同注⑬。

⑮同注②，頁三八七。

⑯同注⑮。

⑰同注②，頁一三四。

⑱同注②，頁一五三。

⑲同注②，頁一六六。

⑳同注②，頁二五四。

㉑牟宗三先生闡釋說：「孔子提出仁字，因此才有『禮云禮云，玉帛云乎哉？樂云樂云，鐘鼓云乎哉？』以及『人而不仁，如禮何？人而不仁，如樂何？』這些話。人如果是不仁，那麼你制禮作樂有什麼用呢？可見禮樂要有真實的意義、要有價值，你非有真生命不可，真生命就在這個『仁』。所以仁這個觀念提出來，就使禮樂真實化，使它有生命，有客觀的有效性（objective validity）。」見《中國哲學十九講》（臺灣學生書局，一九八六年十月初版二刷），頁六一。

㉒同注④，頁二六。

㉓同注②，頁七四。

㉔同注②，頁三〇五。

㉕見《新編中國哲學史》第一卷（三民書局，一九八四年一月增訂初版），頁一一二。

㉖同注②，頁九三。

㉗同注②，頁九五。

㉘見《十三經注疏》五《禮記注疏》（藝文印書館，一九六五年三版），頁四一四。

㉙同注⑪，頁一四四。

㉚同注②，頁一四七。

㉛見《中國哲學的特質》（臺灣學生書局，一九七六年十月四版），頁九一。

㉜同注㉙。

㉝見《中國歷代思想史》（一）先秦卷（文津出版社，一九九三年十二月初版一刷），頁九九。

㉞同注⑩，頁七五九～七六〇。

㉟見《中國思想史論集》（臺灣學生書局，一九七五年五月四版），頁二三六。

㊱夏乃儒說：「孔子才是中國古代認識論的創建者。雖然他沒有寫下系統化的理論著作，但是從他一系列的學術主張中，還是可以看出孔子確是建立了包括認識論在內的學說體系。孔子是圍繞著以知求仁，仁知統一這個中心，建立起他的認識理論的。孔子的認識理論，涉及到認識來源、認識內容、認識方法與途徑，以及認識是非的標準等廣泛的問題。」見《中國哲學三百題》（上海古籍出版社，一九八九年九月），頁一六一。

㊲同注②，頁二五八。

㊳同注②，頁二五九。

㊴同注②，頁三二二。

㊵見《四書纂疏．論語》（文史哲出版社，一九八六年再版），頁一二二五。

㊶牟宗三先生以「對顯」來看待仁、智，以為「孔子提出『仁』為道德人格發展的最高境界，至孟子，便直說：『仁且智，聖也』。仁智並舉，並不始自孟子。孔子即已仁、智對顯。如仁者安仁，智者利仁。仁者樂山，智者樂水。智者動，仁者靜。等等，便是仁、智對顯，而以仁為主。」同注㉛，頁二五。

㊷同注②，頁四三一。

㊸朱熹注〈子罕〉二十八「知者不惑，仁者不憂，勇者不懼」云：「明足以燭理，故不惑；理足以勝私，故不憂；氣足以配道義，故不懼。此學之序也。」同注②，頁二六八。

㊹見《新編諸子集成》二《荀子集解》（世界書局，一九七八年七月新三版），頁七。

㊺同注②，頁一八。

㊻同注②，頁一三五。

㊼《禮記．仲尼燕居》：「子曰：禮也者，理也；樂也者，節也，君子無禮不動。」同注㉘，頁八五四。

㊽同注②，頁一三五。

㊾同注④，頁一六。

㊿同注②，頁一三五。

(51)徐復觀先生說：「以『天命』為即是人之所以為人的性，是由孔子在下學而上達中所證驗出來的。孔子的五十而知天命，實際是對於在人的生命之內，所蘊藏的道德性的全盤呈露。此蘊藏之道德性，一經全盤呈露，即會對於人之生命，給予最基本的規定，而成為人之所以為人之性。這即是天命與性的合一。孔子是在這種新的人生境界之內，而『言性與天道』。因為這完全是新的人生境界，所以子貢才嘆為『不可得而聞』。子貢之所以不可得而聞，亦正是顏子感到『仰之彌高，鑽之彌堅；瞻之在前，忽焉在後』（《論語．子罕》）的地方。但在學問上，孔子既已開拓出此一新的人生境界，子貢雖謂不可得而聞，而實則已提出了此一問題。學問上的問題，一經提出以後，其後學必會努力予以解答。『天命之謂性』，這是子思繼承曾子對此問題所提出的解答；其意思是認為孔子所證知的天道與性的關係，乃是『性由天所命』的關係。」見《中國人性論史》（臺灣商務印書館，一九七八年十月四版），頁一一六～一一七。

52 見楊伯峻《春秋左傳注》（下）（源流出版社，一九八二年四月再版），頁一四五七。

53 同注44，頁二五五。

54 同注28，頁八六三。

55 見《遼史》一（鼎文書局，一九七五年十月初版），頁八三三。

56 同注2，頁一三五。

57 引自徐英《論語會箋》（正中書局，一九六五年三月臺三版），頁一八。

58 見《禮記．中庸》，同注2，頁八五。

59 同注58，頁八一～八二。

⑩參見拙著《中庸思想研究》（文津出版社，一九八〇年三月初版），頁一四六～一六四。

⑪指互動、循環而提升的關係，一如螺旋。原用於課程之安排：「螺旋式課程（spiral curriculum）圓周式教材排列的發展。十七世紀捷克教育家夸美紐斯提出，教材排列採用圓周式，以適應不同年齡階段的兒童學習。但這種提法，不能表達教材逐步擴大和加深的含義，故用螺旋式的排列代替。二十世紀六〇年代，美國心理學家布魯納也主張這樣設計分科教材：按照正在成長中的兒童的思想方法，以不太精確然而較為直觀的材料，盡早向學生介紹各科基本原理，使之在以後各年級有關學科的教材中螺旋式地擴展和加深。」見《教育大辭典》（上海教育出版社，一九九〇年六月第一版），頁二七六。

⑫同注㊽，頁八二。

《孟子‧養氣》章的篇章結構

一、前言

自古以來，孟子的養氣說，和他的性善論一樣，一直受到眾多學者的重視，很自然地，對它加以論述的也便相應地多而精①，似乎沒有留下任何空間可談了。不過，若試著從不同的角度去探析，則或許能呈現一些不同的結果，有助於人對孟子養氣說的了解。因此本文即由其篇章結構（含內容與形式）切入，將《孟子‧養氣》章作一分析，以探其究竟。

二、「篇」的結構

《孟子》的〈養氣〉章，若以「篇」來看，則可用下表來呈現：

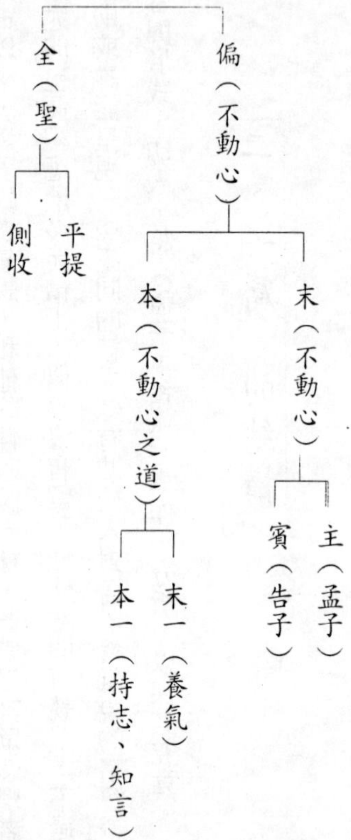

由上表可知，《孟子》的〈養氣〉章，大約可分為兩大部分：先用「先偏後全」[2]的結構組合而成。其中的「偏」，又由「先末後本」[3]的順序來安排：「末」自「公孫丑問曰」起至「告子先我不動心」止，先提出本章的主題「不動心」，以生發下面的議論；「本」自「曰：不動心有道乎」起至「必從吾言矣」止，具論「不動心」之道，亦即養氣（勇）、持志（仁）、知言（智），乃本章之主體所在。而「全」，則自「宰我、子貢善為說辭」起至「未有盛於孔子也」止，交代了「不動心」（養氣、持志、知言）的最終成效，就在於成為一個聖人，也藉此來讚美孔子「仁且智（含勇）」的聖人境界。這樣由「養氣」（持志、知言）而「不動心」，又由「不動心」而

「仁且智（含勇）」（聖），其本末終始是極其清楚的。

三、「章」的結構

《孟子》這章文字，既然採「先偏後全」的結構組成，底下便分「偏」和「全」兩個部分加以探析：

㈠「偏」的部分

1. 就「末」來看：這個部分的文字是這樣子的：

公孫丑問曰：「夫子加齊之卿相，得行道焉，雖由此霸王，不異矣。如此，則動心否乎？」
孟子曰：「否。我四十不動心。」
曰：「若是，則夫子過孟賁遠矣。」
曰：「是不難。告子先我不動心。」

這段文字，通常被視為全文的引子，可用下表來呈現：

- 末
  - 主（孟子）
    - 問（反）
    - 答（正）
  - 賓（孟賁、告子）
    - 側注（反—孟賁）
    - 平提（正—告子）

這短短的一段，由公孫丑之二「問」與孟子之二「答」，採「先主後賓」④的順序來安排。它首先就「主」（孟子），採「先反後正」的形式，由公孫丑之第一「問」引生孟子之第一「答」，提明「不動心」的一章主題；接著以「先側注後平提」的形式，由公孫丑之第二「問」帶出孟子之第二「答」，指出自己（孟子）要遠過孟賁不難，卻後於告子之「不動心」，藉此將「特例」變成「通則」，從孟子、告子身上推擴到一般情況，以備作進一步之論述。

2.就「本」來看：這個部分主要論「不動心」之道，可依據其「先末㈠後本㈠」的結構，分成兩半：

⑴就「末㈠」來看：這段文字是這樣子的：

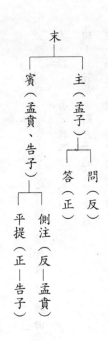

曰：「不動心有道乎？」

曰：「有。北宮黝之養勇也，不膚撓，不目逃，思以一豪挫於人，若撻之於市朝；不受於褐寬博，亦不受於萬乘之君；視刺萬乘之君，若刺褐夫；無嚴諸侯，惡聲至，必反之。孟施舍之所養勇也，曰：『視不勝猶勝也，量敵而後進，慮勝而後會，是畏三軍者也。舍豈能為必勝哉？能無懼而已矣。』孟施舍似曾子，北宮黝似子夏。夫二子之勇，未知其孰賢，然而孟施舍守約也。昔者曾子謂子襄曰：『子好勇乎？吾嘗聞大勇於夫子矣：自反而不縮，雖褐寬博，吾不惴焉？自反而縮，雖千萬人，吾往矣。』孟施舍之氣，又不如曾子之守約也。」

此論「不動心」之首要在於「養氣（勇）」，可用下表來呈現：

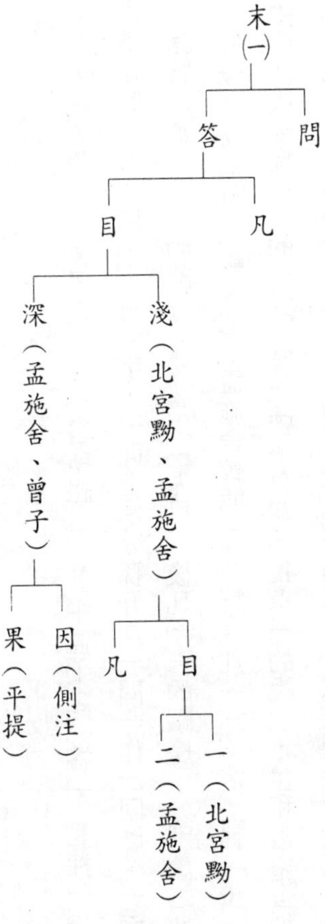

這一段文字，由公孫丑與孟子之一問一答所組成，其中孟子之「答」，是採「先凡後目」的順序回答。孟子在此，首先以一「有」字，一面上承公孫丑之「問」作一回應，一面又下啟後面的議論，作一總冒，為「凡」的部分。接著用「先目㈠後凡㈠」的順序，分別論述北宮黝與孟施舍的「養勇」（目一），並加以比較，認為孟施舍較能「守約」（凡一）；這是就「淺」來說的部分。然後以「先側注後平提」⑤的形式，論述曾子有關「養勇」的說法，並和孟施舍加以比較，認為孟施舍在「守約」上又遜曾子一籌，因為孟施舍的「養勇」，只是操持一股無所畏懼盛氣，而曾子卻以義理之曲直為斷；這是就「深」⑥來說的部分。如此一層深一層地來論述⑦，將「養勇」須「守約」的意思，表達得十分明白。

(2)就「本㈠」來看：此段文字是這樣子的：

曰：「敢問夫子之不動心，與告子之不動心，可得聞與？」

「告子曰：『不得於言，勿求於心；不得於心，勿求於氣。』不得於心，勿求於氣，可；不得於言，勿求於心，不可。夫志，氣之帥也；氣，體之充也。夫志至焉，氣次焉。故曰：持其志，無暴其氣。」

「既曰：『志至焉，氣次焉。』又曰：『持其志，無暴其氣。』何也？」

曰：「志壹則動氣，氣壹則動志也。今夫蹶者趨者，是氣也，而反動其心。」

「敢問夫子惡乎長？」

曰：「我知言，我善養吾浩然之氣。」

「敢問何謂浩然之氣？」

曰：「難言也。其為氣也，至大至剛，以直養而無害，則塞於天地之間。其為氣也，配義與道，無是，餒也。是集義所生者，非義襲而取之也。行有不慊於心，則餒矣。我故曰：告子未嘗知義，以其外之也。必有事焉而勿正；心勿忘，勿助長也。無若宋人然；宋人有閔其苗之不長而揠之者，芒芒然歸，謂其人曰：『今日病矣，予助苗長矣！』其子趨而往視之，苗則槁矣。天下之不助苗長者寡矣。以為無益而舍之者，不耘苗者也；助之長者，揠苗者也；非徒無益，而又害之。」

「何謂知言？」

曰：「詖辭知其所蔽，淫辭知其所陷，邪辭知其所離，遁辭知其所窮。生於其心，害於其政；發於其政，害於其事。聖人復起，必從吾言矣。」

看起來，此段文字顯然較為複雜，由公孫丑的五問五答，採「先凡後目」的順序加以組合的，可用下表來呈現：

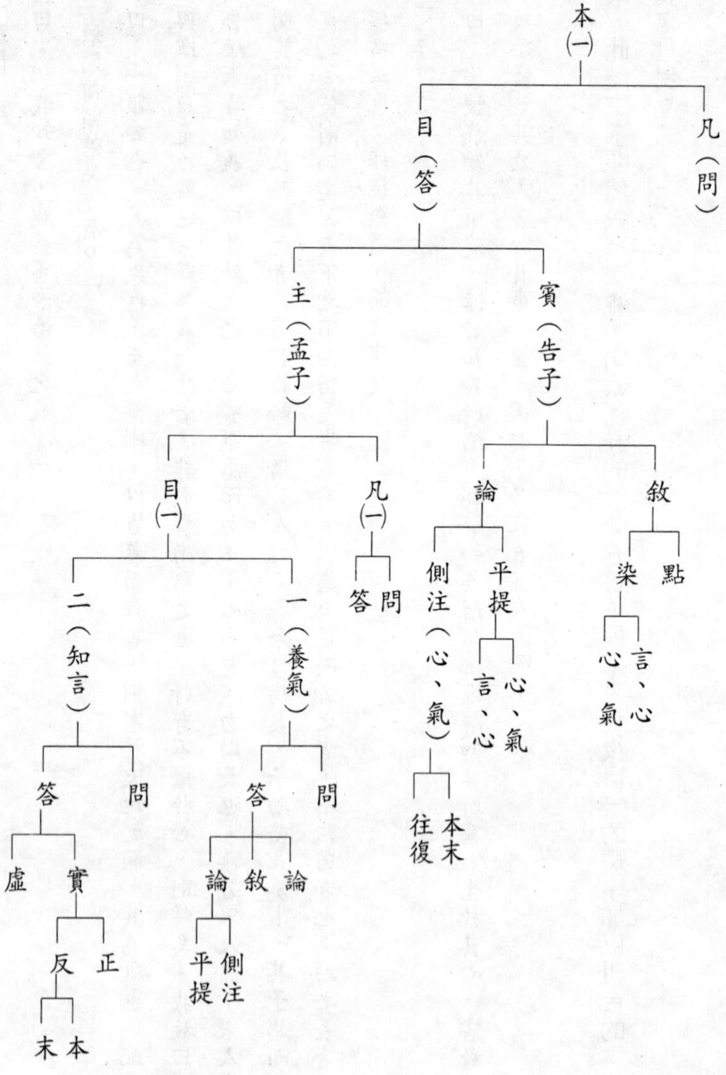

本(一)
目(答)
凡(問)
主(孟子)
賓(告子)
目(一)
凡(一)
論
敘
二(知言)
一(養氣)
答
問
側注(心、氣)
平提
染
點
言、心
心、氣
答
問
答
問
往復
本末
虛
實
論
敘
論
反
正
平提
側注
末
本

它首先回應到一開端的「不動心」，來談告子與孟子的不同，以統攝底下的議論；這是「凡」的部分。其次用「先賓（告子）後主（孟子）」的順序，針對公孫丑之「問」加以回答。其中的「賓」，自「告子曰」起至「而反動其心」止，主要藉告子之說法，在論持志與養氣的關係，是採「先敘後論」的順序加以處理的。它先引告子「言」與「心」、「心」與「氣」之說，為「敘」，再就此生發議論，採「先平提後側注」⑧的順序來呈現，為「論」。其中自「不得於心」起至「不可」止，論述「心與氣」、「言」與「心」，為「平提」；自「夫志，氣之帥也」起至「而反動其心」止，側於「心與氣」上，就其本末、往復的關係加以論述，為「側注」。經過這番論述，「養勇（氣）」必先「持志」的意思，闡釋得很清晰，而「持志」與「守約」二而一的關係，也不言而喻。

至於其中的「主」，自「敢問夫子惡乎長」起至「必從吾言矣」止，主要藉孟子自身之見解，在論「知言」與「養氣」的關係，是用「先凡㈠後目㈠」的形式來組合的。其中公孫丑「惡乎長」之「問」與孟子「我知言」之「答」，提出「知言」與「養氣」的兩個論題，以統括下文，為「凡㈠」；而公孫丑「敢問何謂浩然之氣」之「問」與孟子「難言也」之「答」，為「目㈠」之一；至於公孫丑「何謂知言」之「問」與孟子「詖辭知其所蔽」之「答」，則為「目㈠」之二。

就「目㈠」之一來看，孟子之「答」，是用「論、敘、論」⑨來形成結構的。它的頭一個

「論」，自「難言也」起至「勿助長」止，從正面來論「浩然之氣」，指出它「至大至剛」、「配義與道」，而由此以至於「不動心」，是與告子義外的「不動心」，有所不同的。中間的「敘」，自「無若宋人然」起至「苗則槁矣」止，引述宋人揠苗助長的故事，從而帶出下文的議論。而後一個「論」，則自「天下之助苗長者寡矣」起至「而又害之」止，針對宋人的故事，呼應上文的「勿忘」、「勿助長」，從反面來論「浩然之氣」，使人由此而掌握「養氣（勇）」的體與用。

就「目㈠」之二來看，孟子之「答」，是以「先實後虛」⑩形成其結構的。其中的「實」，自「詖辭知其所蔽」起至「害於其事」，又採「先正後反」的順序來安排。所謂「正」，指「詖辭」四句，是就能「知言」者來說的；所謂「反」，指「生於其心」四句，是就本末來說不能「知言」者之害的。而「虛」，則指「聖人」二句，在此，孟子假設後世有聖人復起，就必定會肯定他的言論，以增強說服力。

㈡「全」的部分

這個部分，以「聖」（仁且智）⑪統合上文所論的「不動心」與「不動心」之道（養氣、持志、知言）。其文字是這樣子的：

「宰我、子貢善為說辭，冉牛、閔子、顏淵善言德行。孔子兼之曰：『我於辭命，則不能也。』然則夫子既聖矣乎？」

曰：「惡，是何言也！昔者子貢問於孔子曰：『夫子聖矣乎？』孔子曰：『聖則吾不能，我學不厭而教不倦也。』子貢曰：『學不厭，智也；教不倦，仁也。仁且智，夫子既聖矣。』夫聖，孔子不居。是何言也！」

「昔者竊聞之：子夏、子游、子張，皆有聖人之一體；冉牛、閔子、顏淵，則具體而微。敢問所安？」

曰：「姑舍是。」

曰：「伯夷、伊尹何如？」

曰：「不同道。非其君不事，非其民不使；治則進，亂則退，伯夷也。何事非君，何使非民；治亦進，亂亦進，伊尹也。可以仕則仕，可以止則止；可以久則久，可以速則速，孔子也。皆古聖人也，吾未能有行焉。乃所願，則學孔子也。」

「伯夷、伊尹於孔子，若是班乎？」

曰：「否。自有生民以來，未有孔子也。」

曰：「然則有同與？」

曰：「有。得百里之地而君之，皆能朝諸侯，有天下；行一不義，殺一不辜，而得天下，皆不為也。是則同。」

曰：「敢問其所以異？」

曰：「宰我、子貢、有若，智足以知聖人，汙不至阿其所好。宰我曰：『以予觀於夫子，賢於堯舜遠矣。』子貢曰：『見其禮而知其政，聞其樂而知其德，由百世之後，等百世之王，莫之能違也。自生民以來，未有夫子也。』有若曰：『豈惟民哉？麒麟之於走獸，鳳凰之於飛鳥，泰山之於丘垤，河海之於行潦，類也。聖人之於民，亦類也。出乎其類，拔乎其萃，自生民以來，未有盛於孔子也。』」

這一大段文字，用「先平提後側收」⑫的形式加以組成，可用下表來呈現：

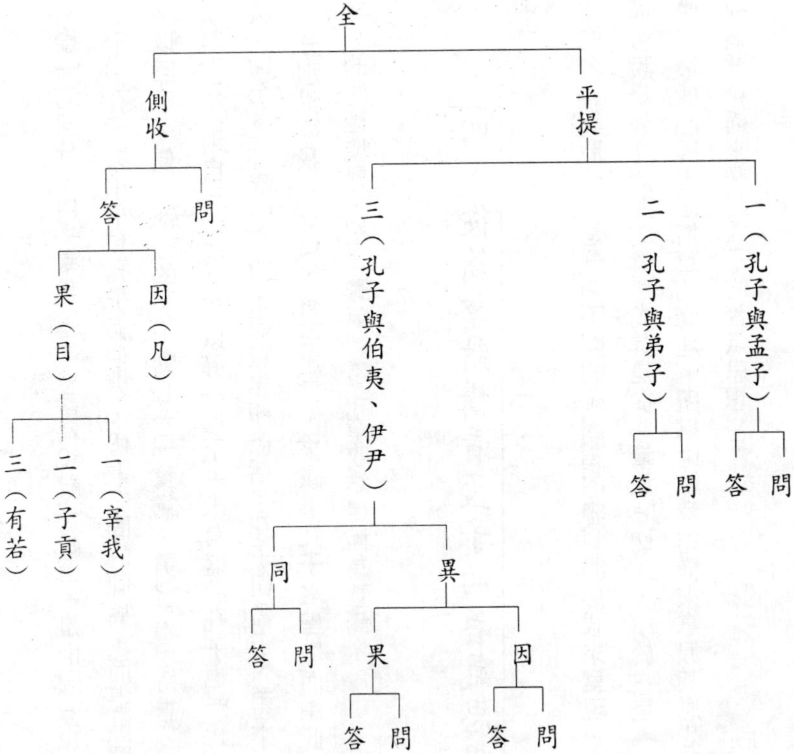
全
側收
平提
答
問
果（目）
因（凡）
一（宰我）
二（子貢）
三（有若）
三（孔子與伯夷、伊尹）
二（孔子與弟子）
一（孔子與孟子）
同
異
答
問
果
因
答
問
答
問
答
問
答
問

其中「平提」的部分，自「宰我、子貢善為說辭」起至「是則同」止，用五問五答的形式，分論孔子與孟子、孔子與弟子和孔子與伯夷、伊尹之間的同異，而重點置於孔子「仁且智（含勇）」的聖德，以回應「偏」部分的「不動心」（「養氣（勇）」、「持志（仁）」、「知言（智）」）。而「側收」的部分，則自「敢問其所以異」起至「未有盛於孔子也」止，表面上看來，只是側就孔子與伯夷、伊尹之「異」來說，而意思卻概括了孔子與孟子、弟子之「異」。它以「先因後果」的順序，分別舉宰我、子貢、有若之言，來讚美孔子之聖，而由此交代「不動心」（養氣、持志、知言）的終極境界，把〈養氣〉這一章收結得極為圓滿。

四、從篇章結構看孟子的養氣思想

篇章的內容與形式，是分割不開的，因為內容須靠形式來呈現，而形式也要內容來支撐，兩者的結構可說是疊合無間的⑬。尤其是從「章法」切入，由於它是「客觀的存在」⑭，與自然規律相對應，最能凸顯思想情意的條理。所以由篇章結構來掌握其思想情意，是最好不過的。以下就以三種篇章結構來探討孟子的養氣思想。

(一)從本末結構看

試由全篇來看《孟子·養氣》章的思想內容，若不考慮其互動、循環而提升的關係，則所形成的是「先本後末」的結構。其中「偏」（起點）是「本」，論的是邁入聖域的基礎——「不動心」，而「全」（終點）則為「末」，論的是「不動心」的最後歸趨——「聖」。孟子所謂的「不動心」，即孔子所說的「不惑」⑮；所謂的「聖」（仁且智），即孔子所說的「從心所欲、不踰矩」⑯。《論語·為政》說：

> 子曰：「吾十有五而志於學；三十而立；四十而不惑；五十而知天命；六十而耳順；七十而從心所欲、不踰矩。」

說的便是這個道理。

再由「本末」來看它章節的內容，所形成的是「先末後本」的結構。它先在「末」的部分，提「不動心」；再由「本」的部分，說明「不動心」之道就在於「養氣」（勇）、「持志」（仁）、「知言」（智）。這樣由「不動心」而談「養氣」（勇），由「養氣」而談「持志」（仁），由「持志」（仁）而談「知言」（智），用的正是「由末而本」的闡釋手法。如此說來，在這章節裡，「知言」

（智）為本，「不動心」為末，而「持志」（仁）、「養氣」（勇），則是其過程了。《朱子語類》第五十二卷說：

孟子論浩然之氣一段，緊要全在「知言」上，所以《大學》許多工夫，全在格物、致知⑰。

又說：

或問「知言養氣」一章。曰：「此一章專以知言為主。若不知言，則自以為義，而未必是義；自以為直，而未必是直；是非且莫辨矣。」⑱

又說：

問：「浩然之氣，集義是用功夫處否？」曰：「須是先知言。知言，則義精而理明，所以能養浩然之氣。知言正是格物、致知。苟不知言，則不能辨天下許多淫、邪、詖、遁。將以為仁不知其非仁；將以為義不知其非義，則將何以集義而生此浩然之氣。」⑲

這是極有見地的。《論語・子罕》說：

子曰：「知者不惑，仁者不憂，勇者不懼。」

朱熹注說：

明足以燭理，故不惑；理足以勝私，故不憂；氣足以配道義，故不懼；此學之序也⒇。

可見知（智）、仁、勇是有先後之序的。而萬先法也說：

吾謂知言，大智也。集義，大仁也。浩然之氣，大勇也。智以知仁，勇以行仁，此儒家三達德之教，固已盡備於本章之旨矣㉑。

由此看來，「不動心」之道是形成本末結構的。

(二)從往復結構看

所謂「往復」，是往而復來、循環不已的意思。如仁與智，就人為教上來說，是由智而仁（自明誠）；就天然性分上來說，是由仁而智（自誠明）。兩者是互動而循環不已，以至於合仁與智為一的。所以《中庸》第二十一章（依朱子《章句》）說：

自誠明，謂之性；自明誠，謂之教；誠則明矣，明則誠矣。

這所謂的「明（智）則誠（仁）」、「誠（仁）則明（智）」，說的不就是「性」（天然）與「教」（人為）互動而循環不已的結果嗎？其實，這種往復的作用，孟子也曾就「志」與「氣」加以說明過，他說：

志壹則動氣，氣壹則動志。

朱熹注說：

> 言志之所向專一，則氣固從之；然氣之所在專一，則志亦反為之動㉒。

《朱子語類》卷五十二也說：

> 持志養氣二者，工夫不可偏廢。以「氣一則動志，志一則動氣」觀之，則見交相為養之理矣㉓。

而徐復觀更說：

> 此二語乃說明志與氣可以互相影響，氣並非是完全被動的地位，二者須交互培養㉔。

所謂「反」、「交相為養」，所謂「互相影響」、「交互培養」，便指出了這往復的作用。由此將往復的作用擴而大之，則「知言」（智）與「持志」（仁）、「持志」（仁）與「養氣」（勇），也應是如此，如上圖，它們是兩兩交互作用，而形成往復結構的㉕。

(三)從偏全結構看

偏全是以本末、往復為基礎的一種結構。這所謂的「偏」，指的是「部分」，為起點、過程；所謂的「全」，指的是「整體」，為終點。拿仁與智作為例子，就「全」的觀點來說，說的是大仁與大智；就「偏」的觀點來說，說的是小仁與小智。而大仁與大智，是須經由小智而小仁、小仁而小智，交相作用，逐漸循環、擴充，才能達到的㉖。用這種觀點來看〈養氣〉章，「偏」是指「不動心」和「不動心」之道（知言、持志、養氣）。它們是經由不斷的互動、循環（偏），以至於邁入聖域（全）的。《中庸》第三十章說：

> 仲尼祖述堯舜，憲章文武（成己—仁）；上律天時，下襲水土（成物—智）；辟如天地之無不持載，無不覆幬，辟如四時之錯行，如日月之代明；萬物並育而不相害，道並行而不相悖，小德川流，大德敦化，此天地之所以為大也（配天、配地）。

對這段話，王夫之在其《讀四書大全說》裡，曾總括起來闡釋說：

> 小德、大德，合知、仁、勇於一誠，而以一誠行乎三達德者也㉗。

而唐君毅也以為：

> 所謂「萬物並育而不相害，道並行而不相悖。小德川流，大德敦化，此天地之所以為大也。」一切宗教的上帝，只創造自然之萬物。而中國聖人之道，則以贊天地化育之心，兼持載人文世界，人格世界之一切人生。故曰：「大哉聖人之道，洋洋乎發育萬物，峻極於天。悠悠大哉，禮儀三百，威儀三千，待其人而後行。」因中國聖人之精神，不僅是超越的涵蓋宇宙人生人格與文化，而且是以贊天地化育之心，對此一切加以持載。故不僅有高明一面，且有博厚一面。「高明配天，博厚配地。」「崇效天，卑法地。」高明配天，崇效天者，仁智之無所不覆也。博厚配地，卑法地者，禮義自守而尊人，無所不載也[28]。

足見孔子的偉大，是靠「好學」不已，經由「智」、「仁」、「勇」三者，在「天」與「人」的互動、循環而提升的螺旋作用[29]下，終於合「智」、「仁」、「勇」而為「聖」（一誠），而達於配天配地（與天地參）的境界。孟子曾說：「乃所願，則學孔子也。」又說：「自有生民以來，未有孔子也。」不是由於這個緣故嗎？

五、結語

綜上所述，《孟子．養氣》這一章的篇章，雖相當複雜，卻依然有條理可循。我們試著疊合內容與形式㉚切入，就「篇」而言，發現它形成偏全結構；就「章」而言，發現它形成了本末、凡目、因果、問答、平側、正反、淺深、點染、敘論、平列及往復等大小層級不同的結構。而其中又以「本末」、「往復」、「偏全」三者，對孟子這一章的思想脈絡來說，最關緊要，是可藉以理清「知言」、「持志」、「養氣」、「不動心」與「聖」的關係的。

（原載《慶祝莆田黃錦鋐教授八秩嵩壽論文集》，二〇〇一年六月）

注釋

①各家注疏，如趙岐注、孫奭疏的《孟子注疏》、朱熹《孟子集註》、趙順孫《孟子纂疏》及焦循《孟子正義》等，皆作了疏理；而近、今人，如徐復觀、戴君仁、錢穆、胡簪雲、何敬群、周群振、毛子水、王文欽、楊一峰、程兆熊、王道、左海倫、蔡仁厚、萬先法、曾昭旭、余培林等，也作了精要的闡釋。

②這所謂的「偏」，是指局部或特例；而「全」，是指整體或通則。作者在創作詩文之際，往往會用「局部」

與「整體」、「特例」與「通則」的相應條理來組合情意材料。它雖和本末、大小等法，有一點類似，但「本末」比較著眼於事、理的終始，而「大小」則比較著眼於空間的寬窄與知覺的強弱，和「偏全」比較著眼於事、理、時、空的部分與全部、特殊與一般，有所不同。參見拙作〈論幾種特殊的章法〉（《國文學報》三十一期，二○○二年六月），頁一七六～一八一。

③本末法的結構類型之一，參見拙著《章法學新裁》（萬卷樓圖書有限公司，二○○一年一月初版），頁三二六～三三四；另參見仇小屏《篇章結構類型論》（上）（萬卷樓圖書有限公司，二○○○年二月初版），頁一八一～一九八。

④賓主法的結構類型之一，參見拙著《章法學新裁》（萬卷樓圖書有限公司，二○○一年一月初版），頁八九～九九；另參見仇小屏《篇章結構類型論》（下），同注③，頁三七四～四○四。

⑤平側法的結構類型之一，參見拙著《章法學新裁》，同注④，頁三四八～三四九；另參見仇小屏《篇章結構類型論》（下），同注③，頁五○三～五二九。

⑥「淺」，指「先淺後深」的「淺」。而「先淺後深」為淺深法的結構類型之一，參見拙著《章法學新裁》，同注④，頁三二七；另參見仇小屏《篇章結構類型論》（上），同注③，頁一九九～二○七。

⑦萬先法：「孟子講北宮黝等三人之勇，是一層深一層來講的。」見〈孟子知言養氣章釋〉（《中華文化復興月刊》六卷二期），頁七。

⑧平側法的結構類型之一，與「先側注後平提」正相反。參見拙著《章法學新裁》，同注④，頁三四八～三

四九；另參見仇小屏《篇章結構類型論》（下），同注③，頁五〇三～五二九。

⑨敘論法的結構類型之一，由一順一逆形成，參見拙著《章法學新裁》，同注④，頁四〇七～四四四；另參見仇小屏《篇章結構類型論》（上），同注③，頁二六七～二八八。

⑩虛實法的結構類型之一，參見拙著《章法學新裁》，同注⑯，頁九九～一一〇；另參見仇小屏《篇章結構類型論》（下），同注③，頁三二〇～三四〇。

⑪這種至聖的境界，從《孟子．公孫丑上》的一段話裡，可獲得進一步的了解，這段話是：「昔者，子貢問於孔子曰：『夫子聖矣乎？』孔子曰：『聖，則吾不能。我學不厭，而教不倦也。』子貢曰：『學不厭，智也；教不倦，仁也。仁且智，夫子既聖矣！』」這段話明白地指出了孔子是「仁且智」的聖人，這是「仁」與「智」融合的最高境界。參見拙作〈孔子的仁智觀〉（《國文天地》十二卷四期，一九九六年九月），頁八～一五。

⑫辭章中有一種「平提側注」的篇章修飾方法，宋文蔚在《評注文法津梁》裡解釋這種方法說：篇中有兩項或三項者，如義均平列，則於總提後平分各項，用意詮發；若義有輕重，或偏重一項，則開首用筆平提，以下或用串說，或用側注，均無不可。又有擇其最重要之一項，用特筆提起，再分各串項者，尤見用法變化。這是說：將所要論說或敘述的幾個重點，以平等地位提明的，叫「平提」；而照應題面，對其中的一點或兩點加以關注的，叫「側注」。這種篇章修飾的方法，如單就「側注」的部分而言，則稱為「側接」或「接筆」；如所提重點只限於兩組，則又叫作「兩義相權」。它無論是形成「先平提後側注」、

「先側注後平提」、「平提、側注、平提」或「側注、平提、側注」等結構，在辭章裡，都隨處可見，沒什麼稀奇。但將所要論說或敘述的幾個重點，以同等的地位加以提明，而特別側於其中一點或兩點來收結，卻有回繳整體之功用的，則很少受到人的注意。見拙作〈談「平提側收」的篇章結構〉（《第二屆中國修辭學學術研討會論文集》，二〇〇〇年六月），頁一九三～二一三。

⑬篇章結構，是指篇章中組織其內容與形式的一種形態，而內容與形式是相疊合的。參見拙作〈談篇章結構〉（上）、（下）（《國文天地》十五卷五、六期，一九九九年十、十一月），頁六五～七七、五七～六六及〈談縱橫向疊合的篇章結構〉（《國文天地》十六卷七期，二〇〇〇年十二月），頁一〇〇～一〇六。

⑭王希杰指出：「『章法』一詞是多義的。『章法』，是文章之法，但是，有兩種『章法』：一種是客觀存在的『章法』，它顯然是與文章同時出現的。有文章就有章法，不同的文章有不同的章法，但是沒有完全沒有章法的文章，不過是章法的好和壞罷了。另一種『章法』是研究者的認識和主張，是知識和理論，是文章的研究者的辛勤勞動的成果，它當然是文章出現之後的事情。後一種『章法』，即對章法的研究也是早就有了的，中國古人對章法的論述很多。但是「章法學」的誕生是比較晚的事情。章法學作為一門學問，不是有關部門章法的個別知識，而是章法知識的總和，是一種概念的系統。章法學是一門實用性很強的學問，也有極高的學術價值。它同文章學、修辭學、語用學、文藝學、美學、邏輯學等都具有密切關係。章法學已經初步形成了一門科學。陳滿銘教授初步建立了科學的章法學體系。……陳滿銘教授創建了章法學的四大律，……這是陳教授及其弟子的章法學大廈的四根支柱。這是陳滿銘教授對章法學

的貢獻。中國傳統的章法研究已經是很豐富的了，文論、詩話、詞話、曲話、藝概中就有許多關於章法的言論。劉勰的《文心雕龍》中對章法的研究已經是很像樣的了，有一些非常精彩的觀點。但是像陳教授這樣一來以四大規律來建立章法學理論大廈，這還是第一次。如果說唐鉞、王易、陳望道等人轉變了中國修辭學，建立了學科的中國現代修辭學，我們也可以說，陳滿銘及其弟子轉變了中國章法學的研究大方向，建立了科學的章法學，把漢語章法學的研究轉向科學的道路。」見〈章法學門外閒談〉《國文天地》十八卷十五期，二〇〇二年十月），頁九二～一〇一。

⑮朱熹：「四十強仕，君子道明德立之時。孔子四十而不惑，亦不動之謂。」見《四書集註》（學海出版社，一九八四年九月初版），頁二三二。

⑯朱熹：「隨其心之所欲，而自不過於法度，安而行之，不勉而中也。」同注⑮，頁六一。所謂「安而行之」，指「仁」；所謂「不勉而中」，指「智」；而「仁且智」即為「聖」。

⑰見《朱子語類》四（文津出版社，一九八六年十二月出版），頁一二四一。對這一點，戴君仁加以申釋說：「朱子文集裡〈與郭沖晦書〉，有一段話，可當作這章書的提要。他說：『孟子之學，蓋以窮理集義為始，不動心為效。蓋唯窮理為能知言，唯集義為能養其浩然之氣。理明而無所疑，氣充而無所懼，故能當大任而不動心。』拿先儒的學說來比，知言相當於格物致知，養氣相當於誠意正心。拿後儒的學說來比，程伊川所謂『涵養須用敬』，相當於養氣；『進學則在致知』，相當知言。二者都是如車兩輪，如鳥兩翼，不可缺一。」《戴靜山先生全集》（戴靜山先生遺著編審委員會，一九八〇年九月初版），頁一八

四六。

⑱見《朱子語類》四，同注⑰，頁一二七〇。

⑲見《朱子語類》四，同注⑰，頁一二六一。

⑳見《四書集註》，同注⑮，頁一一五。

㉑見〈孟子知言養氣章釋〉同注⑦，頁一三。

㉒見《四書集註》，同注⑮，頁二三四。對這種作用，陳大齊從心理與生理加以解釋說：「我們平常總以為樂了才笑，悲了才哭，亦即只知道心理上的變化會引發生理上的變化。但亦有心理學家作相反的主張，謂笑了才樂，哭了才悲，以生理上的變化作為心理上變化的起因。事實告訴我們：表情確能影響感情，令其有所升降，愈笑則愈樂，愈哭則愈悲，忍住不笑不哭，其樂與悲亦逐漸退而卒至消失。孟子已見及此，亦承認生理上的變化足以引發心理上的變化，所以緊接下去說道：『氣壹則動志也』，並且舉『今夫蹶者趨者，是氣也，而反動其心』為例證。心理上的變化與生理上的變化，可以互相影響，可以互為因果。」見《淺見集》（臺灣中華書局，一九六八年四月初版），頁二二七～二二八。

㉓見《朱子語類》四，同注⑰，頁一二三九。

㉔見徐復觀〈孟子知言養氣章試釋〉，《中國思想史論集》（學生書局，一九七五年五月四版），頁一四三。

㉕參見拙作〈從修學的過程看智仁勇的關係〉（上）、（下）（《孔孟月刊》十七卷十二期、十八卷一期，一九七九年八、九月），頁三三～三五、三〇～三四。

㉖參見拙作〈孔子的仁智觀〉，同注⑾，頁八～一五。

㉗見《讀四書大全說》（河洛圖書出版社，一九七四年五月臺影印初版），頁三三一。

㉘見《人文精神之重建》（新亞研究所，民國四十四年三月初版），頁二二八。

㉙凡相對相成的兩者，如仁與智、明明德與親民、天（自誠明）與人（自明誠）等，都會產生互動、循環而提升的作用，而形成螺旋結構。參見拙作〈談儒家思想體系中的螺旋結構〉（《國文學報》二十九期，二〇〇〇年六月），頁一～三六。而所謂「螺旋」，本用於教育課程之理論上，早在十七世紀，即由捷克教育家夸美紐思所提出，乃「根據不同年齡階段（或年級），遵循由淺入深，由簡單到複雜，由具體而抽象的順序，用循環、往復螺旋式提高的方法排列德育內容。螺旋式亦稱圓周式」，見《簡明國際教育百科全書》（新華書局北京發行所，一九九一年六月一版一刷），頁六一一。又，相對於人文，科技界亦發現生命之「基因」和「DNA」等都呈現螺旋結構。參見約翰•格里賓著、方玉珍等譯《雙螺旋探密——量子物理學與生命》（上海科技教育出版社，二〇〇一年七月），頁二七一～三一八。

㉚參見拙作〈談縱橫向疊合的篇章結構〉（《國文天地》十六卷七期，二〇〇〇年十二月），頁一〇〇～一〇六。

《論語》中的「道」

一、前言

在《論語》一書中，「道」字出現得相當頻繁，據楊伯峻《四書譯注》的統計，共有六十次；其中涉及道德、學術、方法或合理行為而與「中心概念」（陳大齊《孔子學說》）相關的，就達四十四次之多；由此可見「道」在孔子思想中的重要性。本文因受篇幅所限，無法作比較全面之疏理，故僅能就「道」的根本精神（體）與具體形式（用），加以探討，以見其與仁義、禮樂之關係。

二、何謂「道」

所謂的「道」，原指人用作行走之「路」，《論語・陽貨》所說「道聽而塗說」的「道」，即指此而言；這是有形可見的，是具體的。而由此引伸開來，則「凡言行所經由以達於某一目標」（陳大齊《孔子學說》）而成為原理、準則的，都可稱之為「道」；這是無形可見的，是抽象的。前者與「中心概念」之「道」無關，而後者則息息相關了。

這種與「中心概念」關涉之「道」，在孔子言論中，依其意義之不同，大致可分為兩種：一是中性的，即「事實上的道」，可以屬「正面」，也可以屬「反面」；一是純然「正面」的，即「價值上的道」，可以提升而成為原理或準則。所以陳大齊在其《孔子學說》中說：

> 道，依其意義的不同，可別為二種：一是事實上的道，一是價值上的道，前者只是所由的，後者則是應由的。事實上的道與價值上的道，時或一致，時或不一致。故事實上的道，有應由的，亦有不應由的。價值上的道，有事實上所由的，亦有事實上所未由的。

所謂「所由」，就是說可能趨於正面為善（應由），也可能趨於反面為惡（不應由），這是就事實觀點說的，所以是「事實上的道」；所謂「應由」，就是說應該趨於正面為善，這是從價值觀點說的，所以是「價值上的道」。譬如《論語・衛靈公》說：

> 子曰：「道不同，不相為謀。」

朱熹《集註》注說：「不同，如善惡邪正之類。」既然有「善惡邪正」之不同，顯然這所謂之「道」，指的是「事實上的道」。又如《論語・憲問》說：

> 子曰：「君子道者三，我無能焉：仁者不憂，知者不惑，勇者不懼。」子貢曰：「夫子自道也。」

「君子道者三」，即《中庸》第二十章（依朱熹《章句》，下併同）所說的「三達道」。而知（智）、仁、勇三者，既為「三達道」，指的自然是「價值上的道」。孔子在此這樣「自責以勉人」（朱熹《集註》），可以看出他對「道」的無比推崇，而「道」的價值，也可由此顯現出來。

大體而言，《論語》一書中的「道」，說的都是「價值上的道」。也因它是「價值上的道」，始足為言行的準則」（陳大齊《孔子學說》），甚至於成為事事物物的原理。它所以能如此，可說是由於它以「仁義」為根本精神（體）而以「禮樂」為具體形式（用）的緣故。

三、「道」的根本精神

《論語》中的「道」，雖然大致都落在「用」上來說，但有一小部分卻涉及源頭的「體」，而呈現它的根本精神。關於這點，就得先談「德」這個概念，《論語・述而》載孔子的話說：

天生德於予。

何晏在《論語注疏》中說：「謂授我以聖性，德合天地，吉無不利。」而朱熹《或問》（《論語纂疏》引）則以為「天之生我，而使之氣質清明，義理昭著，則是天生德於我矣」。照何、朱二人的說法，這個「德」，該等同於「性」。如分開來看，「德」是「得之於天者」之意，而「性」則指「得之於天」的本質；前者乃就承受者而言，後者卻就所承受之本質來說，因此兩者的關係是一而二、二而一的（詳見拙作〈中庸的性善觀〉，《國文學報》二十八期）。而《論語》中的

「德」，如眾所知，主要是以「仁」為其內容的，所以陳大齊在《孔子學說》中說：「中心概念的德，可稱為仁德。」這樣說來，《論語》中所說的「仁」，雖大都指外在之行為，卻有一部分指的是內在之本質，即「仁德」或「仁性」而言。如果這種看法沒錯，那麼《論語》中所說的「道」，有一部分是指「仁德」或「仁性」來說的。試看《論語・里仁》說：

子曰：「富與貴，是人之所欲也，不以其道得之，不處也。貧與賤，是人之所惡也，不以其道得之，不去也。君子去仁，惡乎成名？君子無終食之間違仁，造次必於是，顛沛必於是。」

這裡最值得注意的是：孔子先說兩次「道」，後來卻換成「仁」來說。很明顯地，在孔子看來，所謂「君子去仁」，就是「君子去道」的意思。因此何晏在《論語注疏》中說：「唯行仁道，乃得君子之名，若違去仁道，則於何得成名為君子乎？」如此將「仁」與「道」合用，雖不能確定「仁」就是「道」，但已可藉以看出兩者密切之關係。而錢穆在其《論語要略》（收入《四書釋義》中）則直接地釋此章說：「據此，則孔子之所謂道，即仁也。」可見孔子在此所謂之「道」，就是「仁」；而這個「仁」，從其內在根源處說，即「仁德」或「仁性」。所以趙順孫《論語纂疏》在「君子去仁」句下引輔氏說：「仁者，心之全德也。」可見「道」之根本精神就在於吾心之

「仁」。《論語．衛靈公》又說：

子曰：「人能弘道，非道弘人。」

朱熹《集註》釋此說：「人心有覺，而道體無為，故人能大其道，道不能大其人也。」對此，錢穆在《論語要略》中加以申論說：

孔子以道為人生中運用之一事，猶其以禮樂為人生中運用之一事也。人之所以運用此禮樂與道者，則人類之情感，吾心之仁是也，故曰人能弘道。使其人無情不仁，則道亦無存，烏能弘人乎？

它把「道」，雖與禮樂同樣視為「人生中運用之一事」，當作外在之形式（用）來看待，卻也指出了它們的根本精神（體），那就是「吾心之仁」。所謂「本立而道生」（〈學而〉），說的就是這種道理。

由此可見，「日用事物之間莫不有當行」（朱熹《中庸章句》）之「道」，是以「吾心之仁」為其根本精神的。

四、「道」的具體形式

「道」的具體形式，雖包羅甚廣，但可用「禮樂」加以牢籠。而「禮樂」又往往可用一個「禮」字予以概括，徐復觀在其《中國思想史論集》中指出「古人常以禮概括樂」，指的就是這種現象。所以在《論語》一書裡，有時單提「禮」，而將「樂」含於其中，有時則並提「禮樂」，不一而足。《論語・學而》載：

> 有子曰：「禮之用，和為貴。先王之道，斯為美，小大由之。有所不行，知和而和，而不以禮節之，亦不可行也。」

何晏《論語注疏》說：「此章言禮樂為用，相須為美。」又說：「和，謂樂也。」而朱熹《集註》也引范祖禹說：「凡禮之體，主於敬，而其用則以和為貴。敬者，禮之所以立也；和者，樂之所由生也。若有子可謂達禮樂之本矣。」據知「禮」與「樂」不可分的關係。而此禮樂制度，指的正是「先王之道」；換句話說，「先王之道」即「先王之禮」或「先王之禮樂」。又《論語・雍也》載：

> 子曰：「齊一變，至於魯；魯一變，至於道。」

對這幾句話，朱熹在其《集註》裡闡釋說：「孔子之時，齊俗急功利、喜夸詐，乃霸政之餘習。魯則重禮教、崇信義，猶有先王之遺風焉；但人亡政息，不能無廢墜爾。道，則先王之道也。言二國之政俗有美惡，故其變而之道有難易。」他以為「道」，就是「先王之道」，而「先王之遺風」，又是「重禮教，崇信義」，可知所謂的「道」，是離不開「禮義」的。所以趙杏根就在其《論語新解》裡加以申釋說：

> 魯從伯禽之時，便務隆禮義，民受其化，以好禮著稱於世。孔子之世，魯禮已遠非周禮原貌，但殘者猶存，如告朔之尚存餼羊之類，好禮之風仍較其他諸侯國為甚。就國勢論之，齊霸業之餘，仍足以同晉、楚、秦等強國抗衡，其風猶健。魯則幾經內亂，國勢衰弱，實力去齊遠矣。然孔子對禮，情有獨鍾，認為魯於先王之道最近，蓋道與禮存也。

因為沒有「禮」，就沒有「道」，所以說「道與禮存」；如果說得徹底一點，則「禮」就是「道」

的具體形式。而「禮」，如說得抽象一點，就與「義」合而為一，所以「禮義」已被視作同義的合義複詞。不過，嚴格說來，兩者實為一本一末的關係。《論語・衛靈公》載：

> 子曰：「君子義以為質，禮以行之，遜以出之，信以成之，君子哉！」

朱熹《集註》引程頤說：「此四句只是一事，以義為本。」據知「義」乃「禮」之本，而如果由此進一步推原上去，則「禮」（樂）的根本在於「仁」或「仁義」。《論語・八佾》載：

> 子曰：「人而不仁，如禮何！人而不仁，如樂何！」

趙杏根在其《論語新解》裡，引《禮記・仲尼燕居》所載孔子之語「言而履之，禮也；行而樂之，樂也」一段文字，加以申釋說：「儒家思想的核心，在仁而不在禮。禮樂僅為仁的形式罷了。」所以林啟彥在其《中國學術思想史》中說：

> 孔子所說的「仁」，是指個人內在修養及感情的蘊蓄；而「禮」則是指外在行為的約束規範。禮必須發自內心的「仁」而又符合「義」的行為模式，才有真正的意義。……可見孔

子的倫理道德觀念，是以仁為中心，義為根本，禮為外表。

這種見解十分精到。《中庸》第二十章說：

仁者，人也，親親為大；義者，宜也，尊賢為大。親親之殺、尊賢之等，禮所生也。

「禮」生於「仁」和「義」的意思，在此說明得很清楚。雖然沒有明確交代「仁」和「義」的關係，但由「人」與「宜」、「親親」與「尊賢」的語意中，可推衍得知「仁」是「義」的本質，所以馮友蘭在其《中國哲學簡史》中說：「義的觀念是形式的觀念，仁的觀念就具體多了。人在社會中的義務，其形式的本質是它們的『應該』，因為這些義務都是他應該做的事。但是這些義務的本質則是『愛人』，就是『仁』。」可見「禮」的根本是「義」，而「義」的本質是「仁」，因此勞思光在其《新編中國哲學史》第一卷中說：

孔子如何發展其有關「禮」之理論？簡言之，即攝「禮」歸「義」，更進而攝「禮」歸「仁」是也。

這樣看來，「道」是以「禮樂」為具體形式，而「禮樂」則是以「仁義」為依歸的。

五、結語

經由上述，可知「道」在《論語》一書裡，大體而言，指的是「言行準則」。而這種「言行準則」，就其根本精神（體）來說，乃「吾心之仁」，如說得普遍一點，就是「仁義」；而就其具體形式（用）而言，則是「禮樂」。這樣由「仁義」而「道」而「禮樂」，是本末一貫，體用一致的。

（原載《孔孟月刊》四十卷六期，二〇〇二年二月）

《論語》中的「直」

《論語》一書，雖以論「仁」與「知（智）」為重心，但也談到其他德目或德行，以作為輔助；而「直」即其中之一，且一共出現了二十二次（楊伯峻《論語譯注》），可見其重要性。它們依次是：

哀公問曰：「何為則民服？」孔子對曰：「舉直錯諸枉，則民服；舉枉錯諸直，則民不服。」（〈為政〉十九）

子曰：「孰謂微生高直？或乞醯焉，乞諸其鄰而與之。」（〈公冶長〉二十三）

子曰：「人之生也直，罔之生也幸而免。」（〈雍也〉十七）

子曰：「恭而無禮則勞，慎而無理則葸，勇而無禮則亂，直而無禮則絞。君子篤於親，則民興於仁；故舊不遺，則民不偷。」（〈泰伯〉二）

子曰：「狂而不直，侗而不愿，悾空而不信，吾不知之矣。」（〈泰伯〉十六）

子張問：「士何如斯可謂之達矣？」子曰：「何哉，爾所謂達者？」子張對曰：「在邦必聞，在家必聞。」子曰：「是聞也，非達也。夫達也者，質直而好義，察言而觀色，慮以下人。在邦必達，在家必達。夫聞也者，色取仁而行違，居之不疑。在邦必聞，在家必聞。」（〈顏淵〉二十）

樊遲問仁，子曰：「愛人」；問知，子曰：「知人」。樊遲未達，子曰：「舉直錯諸枉，能使枉者直。」樊遲退，見子夏曰：「鄉也吾見於夫子，子曰：『舉直錯諸枉，能使枉者直』，何謂也？」子夏曰：「富哉言乎！舜有天下，選於眾，舉皋陶，不仁者遠矣；湯有天下，選於眾，舉伊尹，不仁者遠矣。」（〈顏淵〉二十二）

葉公語孔子曰：「吾黨有直躬者，其父攘羊，而子證之。」孔子曰：「吾黨之直者異於是：父為子隱，子為父隱，直在其中矣。」（〈子路〉十八）

或曰：「以德報怨，何如？」子曰：「何以報德？以直報怨，以德報德。」（〈憲問〉三十四）

子曰：「直哉史魚！邦有道，如矢；邦無道，如矢。君子哉蘧伯玉！邦有道，則仕；邦無道，則可卷而懷之。」（〈衛靈公〉六）

子曰：「吾之於人也，誰毀誰譽？如有所譽者，其有所試矣。斯民也，三代之所以直道而行也。」（〈衛靈公〉二十四）

孔子曰：「益者三友，損者三友。友直，友諒，友多聞，益矣。友便辟，友善柔，友便佞，損矣。」（〈季氏〉四）

子曰：「由也！女聞六言六蔽矣乎？」對曰：「未也。」「居！吾語女。好仁不好學，其蔽也愚；好知不好學，其蔽也蕩；好信不好學，其蔽也賊；好直不好學，其蔽也絞；好勇不好學，其蔽也亂；好剛不好學，其蔽也狂。」（〈陽貨〉八）

子曰：「古者民有三疾，今也或是之亡也。古之狂也肆，今之狂也蕩；古之矜也廉，今之矜也忿戾；古之愚也直，今之愚也詐而已矣。」（〈陽貨〉十六）

子貢曰：「君子亦有惡乎？」子曰：「有惡：惡稱人之惡者，惡居下流而訕上者，惡勇而無禮者，惡果敢而窒者。」曰：「賜也有惡乎？」「惡徼以為知者，惡不孫以為勇者，惡訐以為直者。」（〈陽貨〉二十四）

柳下惠為士師，三黜，人曰：「子未可以去乎？」曰：「直道而事人，焉往而不黜？枉道而事人，何必去父母之邦？」（〈微子〉二）

從以上所引之篇章，可知《論語》一書中的「直」字，都有「公正無私」或「合理」的意思。如〈衛靈公〉二十四「斯民也，三代之所以直道而行也」，何晏《集解》引馬融云：

用民如此，無所阿私，所以云：「直道而行」。

而朱子《集註》云：

斯民者，今此之人也。三代，夏、商、周也。直道，無私曲也。言吾之所以無所毀譽者，蓋以此民，即三代之時所以善其善、惡其惡而無所私曲之民。故我今亦不得而枉其是非之實也。

所謂「無所阿私」、「善其善、惡其惡而無私曲」，就是「公正無私」或「合理」的意思。又如〈陽貨〉十六「古之愚也直」兩句，邢昺疏云：

「古之愚也直」者，謂心直而無邪曲。「今之愚者詐而已矣」者，謂多行欺詐自利也。

而朱子《集註》云：

直謂徑行自遂，詐則挾私妄作矣。

在此，「直」與「詐」對舉，可知「直」即「不詐」之意，所以用「無邪曲」、「徑行自遂」來解釋「直」字，亦即「不欺詐自利」、「不挾私妄作」之意。再如〈公冶長〉二十三「孰謂微生高直」，何晏《集解》引孔安國云：

> 用意委曲，非為直人。

而朱子《集註》云：

> 夫子言此，譏其曲意徇物，掠美市恩，不得為直也。

又引范氏（祖禹）云：

> 是曰是、非曰非、有謂有、無謂無，曰直。

這雖從正（是曰是、非曰非、有謂有、無謂無）反（用意委曲、曲意徇物）兩面來解釋，但一樣未離「公正無私」之意。此外，〈子路〉十八「父為子隱」三句，邢昺疏云：

子苟有過，父為隱之，則慈也；父苟有過，子為隱之，則孝也。孝慈則忠，忠則直也。

而朱子《集註》云：

父子相隱，天理人情之至也。故不求為直，而直在其中。

又引謝氏（良佐）云：

順理為直。父不為子隱，子不為父隱，於理順邪？

謝氏「順理為直」的解釋，可以包籠邢、朱之說。因為「順理」，就是「順應天理人情」的意思，說得簡單一點，即「合理」。而就人而言，「天理人情」之大者，莫過於孝、慈（忠）。所以用「順應天理人情」來釋「直」，是值得大家注意的。從表面看來，它似乎與「公正無私」不甚相合；但實際上，「順應天理人情」為「本」，「公正無私」是「末」，俗語所說「法不過人情天理」，即是此意。錢穆在其《論語要略》中釋此說：

> 直者，由中之謂，稱心之謂。其父攘人之羊，在常情其子絕不願其事外揚，是謂人情。如我中心之情而出之，即直也。今乃至證明吾父之攘人羊，是其人非沽名買直，即無情不仁，父子之情，不敢其個我之私故至出此。彼不知子為父隱，即是其子由中之真情，即是直也。葉公蓋以此誇炫於孔子，而未必真有其人，而孔子論直之真義乃從此而益明。

所謂「由中之真情」，即「中節」（《禮記・中庸》）之情，也就是合理之「私情」，由於它已調和了「公義」，是不會損害到「公正無私」（公義）的。

用這種「合理」或「公正無私」的意思來檢查上引諸章的「直」字，除了〈雍也〉十七和〈顏淵〉二十兩章，是涉及其本質來說外，其餘各章指的都是「合理」或「公正無私」的行為或人。就在這些篇章裡，大都從正面加以肯定；不過，有幾個「直」字，是特別從「偏」（對「全」而言）的觀點來說明的，譬如〈泰伯〉二「直而無禮則絞」與〈陽貨〉八「好直不好學，其蔽也絞」兩章中之「直」，就必須用「禮」或「學」加以節制。對於前者，陳大齊在其《孔子學說》中說：

孔子此則言論，最足以表示禮之節制諸德，而有保障其長為美德與遏止其轉成惡德的功能。一味致力於恭，而不用禮為之節制，則轉而成勞；一味致力於慎，而不用禮為之節制，則轉而成葸；一味致力於勇於直，而不用禮為之節制，則轉而成亂成絞。故欲恭而不轉成勞，欲慎而不轉成葸，欲勇而不轉成亂，欲直而不轉成絞，不得不有賴於禮的節制。孔子說：「不學禮，無以立。」（〈季氏〉十三）又說：「不知禮，無以立。」（〈堯曰〉三）正好用來說明這種道理。也由此可知「學」，就是要學「禮」（宇宙人生的規律），而「禮」是有貫穿作用的。關於此點，陳大齊在《孔子學說》裡闡釋說：

> 孔子主張由博求約，自必承認：博中有共同性能可以約得出來。孔子所持以為約的，是禮，可見孔子必承認：所學的莫不以禮為其共同性，故才主張用禮來約。

可見孔子所以用「學」用「禮」來救「直」的偏失，是有其道理的。

至於涉及本質來說的，先看〈雍也〉十七的「人之生也直」這一章，朱子《集註》引程子（顥）云：

生理本直；罔，不直也，而亦生者，幸而免爾。

而《朱子語類》三卷二十三針對「生理本直」加以申釋云：

問：「明道云：『「民受天地之中以生」，「天命之謂性」也。「人之生也直」，亦是此意。』莫微有差別否？」曰：「如何有差別！便是這道理本直。孔子卻是為欲說『罔之生也』，所以說箇『直』字，與『民受天地之中』，義理一般。」

可見此「人之生也直」的「直」字，是兼就其本質而言的。所以錢穆在其《論語要略》中也說：

直者誠也，內不以自欺，外不以欺人，心有所好惡而如實以出之者也。人類之生存於世，端賴其能以直心直道相處。至於欺詐虛偽之風既勝，則其群必衰亂，必敗亡，其得免焉者幸也。

他以「誠」釋「直」，兼及內外，意至明顯。再看〈顏淵〉二十的「質直而好義」幾句，對此，朱子《集註》云：

> 內主忠信，而所行合宜，審於接物，而卑以自牧，皆自修於內不求人知之事。

他用「內主忠信」來解釋「質直」，是把「直」看成了內在之本質。這與〈衛靈公〉十七「義以為質」的說法相類似。所以錢穆《論語要略》闡釋「質直」說：

> 此又孔子尚質直而疾虛偽之證也。〈衛靈公〉篇亦云：「君子義以為質，禮以行之，孫以出之，信以成之。」與本章同意。質直而好義，即義以為質也。察言觀色，慮以下人者，即禮以行之、孫以出之也。如是而吾之內心真情，可以取信於人，而成吾之志，成即達也。

如此看待「質直」，與「內主忠信」之意，是相貫通的。依此看來，「直」是「忠信」，也是「誠」，自然與「仁」有密切之關係。〈顏淵〉二十二載孔子以「舉直錯諸枉」來答「樊遲問仁」，可見得「直」等於是「仁」，「枉」等於是「不仁」。錢穆在《論語要略》中釋此云：

> 此章孔子言舉直錯諸枉，而子夏卻以舉皋陶、伊尹而不仁者遠釋之。可見枉即不仁者，而

直即是仁者也。

又云：

孔子重「仁」，人皆知之，顧其重「直」，則知者鮮矣！惟不直故終不仁，求仁者莫善於先直中。

所謂「求仁者莫善於先直中」，「直」之重要，由此可見。

（原載《孔孟月刊》四十一卷一期，二〇〇二年九月）

《論語》「天生德於予」辨析

一、前言

「德」字在《論語》一書中，一共出現了三十八次，其中作為「恩德」或「恩惠」用的，只有四次，其餘的都與德行、德性有關[1]。在這些與德行、德性相關的篇章裡，又以〈述而〉所載「子曰：『天生德於予，桓魋其如予何？』」的這一章最值得注意。但這個〈述而〉的「德」，是否為孔子所特有？還是人人所通具？引起了一些爭論。本文即試著先探析《論語》中「德」與「性」的關聯，然後從孔子之仁知（智）說與《中庸》之誠明觀切入，作進一步研討，以探得這個「德」之性質與內容，從而看出《論語》「天生德於予」與《中庸》「天命之謂性」之間的密切關係。

二、《論語》中的「德」與「性」

這個問題，可從如下三方面加以探討：

(一)《論語》中的「德」

《論語》一書中之「德」，用作「恩德」、「恩惠」的，並非與「德性」或「德行」無關，而是由「德性」或「德行」所引生之結果。如〈憲問〉說：

或曰：「以德報怨，何如？」子曰：「何以報德？以直報怨，以德報德。」

何晏注說：「德，恩惠之德。」邢昺疏此云：

未得加於彼，彼荷其恩，故謂荷恩為德。《左傳》云：「然則德我乎？」又曰：「王德狄人」，皆是也②。

可見這個「德」字，是當作「恩惠」用的，可說是「德性」或「德行」施於人的結果，所以陳大齊先生說：「恩惠是性能所引致的一種結果。」③他所謂的「性能」，就是指「德性」或「德行」而言。

指「德性」或「德行」之「德」，是孔子或其學生經常談論的，內容有偏於外在行為的，也有偏於內在本質的，更有內外兼而有之的。其中偏於外在行為來說的，有以下諸章：

曾子曰：「慎終追遠，民德歸厚矣。」（〈學而〉）

子曰：「為政以德，譬如北辰，居其所而眾星拱之。」（〈為政〉）

子曰：「道之以政，齊之以刑，民免而無恥；道之以德，齊之以禮，有恥且格。」（〈為政〉）

子曰：「泰伯，其可謂至德也已矣。三以天下讓，民無得而稱焉。」（〈泰伯〉）

舜有臣五人而天下治。武王曰：「予有亂臣十人。」孔子曰：「才難，不其然乎？唐虞之際，於斯為甚。有婦人焉，九人而已。三分天下有其二，以服事殷。周之德，其可謂至德也已矣。」（〈泰伯〉）

德行：顏淵、閔子騫、冉伯牛、仲弓；言語：宰我、子貢；政事：冉有、季路；文學：子游、子夏。（〈先進〉）

季康子問政於孔子曰：「如殺無道，以就有道，何如？」孔子對曰：「子為政，焉用殺？子欲善而民善矣。君子之德，風；小人之德，草。草上之風，必偃。」（〈顏淵〉）

子曰：「南人有言曰：『人而無恆，不可以作巫醫。』善夫！」「不恆其德，或承之羞。」子曰：「不占而已矣。」（〈子路〉）

齊景公有馬千駟，死之日，民無德而稱焉。伯夷、叔齊餓於首陽之下，民到于今稱之。其斯之謂與？（〈季氏〉）

子夏曰：「大德不踰閑，小德出入可也。」（〈子張〉）

上引諸章中，〈學而〉的「德」，可解為「社會風俗」④，乃社會道德整體之表現，是比較偏於外在行為來說的。〈為政〉的兩個「德」，都落在政治上來說，指的是仁政，重在措施，因此視為偏於外在之行為，似乎比較合理些。〈泰伯〉的一個「德」、兩個「至德」，由於用「至」形容，看來都應指內在的最高德性而言，但兩個「至德」，顯然一扣到「讓」、一扣到「服事殷」上來說，指的是外在的謙讓、尊王之表現，因此這三個「德」，說的該是偏於外在之行為。〈先進〉的「德」，直接說成「德行」，當然是指偏於外在的行為而言。〈顏淵〉的「德」，雖然可解為「品質」⑤，好像兼內外來說，但也可解為「作風」⑥，而將其其重點落到禮義教化之措施上⑦，所以把它看作是外在的行為，也可以，而且似乎比較妥當一點。〈子路〉的「德」，作「立身行事之操守」解，所謂「不恆其德，或承之羞」，就是「若立身行事變化無常，則羞辱之事隨之矣」⑧的意思。可知這個「德」字，是偏於外在之行為來說的。〈季氏〉的「德」「德行」⑨或「好行為」⑩，當然指的一樣是偏於外在的行為。〈子張〉的兩個「德」，皆「節操」之意⑪，和〈子路〉之「德」，所指相同。由此看來，以上諸「德」字，所謂「誠於中，形於外」（《禮記・大學》），都是指「形於外」者來說的。

本來可用二分法，將「德」字分為內外兩種即可。可是檢視《論語》一書，卻發現有不少「德」字，很難明確地加以劃分，說它偏於「內」既可以，說它偏於「外」也無不可。下見「德」字即屬此類：

子曰：「德不孤，必有鄰。」（〈里仁〉）

子曰：「德之不修，學之不講，聞義不能徙，不善不能改，是吾憂也。」（〈述而〉）

子曰：「中庸之為德也，其至矣乎！民鮮久矣。」（〈雍也〉）

子曰：「吾未見好德如好色者也。」（〈子罕〉）

子張問崇德辨惑，子曰：「主忠信，徙義，崇德也。愛之欲其生，惡之欲其死，既欲其生，又欲其死，是惑也。」（〈顏淵〉）

樊遲從遊於舞雩之下，曰：「敢問崇德，修慝，辨惑。」子曰：「善哉問！先事後得，非

崇德與？攻其惡，無攻人之惡，非修慝與？一朝之忿，忘其身，以及其親，非惑與？」（〈顏淵〉）

子曰：「有德者必有言，有言者不必有德。仁者必有勇，勇者不必有仁。」（〈憲問〉）

子曰：「驥不稱其力，稱其德也。」（〈憲問〉）

南宮适問於孔子曰：「羿善射，奡盪舟，俱不得其死然。禹稷躬稼而有天下。」夫子不答。南宮适出，子曰：「君子哉若人！尚德哉若人！」（〈憲問〉）

子曰：「巧言亂德。小不忍，則亂大謀。」（〈衛靈公〉）

子曰：「已矣乎！吾未見好德如好色者也。」（〈衛靈公〉）

子曰：「鄉愿，德之賊也。」（〈陽貨〉）

子曰：「道聽而塗說，德之棄也。」（〈陽貨〉）

楚狂接輿歌而過孔子曰：「鳳兮鳳兮！何德之衰！往者不可諫，來者猶可追。已而已而！今之從政者殆而！」孔子下，欲與之言。趨而避之，不得與之言。（〈微子〉）

上引諸例中，較為特殊的，首先是〈里仁〉的「德」，它「一指修德言，人不能獨修成德，必求師友夾輔。一指有德言，有德之人縱處衰亂之世，亦不孤立，必有同聲相應，同氣相求之鄰」⑫，應是兼內外來說的。其次是〈雍也〉的「德」，指的是「百姓日用之德」，是「行矣而不著，習矣而不察，終身由之而不知其道」⑬的，這也兼內外而言。再其次是〈顏淵〉的兩個「德」，同樣以「崇德」為詞，朱熹對此，扣住「主忠信，徙義」（崇德）加以闡釋說：「主忠信，則其徙義也，有地而可據；能徙義，則其主忠信也，有用而日新。內外本末，交相培養，此德之所以日積而益高也。」⑭所謂「內外本末，交相培養」，此「德」之兼內外，是相當明顯的。又其次是〈微子〉的「德」，是以鳳之德來比喻孔子之德，朱熹以為「鳳有道則見，無道則隱。接輿以比孔子，而譏其不能隱，為德衰也」⑮，這該涉及了內在之本質與外在之表現，所以也應兼內外來說。至於其餘的各「德」字，則大致都可作為通常所說的「品德」來解釋⑯，而「品德」，實在很難將它們強分內外。

偏於內在本質的「德」，即通常所謂之「德性」或「道德精神」。它也可在《論語》書中找到幾個：

子曰：「君子懷德，小人懷土；君子懷刑，小人懷惠。」（〈里仁〉）

子曰：「志於道，據於德，依於仁，游於藝。」（〈述而〉）

子曰：「由！知德者鮮矣。」（〈衛靈公〉）

子張曰：「執德不弘，信道不篤，焉能為有？言能為亡？」（〈子張〉）

這幾個「德」字，見於〈里仁〉的，朱熹認為是指「固有之善」[17]，而錢穆先生也以為「德，指德性」[18]，可見它是屬於內在的；見於〈衛靈公〉的，朱熹指出「德，謂義理之得於己者，非己有之，不能知其意味之實也」[19]，這樣該是偏於內在來說的；見於〈子張〉的，朱熹釋為「有所得而守之太狹，則德孤」，輔氏加以申釋說：「有所得，謂德也；守謂執也；太狹，謂不弘也。德孤，蓋〈坤卦．文言〉之辭，言不能兼有眾德，而孑然固守一節者也。弘以量言，然量有氣量、德量，此蓋兼氣與德而言也。」[20]「德」既然與「氣」對稱，那麼它偏於內在者而言，是相當明顯的。而見於〈述而〉的，則有先配合「天生德於予」這句話，擴大到全章加以探討之必要。從整章來看，這一章乃「論為學之目標、依據與過程。所謂『志於道』，是說立定志向，把『仁且智』以成己成物的聖道作為一生的終極目標，這和孟子以『仁義』（即道）為『尚志』（見《孟子．盡心上》）的說法，十分接近。如此『心存於正而不他』（朱注），乃為學之首務。所謂『據於德』，是說『德』是所據以邁向目標的源頭力量，孔子說：『天生德於予。』（〈述而〉二十二）可知『德』是天所賦的，雖然對它的內容，孔子沒作解釋，但由《禮記．中庸》『成己，仁也；成物，知（智）也；性之德也，合外內之道也』的進一步說明看來，它該有『仁之德』與『智（知）之德』兩種，這是人無限向上進德修業的原動力，如果不據於此，那就無法來成己又成物了。所謂『依於仁』，是說不違仁道，要作到『無終食之間違仁，造次必於是，顛沛必於是』（〈里仁〉五）的地步，這可說是偏就『仁之德』向外發揮以成己的過程來說的。所謂『游於藝』，是說游習六藝，《禮記·少儀》說：『士游於藝。』又〈學記〉說：『不興其藝，不能樂學。』可見古代對游藝的重視，此乃因六藝『皆至理之所寓，而日用之不可闕者也。朝夕游焉，以博其義理之趣，則應物有餘，而心亦無所放矣』（朱注），這可說是偏就『智（知）之德』向外發揮以成物的過程來說的。這樣舉出四端，將孔門教育的目標、依據與過程，一一交代清楚，真是『本末兼該，內外交養』（朱注），周備至極」㉑，這樣看來，這個「德」字，指的是內在的德性，當無可疑。

(二)《論語》中的「性」

在《論語》中，出現「德」字的篇章，如同上述，雖然很多，但是說到「性」的，卻只有兩次，那就是：

> 子貢曰：「夫子之文章，可得而聞也；夫子之言性與天道，不可得而聞也。」（〈公冶長〉）
>
> 子曰：「性相近，習相遠也。」（〈陽貨〉）

〈公冶長〉所載子貢的話，說出了孔子很少談到「性」的這個事實。所以如此，劉寶楠作了如下說明：

> 《史記‧孔子世家》云：「……孔子以《詩》、《書》、禮、樂教弟子，蓋三千焉。」據〈世家〉諸文，則夫子文章，謂《詩》、《書》、禮、樂也。……〈世家〉又云：「孔子晚而喜《易》，序〈彖〉、〈繫〉、〈象〉、〈說卦〉、〈文言〉，讀《易》，韋編三絕，曰：『假我數年，若是，我於《易》則彬彬矣。』」蓋《易》藏太史氏，學者不可得見。故韓宣子適魯，觀書太史氏，始見《周易》。孔子五十學《易》，惟子夏、商瞿晚年弟子，得傳是學，然則子貢言「性與天道，不可得而聞」，《易》是也[22]。

劉氏雖然以為「夫子文章，謂《詩》、《書》、禮、樂」，有欠周全，因為「《論語》上單說一個『文』字，固然指的是《詩》、《書》、禮、樂；但『文章』一詞，則所指係一個人在人格上的光輝成就。二者是有分別的」[23]；而如果說得具體一點，那麼「文章」就是「成文而昭彰的東西，其中最典型的應是實際的工作或事業」[24]；準此而觀，「文章」是不限於《詩》、《書》、禮、樂的。不過，他說「性與天道，不可得而聞」的原由，卻很有道理，因為「所說的『不可得而聞』，其實是對孔子的讚歎，這讚歎又表示子貢對『性與天道』有若干程度的解悟。也許，孔子的確很少談論『性與天道』，從《論語》看來是如此；然而，孔子五十而讀《易》，至『韋編三絕』，而且又曾贊《易》，顯然他對《易經》下了一番功夫。《易經》的中心思想就是『性與天道』，因此孔子對『性與天道』，確曾下了一番研究的心血。說孔子對於『性與天道』根本不談，或根本無領悟，那是不對的」[25]，因此對「性」，孔子該有極高的領悟，而有性善之傾向[26]。既然如此，就值得對「性相近」的說法加以注意了。朱熹注此云：

> 此所謂性，兼氣質而言也。氣質之性，固有美惡之不同矣；然以其初而言，皆不甚相遠也。但習於善則善，習於惡則惡，於是始相遠耳。程子曰：「此言氣質之性，非言性之本也。若言其本，則性即是理；理無不善，孟子之言性善是也；何相近之有哉？」[27]

程、朱二人都以為這所謂的「性」，乃「兼氣質而言」，所以說「相近」。但將「性」二分為義理之性與氣質之性，是後來之事，在孔子時，該沒有理得那麼分明，只不過籠統地說一說而已。對此，牟宗三先生說得好：

> 伊川謂此是屬於氣質之性，蓋就「相近」而想。因義理當然之性人人皆同，只是一，無所謂「相近」。惟古人辭語恐不如此嚴格。孟子言：「其日夜之所息，平旦之氣，其好惡與人相近也者幾希」。孟子此處所言之「相近」，恐即是孔子「性相近」之「相近」。如是，「相近」即是發於良心之好惡與人相同。孔子即是此意。……如果《易》之〈彖〉、〈象〉

真是孔子所作，則〈乾・彖〉「乾道變化各正性命」語中之「性」，正是上節所謂積極面之性，是自理道或德而言之「超越之性」，此性是與天道天德貫通於一起的[28]。

如此來看待孔子所謂之「性」，該是最合理的。

(三)《論語》中的「德」與「性」

如果進一步將這個義理的「性」，結合《論語》中屬於本質的「德」來看，則「性」該就是「德」。因為「性」指的是天賦之潛能，而這種潛能為人所獲得，若單從「承受處」來說，即是「得」，也就是「德」。它所以謂之「德」，就是「得之於天」的意思。因此這「得」與「德」兩字，在古時是通用的。《老子》第四十九章說：

> 聖人無常心，以百姓心為心。善者吾善之，不善者吾亦善之，德善；信者吾信之，不信者吾亦信之，德信。

朱謙之《老子校釋》引羅振玉云：

「德」字，景龍本、敦煌本均作「得」[29]。

可見「德」可通「得」。而就儒家看來，「得」乃就承受者而言，而「德」卻就所承受之本質來說，兩者可說是一而二、二而一的關係。朱熹注《論語・衛靈公》「知德者鮮矣」云：

德，謂義理之得於己者[30]。

又注〈子張〉「執德不弘」云：

有所得而守之太狹，則德孤。

而輔氏（廣）申釋云：

有所得，謂德也[31]。

可知「德」，說得籠統一點，就是「有所得」；說得準確一點，即「義理之得之於己者」。既然

「德」乃「義理之得之於己者」，而「性」又是得之於天的「義理」本質，那麼「德」與「性」，可以說只是切入點有異，而指向卻一致了。

三、《論語》「天生德於予」與《中庸》「天命之謂性」

對這個問題，必須先理清「天生」之「德」與「天命」之「性」的關係，再結合「仁」與「知（智）」、「天（德、性）」與「人（教）」，進一步辨明「性」或「德」的內容，來加以探討。

(一)「天生」之「德」與「天命」之「性」

《論語》中的「德」，如同上述，有一些是指內在的本質來說的，這就與「性」有所疊合。而這種「德」，是人與生俱來的，所以說是「天生」；這個「性」，是天所賦予的，所以說是「天命」。所謂「天生」與「天命」，是詞異而意同；只不過，在此，「生」是落在「人」（物）上說，「命」乃源於「天」上說而已。至於所謂「性」，則是一種動力或潛能，在人（物）出生時，由「天」所賦予，而直接由「人」（物）來獲得（德）的。這種天人關係，可藉由《大學》

「傳首章」[32]用以「釋明明德」的文字來說明。它引《書經・大甲》說：

> 顧諟天之明命。

在此，《大學》之作者特地用「天之明命」來說「明德」，可知「明德」是天所賦予的，而這個「明德」，是就「人之所得」來說的；若從「天」來說，則是「明命」了。所以朱熹注云：

> 天之明命，即天之所以與我，而我之所以為德也[33]。

趙順孫《大學纂疏》釋此云：

> 愚謂自天所與而言，則曰命；自我之所得而言，則曰德[34]。

他和朱熹從天、人（我）切入，清楚地指出了「命」和「德」的關係。據此，則「德」，是針對「天所與我」而「為我所得」者而言，那麼不禁要問：天究竟拿什麼東西「與我」（命），而「為我所得」（德）呢？這就不得不談到「性」了。《中庸》一開篇即云：

> 天命之謂性。

在此，「天命」是「天所命（賦予）」之意，而「天所命（賦予）」之對象，則為人（物）。如此說來，這句話的意思為「稱天所命與人（物）者為性」；而此「天命」之「性」，為「人」（物）所得，則稱為「德」。可見「德性」這一詞，是由同義複合而成的，只不過「性」乃偏於本質（體－理），而「德」則是又兼功能（用－心）來說而已。所以朱熹答游敬仲之問云：

> 天之賦於人物者，謂之命；人與物受之者，謂之性；主於一心，有得於天而光明正大者，謂之明德[35]。

又在其《大學章句》裡注「明德」云：

> 明德者，人之所得乎天，而虛靈不昧，以具眾理而應萬事者也[36]。

以上兩節話，可由下列《大學纂疏》所載兩節文字的說明，作進一層之了解：其一為《語錄》：

虛靈不昧，便是心；此理具足於中，無少欠闕，便是性；隨感而動，便是情。

其二為黃氏（榦）闡釋之言：

虛靈不昧，明也；具眾理、應萬事，德也。具眾理者，德之體，未發者也；應萬事者，德之用，已發者也。以其所以為德者，皆虛靈不昧，故謂之明德也㊲。

所謂「未發者」，說的是「性」，為「體」；所謂「已發者」，指的是「情」，為「用」。而由朱熹看來，「心」是統「性」（體）與「情」（用）的。可見「性」，乃純就「理」，也就是「體」而言；而「德」，則兼就「心」（性、情），也就是「體」與「用」來說的。由於孔子對一般弟子或時人，特別講求學習、教育的功能，比較著眼於「用」（外）上，而又不忽略其「體」（內），所以平時只講兼顧「體」與「用」之「德」，以統合內在之本質與外在之行為，卻很少談到純就「體」（理）而言之「性」，是十分合於實際的。

如果這種看法沒有偏差，則《論語》「天生德於予」這句話，說得完整一點，是「天將『性』賦予我，為我所得，而成為『德』，以修己治人」的意思。不過，由於這句話涉及孔子本人，而孔子又是「仁且智」的聖人，所以就引生了這個「德」是否可適用於一般人身上的疑問。陳大齊先生說：

> 孔子既稱德為天生，則所採取的，似乎是潛伏觀，不是創始觀。但孔子此言，只是就他自己一個人說的。然則此種潛伏的德，是他個人所獨有？抑或為少數人所獨具？又或為人人所固有？未可由以貿然推斷。且孔子此言，只是感情性的傾訴，不是道理性的論斷，更未可據以推定其學說上所採取的主張㊳。

果如上述，《論語》中的「德」，就其「體」(內在)而言，即是「性」，則此「天生德」之「德」，與〈述而〉的「性相近」之「性」，該是等同的。這樣，「天生」之「德」(性)，就該不是孔子「個人所獨有」，而有其普遍性，因為人人「天生」之「德」(性)，是「人人所固有」，而且籠統地說，是彼此「相近」的。既然如此，則《論語》「天生德於予」之「德」，與《中庸》「天命之謂性」之「性」，甚至《大學》「明明德」之「德」，應是所指相同，而且是一脈相承的。

㈡「德」、「性」的內容

如要進一步證明「德」與「性」之關係，則必須探明其內容。不過，因為《論語》一書中對

「德」之內容，並沒有直接作清楚的交代，所以只有從孔子或其弟子有關「仁」與「知（智）」的言論中獲知一些訊息。

1.「仁」與「知（智）」

大體說來，孔子是主張「仁」與「知（智）」互動、循環而提升，以臻於「聖」之境界的㊴。這種主張可由下列幾章文字裡探知：

子曰：「里仁為美，擇不處仁，焉得知？」（〈里仁〉）

子曰：「不仁者，不可以久處約，不可以長處樂。仁者安仁，知者利仁。」（〈里仁〉）

樊遲問知，子曰：「務民之義，敬鬼神而遠之，可謂知矣。」問仁，曰：「仁者先難而後獲，可謂仁矣。」（〈雍也〉）

子曰：「知者樂水，仁者樂山；知者動，仁者靜；知者樂，仁者壽。」（〈雍也〉）

樊遲問仁，子曰：「愛人。」問知，子曰：「知人。」樊遲未達，子曰：「舉直錯諸枉，能使枉者直。」樊遲退，見子夏曰：「鄉也吾見於夫子而問知，子曰：『舉直錯諸枉，能使枉者直。』何謂也？」子夏曰：「富哉言乎！舜有天下，選於眾，舉皋陶，不仁者遠矣；湯有天下，選於眾，舉伊尹，不仁者遠矣。」（〈顏淵〉）

首先看〈里仁〉的「里仁為美」章，它的章旨，從正面說，即孔子以「擇處仁」為「知」（智）。這樣說，是由於在「擇」之前，先要「明於仁與不仁的區別」㊵的緣故；如果人在「明於仁與不仁的區別」後，能行其所「知」（明），「擇」而「處仁」，使自己得以潛移默化，則已由「知」（智）而進於「仁」了，所謂「知以知仁，仁以行知」，便是這個意思。而趙杏根則進一步以為「如果說選擇有行仁之風的地方居住為『智』，那麼，選擇無行仁之風的地方居之並改造它，使它歸於仁，則不只是『智』，而已進於『仁』了」㊶，這雖越出孔子這章話的內容範圍，但一樣呈顯了「由知（智）而仁」的道理，足見「仁」與「知（智）」有一先一後的關係。其次看〈里仁〉的「不仁者」章，孔子在此以「利仁」為「知（智）」、「安仁」為「仁」。而「利行」與「安行」，很顯然地，並非並列之關係，而只是階段之不同而已，也就是說，「行」在人為（教育）的範圍中，其過程是先由「利行」而後「安行」的。所以朱熹注此云：

> 惟仁者則安其仁，而無適不然；知者則利於仁，而不易其所守；蓋雖深淺之不同，然皆非外物所能奪矣㊷。

所謂「深淺之不同」，指的就是「由知（智）而仁」的不同階段。對此，趙順孫《論語纂疏》引蔡氏云：

> 仁、知雖皆非外物所能奪，然人之資稟亦自不同，有得仁之深者，有得知之深者；加學問之功，則知者亦可以至於仁；然欲至於仁，亦未有不由於知也㊸。

可見「仁」與「知（智）」，在修學的過程中，是一深一淺的關係。又其次看〈雍也〉的「樊遲問知」章，孔子以「務民之義，敬鬼神而遠之」為「知（智）」、「先難後獲」為「仁」，前者乃就「事」（外）來說，而後者則就「心」（內）來說，因此朱熹在《集註》注說：「專力於人道之所宜，而不惑於鬼神之不可知，知者之事也；先其事之所難，而後其效之所得，仁者之心也。」㊹又於《或問》中進一層解釋說：

> 「務民之義，敬鬼神」，是就事上說；「先難後獲」，是就處心積慮處說。「仁」字說較近裡，「知」字說較近外㊺。

據知「仁」與「知（智）」，除先後深淺不同外，還有一內（心）一外（事）的關係。又其次是〈雍也〉的「知者樂水」章，孔子在此，主要以「動」、「靜」來說「仁」、「知（智）」，所謂「知者動，仁者靜」，即本章之中心意旨。而由於「山」靜而「水」動，所以「仁者樂山，知者樂水」；由於「樂」動而「壽」靜，所以「知者樂，仁者壽」。如此用「山」與「水」之特質和「樂」與「壽」之成效，來說明「知者動，仁者靜」的道理，的確有以實形虛之效果。朱熹注此說：

> 知者達於事理，而周流無滯，有似於水，故樂水；仁者安於義理，而厚重不遷，有似於山，故樂山。動、靜以體言，樂、壽以效言。動而不括，故樂；靜而有常，故壽㊻。

他把這種道理，闡釋得極簡要而明白。其實，孔子用「動」、「靜」來說「知（智）」、「仁」，還有另一層意思，那就是「知（智）」與「仁」是互相涵攝的，因為「動」中是有「靜」、「靜」中是有「動」的啊！關於這點，朱熹在《或問》中說：

> 知者，動意思多，故以動為主；仁者，靜意思多，故以靜為主。今夫水，淵深不測，是靜也；及滔滔而流，日夜不息，故主於動。山，包藏發育之意，是動也；而安重不遷，故主於靜㊼。

由此可知，「仁」與「知（智）」，又有著一「靜」一「動」的關係。再其次是〈顏淵〉的「樊遲問仁」章，孔子在此，用「舉直錯諸枉，能使枉者直」，將「仁」與「知（智）」合而為一，來回答樊遲之「問仁」、「問知」，不但關係到「仁」與「知（智）」的先後，也涉及了兩者互動之作用。這可從朱熹的兩節話裡看出孔子話中的精義。一見於《語錄》：

> 每常說：「仁、知，一個是慈愛，一個是辨別，各自向一路。惟是『舉直錯諸枉，能使枉者直』，方見得仁、知合一處，仁裡面有知，知裡面有仁。」[48]

一見於《集註》：

> 舉直錯諸枉者，知也；使枉者直，則仁矣。如此則二者不惟不相悖，而反相為用矣[49]。

所謂「仁裡面有知，知裡面有仁」，說的正是「仁」與「知（智）」互相涵攝的道理。它們所以能這樣彼此涵攝，是由於它們能一直互動的緣故，所謂「二者不為不相悖，而反相為用」，說的就是這種互動之關係。然而，從詞面上看來，據孔子所言，是要先「舉直錯諸枉」（知），然後才「能使枉者直」（仁），循的乃是「由知（智）而仁」的順序，怎麼可能看出彼此在互動呢？要辨明這個問題，就得談到孔子相關的天人觀了。

眾所周知，《論語》一書中，談的大都是屬於人道的事理，很少直接論及天道，所以子貢說孔子之「言性與天道」，是「不可得而聞」（〈公冶長〉）的；不過，談人道一定要有天道之依據，因為天道與人道本來就是對應而循環的；因此從孔子或其弟子的一些言論中，依然可約略窺知這種對應而循環的天人關係。《論語．子罕》載：

> 顏淵喟然歎曰：「仰之彌高，鑽之彌堅。瞻之在前，忽焉在後。夫子循循然善誘人，博我以文，約我以禮，欲罷不能。既竭吾才，如有所立，卓爾。雖欲從之，末由也已。」

在這一章裡，最值得注意的，就是聖門教人之法：「博我以文，約我以禮」。對這兩句話，朱熹解釋說：

> 博文、約禮，教之序也。言夫子道雖高妙，而教人有序也。侯氏（仲良）曰：「博我以文，致知、格物也；約我以禮，克己復禮也。」[50]

所謂「致知、格物」，指的是「知（智）」之事；而「克己復禮」，說的是「仁」之事。由「致知、格物」而「克己復禮」，循的正是「由知（智）而仁」的人為途徑，所以朱熹說是「教之序」，這和上述幾章所著眼的一樣，是就人為（教）一面來說的。但是只有作「由知（智）而仁」的人為之教育努力，而不內接到天然的性能（性）上，以發揮「由仁而知（智）」之功能，是徒勞無功的。所以朱熹在《語錄》中說：

「博我以文，約我以禮」，聖人教人，只此兩事，須是互相發明。約禮底工夫深，則博文底工夫愈明；博文底工夫至，則約禮底工夫密[51]。

他所說的「約禮底工夫深，則博文底工夫愈明」，即「由仁而知（智）」的「性」（天然）之發用；而「博文底工夫至，則約禮底工夫密」，即「由知（智）而仁」的「教」（人為）之功能。如此互動而循環，自然使人「欲罷不能」。

如此體會，尤其牽出了「由仁而知（智）」的性能，初看起來，似乎已超出孔子的思想範疇，但是這種性能之作用，卻可在《論語》中找到蛛絲馬跡。如〈學而〉記：

子曰：「弟子入則孝，出則弟，謹而信，汎愛眾而親仁，行有餘力，則以學文。」

對這章文旨，朱熹《集註》謂：

尹氏（焞）曰：「德行，本也；文藝，末也。窮其本末，知所先後，可以入德矣。」洪氏（興祖）曰：「未有餘力而學文，則文滅其質；有餘力而不學文，則質勝而野。」愚謂：「力行而不學文，則無以考聖賢之成法、識事理之當然，而所行或出於私意，非但失之於野而已。」㊷

所謂「德行」，指的是「仁」，為「本」、為「先」、為「質」；所謂「文藝」，指的是「知（智）」，為「末」、為「後」、為「文」。可見孔子這幾句話，說的是「先本（質）後末（文）」，亦即「由仁而知（智）」之事，乃是著眼於人天然之性能來說的，這對未學或學之效果未顯著前的一般「弟子」而言，特別顯得重要㊸。而這種「由仁而知（智）」之序，也可從〈憲問〉的一章文字裡看出：

子曰：「君子之道三，我無能焉：仁者不憂，知者不惑，勇者不懼。」子貢曰：「夫子自道也。」

孔子談「知（智）」、「仁」、「勇」三者，另見於〈子罕〉，而其序次卻由「知（智）」而「仁」

而「勇」，與此不同；這是因為它是著眼於人為教育一面來說的緣故，朱熹注「此學之序也」[54]，即是此意。而在此，則其次序改變為：由「仁」而「知（智）」而「勇」，這顯然是著眼於天然性能一面來說的。朱熹《集註》引尹氏（焞）云：

> 成德以仁為先，進學以知為先，故夫子之言，其序不同者，以此[55]。

孔子在這裡講先「成德」（仁）、後「進學」（知），雖然子貢說是「夫子自道」而提升至聖人層面而言，然而若降低層面來看，不就等於「行有餘力，則以學文」嗎？

2.「天（德、性）」與「人（教）」

上文說過，人為教育的努力是要內接於天然的性能之上的，也就是說：「由知（智）而仁」（人）必須與「由仁而知（智）」（天）接軌，才能使「仁」與「知（智）」不斷地產生互動、循環而提升的作用。這種接軌之線索，可由〈述而〉所載內容中探出：

> 子以四教：文、行、忠、信。

對於這一章，何晏注云：「四者有形質，可舉以教。」[56]所謂「形」，指外在之行為；所謂

「質」，指內在之本質。邢昺加以申釋云：

> 此章記孔子行教，以此四事為先也。文，謂先王之遺文；行，謂德行：在心為德，施之為行；中心無隱，謂之忠；人言不欺，謂之信。此四者有形質，故可舉以教也㊼。

他們雖然沒有直接指出何者為「形」、何者為「質」，但是據其解釋看來，「文」與「行」為「形」、「忠」與「信」為「質」。而程頤則用本末切入，以為「教人以學文、修行而存忠信也。忠信，本也」㊽，朱熹為此作進一步之闡釋說：

> 文，便是窮理，豈可不見之於行？然既行矣，又恐行之有未誠實，故又教之以忠信也。所以伊川言以忠信為本，蓋非忠信，則所行不成故耳㊾。

既以「忠、信」為本，則「文、行」為末。這和何、邢「形質」的說法，是詞異而意同的。劉寶楠綜合起來，也作了如下說明：

> 文，謂《詩》、《書》、禮、樂；凡博學、審問、慎思、明辨，皆文之教也。

行，謂躬行也。中以盡心，曰忠。恆有諸己，曰信。人必忠信，而後可致知、力行，故曰：「忠信之人，可以學禮。」此四者，皆教成人之法，與教弟子先行後學文不同[60]。

大致而言，他和何、邢、程、朱一樣，僅著眼於人為教育一面，以「由末（形）而本（質）」，也就是「由知（智）而仁」的「學之序」，來看待孔子之「四教」。不過，值得人注意的是，他的「人必忠信，而後可致知、力行」這句話，卻牽出「由本（質）而末（形）」，也就是「由仁而知（智）」的順序；這和朱熹所說「非忠信，則所行不成」的話，所指相同，是同樣著眼於天然性能一面來說的。這種道理，可由孔子的幾句話獲得證明。這幾句話見於〈公冶長〉：

子曰：「十室之邑，必有忠信如丘者焉，不如丘之好學也。」

這裡所說的「忠信」，乃就人之天然性能來說，但必須不斷予以開發，才能由偏而全地呈顯其整體功能，所以這裡所說的「忠信」，是著眼於未開發（未學）時來說，與「四教」中的「忠信」，乃著眼於開發（已學）後而言者，是有所不同的。朱熹注云：

言美質易得，至道難聞。學之至則可以為聖人，不學則不免為鄉人而已；可不勉哉[61]！

所謂「學之至」，指的是開發之終極處，所以「可以為聖人」；所謂「不學」，指的是未開發處或開發的起點（含過程），所以「不免為鄉人」。可見聖人的境界，是要好學不已，才能到達的。劉寶楠說：「忠信者，質之美者也。然有美質，必濟之以學，斯可祛其所蔽，而進於知、仁之道。」[62]所謂「知、仁之道」，即「仁且智」的聖道。而這種聖道，是要「仁」與「知（智）」互動，以人為教育（「由知（智）而仁」）之工夫，激發天然性能（「由仁而知（智）」）之潛力，使它們產生「由人而天」、「由天而人」的循環而提升之螺旋作用[63]，到了最後將「仁」與「智」完全融合為一，才能獲得。《論語・述而》載：

子曰：「若聖與仁，則吾豈敢？抑為之不厭，誨人不倦，則可謂云爾已矣。」公西華曰：「正唯弟子不能學也。」

《孟子・公孫丑上》有類似之記載：

昔者，子貢問於孔子曰：「夫子聖矣乎？」孔子曰：「聖，則無不能。我學不厭，而教不倦也。」子貢曰：「學不厭，智也；教不倦，仁也。仁且智，夫子既聖矣。」

可見孔子由於「好學」、「誨人」不已，所以最後成為「仁且智」的聖人，這是「仁」與「智」融合的最高境界，是令人「心鄉（嚮）往之」（《史記·孔子世家贊》）的。

如此看來，孔子之「四教」，主張先由「文」、「行」（形、末）而「忠信」（質、本），其順序雖是「由知（智）而仁」，卻因「人必忠信，而後可致知、力行」（由仁而知（智）），所以就使得天、人接軌而互動，形成了先「由仁而知（智）」而後「由知（智）而仁」之順序，並且由此由偏而全地帶動著它們循環而提升，以臻於「仁且智」之至聖領域。

其實，孔子之「四教」，若仔細推敲，則本來就已透出了天、人接軌而互動的訊息。這種訊息，首先要藉由「忠」與「信」兩者之關係來探得，這就必須從本末、內外的角度切入來看。「忠」與「信」在《論語》一書中，大都作為同義之合義複詞來用，以廣泛地指作人作事的道理，而未強分其本末、內外，所謂「主忠信」（〈學而〉、〈顏淵〉）、「言忠信」（〈衛靈公〉），便是如此。但是「四教」中的「忠」與「信」，分別為「四教」之一，則須注意到它們的本末內外。對此，在《朱子語類》中載有幾則朱熹的論述，可作參考：

信者，忠之驗。忠只是盡己。因見於事而信，又見得忠如此。

忠、信只是一事。但是發於心而自盡，則為忠；驗於理而不違，則為信。

忠是信之本，信是忠之發。忠、信只是一事，而相為內外始終本末。有於己為忠，見於物為信。做一事說，也得；做兩事說，也得[64]。

朱熹以為「忠」由於落在「己」、「心」上說，因此為「本」為「內」為「始」；而「信」則由於落到「事」、「物」、「理」上說，所以為「末」為「外」為「終」。

以此來看待「忠信」，確實可以理清兩者之關係，而且也可因而將此「忠信」二教看成是就「由仁而知（智）」這個層面來說的。如果這種理解不差，則孔子「四教」，是由「文、行」（「由知（智）而仁」）之教來帶動「忠、信」（「由仁而知（智）」）之教，又由「忠、信」（「由仁而知（智）」）之天然性能來促進「文、行」（「由知（智）而仁」）之人為努力，使它們繼續不斷地產生互動、循環而提升之作用了。

其次可藉由下列《中庸》第二十章的一段文字，來加以配合探得：

誠者，天之道也；誠之者，人之道也。誠者，不勉而中，不思而得；從容中道，聖人也。誠之者，擇善而固執之者也。

試看「文」與「行」，說的該等於是《中庸》所謂的「擇善」（博學、審問、慎思、明辨）與「固執之」（篤行），所形成的是「由知（智）而仁」（自明誠）的為學次第，屬「人之道」，也就是「誠之者」。而「忠」與「信」，若從「偏」的觀點，就「美質」（起點）來看，則說的該等於是《中庸》所謂的「不勉而中」（安行、仁）與「不思而得」（生知、智），所指涉的是「由仁而智」（自誠明）的天然潛能，是「誠者」；若從「全」的觀點，由「學之至」（終點）來看，則說的該等於是《中庸》所謂的「從容中道」（從心所欲不踰矩），所達到的「仁且智」的最高境界，為「聖人也」；而此兩者，是全屬於「天之道」的。這樣來看待孔子的「四教」，雖不能完全切合無間，卻可從中理出一些蘊含之條理。

3.「仁」、「知（智）」與「德」、「性」

既然「仁」與「知（智）」是互動、循環而提升的，那麼此二者，與「德」或「性」有什麼關係呢？雖然在《論語》一書裡，沒直接談到，但經由上文之探討，該可以肯定它們都是「德」或「性」的兩大內容，只差還沒有把它們明朗化而說出口而已。要明朗化而清楚地說出口，這就有待《中庸》了。《中庸》開宗明義說：

> 天命之謂性。

這是驚天動地的一句話，終於明白地確定了人（物）之「性」是天所「命」的。對此，徐復觀先生闡釋說：

孔子所證知的天道與性的關係，乃是「性由天所命」的關係。天命於人的，即是人之所以為人之性。這一句話，是在子思以前，根本不曾出現過的驚天動地的一句話。「天生烝民」、「天生萬物」這類的觀念，在中國是出現得非常之早。但這只是泛泛的說法，多出於感恩的意思，並不一定會覺得由此而天即給人與物以與天平等的性。有如人種植許多生物，但這些生物並不與人有什麼內在的關聯。所以在世界各宗教中，都會認為人是由神所造。但很少能找出神造了人，而神即給人與神自己相同的性的觀念，說得像《中庸》這樣明確㊅。

如此經由「性」將天與人、物從內在打成一片，使得天之普遍性，進入了人與物之中，而成就其特殊性㊆。就單以號稱「萬物之靈」的人來說，這種由「天命」所成就「人」的特殊性之「性」，究竟有什麼內涵呢？也就是說，究竟天在「性」中「命」什麼內容給人，讓人所得呢？這就要看《中庸》第二十五章的說法了：

> 誠者，非自成己而已也，所以成物也。成己，仁也；成物，知也；性之德也，合外內之道也。

鄭玄注此云：

> 以至誠成己，則仁道立；以至誠成物，則知彌博；此五性之所以為德也，外內所須而合也。外內，猶上下⑰。

所謂「五性」，即「仁、義、禮、智、信」，如此解釋「性之德」，除了「仁」與「智」外，又牽出了「禮」、「義」、「信」，顯然不合《中庸》作者之原意。而朱熹則注云：

> 誠雖所以成己，然既有以自成，則自然及物，而道亦行於彼矣。仁者，體之存；知者，用之發；是皆吾性之所固有，而無內外之殊⑱。

這就扣緊了《中庸》文本，將「性」落於「仁」與「知（智）」，配合「體」與「用」加以解釋。對此，王船山也作了如下之闡釋：

> 有其誠，則非但成己，而亦有以成物矣；以此誠也者，足以成己，而無不足於成物，則誠之而底於成，其必成物審矣。成己者，仁之體也；成物者，知之用也：天命之性，固有之德也。而能成己焉，則仁之體立也；能成物焉，則知之用行也。仁、知咸得，則是復其性之德也。統乎一誠而已，物胥成焉，則同此一道，而外內固合焉[69]。

可見「仁」與「知（智）」，同是「性之德」，乃「吾性之所固有」，而一統於「誠」。也就是說，「仁」與「知（智）」，為「性」（德）的真實內容，而「誠」是人類「仁」與「知（智）」德性的顯露，是可以由此來內以成己、外以成物的。因此徐復觀先生解釋說：

> 仁、知皆是性的真實內容，即是性的實體。誠是人性的全體顯露，即是仁與知的全體顯露。因為仁與知，同具備於天所命的人性、物性之中；順著仁與知所發出的，即成為具有普遍妥當性的中庸之德之行；而此中庸之德之行，所以成己，同時即所以成物，合天人物我於尋常生活之中[70]。

而「誠」在《中庸》裡，有時雖用於統合「仁」與「知（智）」，有時卻只用於專指「仁」，而另以「明」來指「知（智）」，《中庸》第二十一章就這樣以「誠」、「明」結合「仁」、「知（智）」的德性來談，凸顯出它們的天人互動、循環而提升的關係：

> 自誠明，謂之性；自明誠，謂之教。誠則明矣，明則誠矣。

從這幾句話裡，可以曉得，人能由「誠」而「明」，乃出於先天性能（天）的作用，而由「明」而「誠」，則是成自後天人為（人）的教育[71]。而「誠」與「明」，是在「天」與「人」之作用下，可以互動、循環而提升的，所謂「誠則明矣，明則誠矣」，說的就是這個道理。如此結合《中庸》第二十五章「性之德」的說法，就可確定「性」之內涵有兩種：「一是屬『仁』的，即仁性，乃人類與生俱來的一種成己（成德）力量；一是屬『知』的，即知性，為人類生生不已的一種成物（認知）動能。前者可說是『誠』的動力，後者可說是『明』的泉源；兩者非但為人人所共有，而且也是交互作用的，也就是說，如果顯現了部分的仁性（誠），就能連帶地顯現部分的知性（明）；同樣地，顯現了部分的知性（明），就能連帶顯現部分的仁性（誠）。正由於這種相互的作用，有先後偏全之差異，故使人在盡性上也就有了兩條內外、天人銜接的路徑：一是由誠（仁性）而明（知性），這是就先天潛能的提發來說的；一是由明（知性）而誠（仁性），這是就後天修學的努力而言的」[72]。而這兩種「性」的內涵，所謂「仁性」（誠），說的就是孔子口中的「仁」之德；所謂「知（智）性」（明），說的就是孔子口中的「知（智）」之德。也就是說，《中庸》說的「誠」、「仁」，等於是《論語》之「仁」；《中庸》說的「明」、「知（智）」，等於是《論語》之「知（智）」。所以徐復觀先生以為：

> 誠是實有其仁，「誠則明矣」（二十一章），是仁必涵攝有知；因為明即是知。「明則誠矣」（同上），是知則必歸於仁。誠、明的不可分，實係仁與知的不可分[73]。

這種「誠」（仁）與「明」（智）互動、循環而提升，以至於最後合而為一的境界，可由《中庸》第三十章所載讚美孔子之辭中獲知：

> 仲尼祖述堯舜，憲章文武（成己、仁）；上律天時，下襲水土（成物、智）；辟如天地之無不持載，無不覆幬，辟如四時之錯行，如日月之代明；萬物並育而不相害，道並行而不相悖。小德川流（智），大德敦化（仁），此天地之所以為大也（誠明合一、配天配地）。

對這章話，王船山曾總括起來解釋說：

小德、大德，合知、仁、勇於一誠，而以一誠行乎三達德者也[74]。

而唐君毅先生也加以申釋說：

> 所謂「萬物並育而不相害，道並行而不相悖。小德川流，大德敦化，此天地之所以為大也」，一切宗教的上帝，只創造自然之萬物。而中國聖人之道，則以贊天地化育為心，兼持載人文世界、人格世界之一切人生。故曰「大哉聖人之道，洋洋乎發育萬物，峻極于天。悠悠大哉，禮儀三百，威儀三千，待其人而後行」，因中國聖人之精神，不僅是超越的涵蓋宇宙人生人格與文化，而且是以贊天地化育之心，對此一切加以持載。故不僅有高明一面，且有博厚一面。「高明配天，博厚配地」、「崇效天，卑法地」，高明配天、崇效天者，仁、智之無所不覆也；博厚配地、卑法地者，禮義自守而尊人，無所不載也[75]。

可見孔子之偉大，就在於「好學」不已，在「仁」與「智」、「天」（自誠明）與「人」（自明誠）的互動、循環而提升之螺旋作用下，終於合「仁」（誠）與「智」（明）於「一誠」（至誠），而無所不覆、無所不載，達於配天配地（與天地參）的最高境界，這對其學說而言，是一個生命的真實見證[76]。

由此看來，《中庸》的誠明思想，可說淵源於孔子的仁智觀，而《論語》的「天生德於予」這句話，也就是《中庸》「天命之謂性」的直接源頭了。

四、結語

綜上所述，可知《論語》中的「德」，有的指外在之行為，有的則指內在的性能。而其中指內在性能的「德」，孔子雖沒明言其真實內涵，卻可由許多相關之言論中，推知它所指的，即是可以互動、循環而提升的「仁」與「知（智）」，也就是說，它既能發揮「由仁而智」的天然功能，又可帶動「由智而仁」的人為作用。如此，則和《中庸》所謂「成己，仁也；成物，知（智）也；性之德也，合外內之道也」及「自誠明（由仁而智），謂之性；自明誠（由智而仁），謂之教。誠則明矣，明則誠矣（仁智合一）」的說法，血脈是相連的，換句話說，它是與《中庸》那統攝「仁」（誠）與「知（智）」（明）的「天命」之「性」，有著直承之關係的。因此《論語》「天生德於予」這句話，可說直接影響《中庸》之作者，而進一步地由孔子之「予」，推擴至所有之人（物），將它說成「天命之謂性」了。

（原載《師大學報》四十七卷二期，二〇〇二年十月）

重要參考書目

一、書籍類

王船山（一九七四）：《讀四書大全說》（初版）。臺北：河洛。
方東美（一九八〇）：《方東美先生演講集》（再版）。臺北：黎明。
牟宗三（一九七六）：《中國哲學的特質》（四版）。臺北：學生。
牟宗三（一九七九）：《心體與性體》（臺三版）。臺北：正中。
牟宗三（一九八三）：《中國哲學十九講》（一九七六重印）。臺北：學生。
朱熹（一九八四）：《四書集註》（初版）。臺北：學海。
何晏、邢昺（一九六五）：《論語注疏》（三版）。臺北：藝文。
唐君毅（一九五五）：《人文精神之重建》（初版）。香港：新亞研究所。
唐君毅（一九六八）：《中國哲學原論》（原性篇）。香港：新亞研究所。
徐復觀（一九七八）：《中國人性論史》（四版）。臺北：商務。
陳大齊（一九六三）：《孔子學說》（政大叢書）。臺北：正中。
陳滿銘（一九八〇）：《中庸思想研究》（初版）。臺北：文津。
楊伯峻（一九七八）：《論語譯注》（臺排印初版）。臺北：河洛。

趙順孫（一九八六）：《四書纂疏》（再版）。臺北：文史哲。

趙杏根（二〇〇〇）：《論語新解》（一版一刷）。合肥：安徽大學出版社。

黎靖德（一九八六）：《朱子語類》（初版）。臺北：文津。

鄭玄、孔穎達（一九六五）：《禮記注疏》（三版）。臺北：藝文。

劉寶楠（一九六五）：《論語正義》（臺一版）。臺北：中華。

錢穆（一九八六）：《四書釋義》（再版三刷）。臺北：學生。

錢穆（一九八八）：《論語新解》（初版）。臺北：東大。

二、期刊與雜誌類

王邦雄（一九七五）：〈由論語「天」「天命」與「命」之觀念論生命之有限與無限〉。《鵝湖》，一卷五期，頁三一～三三。

王開府（一九七七）：〈孔子的成聖歷程〉。《孔孟月刊》，十五卷十一期，頁七～一一；十六卷一期，頁一～一四。

高大威（一九八二）：〈孔子進德歷程之探討〉。《孔孟月刊》，二卷十一期，頁一七～二七。

陳滿銘（一九九六）：〈孔子的仁智觀〉。《國文天地》，十二卷四期，頁八～一五。

陳滿銘（一九九九）：〈中庸的性善觀〉。《國文學報》，二十八期，頁一～一六。

陳滿銘（二〇〇〇）：〈論博文約禮〉。《中國學術年刊》，二十一期，頁六九～八八。

陳滿銘（二〇〇〇）：〈談儒家思想體系中的螺旋結構〉。《國文學報》，二十九期，頁一～三四。

傅佩榮（一九八五）：〈「中庸」中的天人關係〉。《中華易學》，六卷三期，頁八～一三。

楊一峰（一九六六）：〈孔子底四句教〉。《孔孟學報》，十二期，頁一～一六。

蔡仁厚（一九七七）：〈論語中「仁」的含義與實踐〉。《孔孟月刊》，十五卷十一期，頁一五～一七。

注釋

①見楊伯峻《論語譯注》，頁三〇八。

②見《十三經注疏》《論語》，頁九。

③見《孔子學說》。又引〈憲問〉「以德報怨」章說：「此中的德字既與怨字對舉，且用於酬報，可見其必係『恩惠』的意思，絕不是『性能』的意思。」，頁九。

④見錢穆《論語新解》，頁一七。

⑤錢穆：「德，猶今言品質。謂在上者之品質如風，在下者之品質如草。」同注④，頁四三九。

⑥同注①，頁一三七。

⑦趙杏根釋〈顏淵〉篇「季康子問政」章：「為政之道，要在教化，而不在殺戮。教化之道，又在予以身

教之。為政者能以身教之，教化大行，民知禮義廉恥，道德忠信，則刑罰雖設而可無施。」見《論語新解》，頁二二五。

⑧趙杏根：「此章言人之立身行事，不能變化無常，而當有操守。……『不恆其德，或承之羞』二句，出《易・恆・九三》，意云若立身行事變化無常，則羞辱之事隨之矣。」同注⑦，頁二四六。

⑨同注⑦，頁三三三。

⑩同注①，頁一八五。

⑪錢穆：「大德小德，猶云大節小節。」同注④，頁六七九。

⑫同注④，頁一四二。

⑬同注④，頁二三三。

⑭見《或問》，《四書纂疏・論語》，頁一二五。

⑮見《四書集註》，頁一八一。

⑯如〈陽貨〉的兩個「德」，錢穆皆以「品德」來解釋。同注④，頁六三二～六三三。

⑰同注⑮，頁七六。

⑱同注④，頁一二六。

⑲同注⑮，頁一六。

⑳同注⑭，頁一四七三。

㉑見拙編《中國文化基本教材》第一冊（三民書局，一九九八年九月初版），頁四〇～四一。

㉒見《論語正義・六》，頁一一～一二。

㉓見徐復觀《中國人性論史・先秦篇》，頁七九。

㉔見牟宗三《中國哲學的特質》，頁二六。

㉕同注㉔，頁二七。而方東美亦云：「子貢在孔子的門弟子中號稱有才幹的人，但是他就說『夫子之言性與天道，不可得而聞』。而孔子談性與天道的微言大意，正是在《周易》、三《禮》發揮得淋漓透徹！子貢即使聽了孔子談性與天道，等於沒有聽，而且不了解！」見《方東美先生演講集》，頁一六七。

㉖唐君毅：「就孔子之已明言者上看，仍無孔子言性善之確證，而謂孔子亦言性善，乃就其言引伸以說。至就孔子之明將『性相近』與『習相遠』對舉之旨以觀，則其所重者，蓋不在剋就人性之字深而論其為何，而要在舉『習相遠』為對照，以言人性雖相近，而由其學習之所成者，則相距懸殊。」見《中國哲學原論・原性篇》，頁一三。

㉗同注⑮，頁一七三。

㉘見《心體與性體》第一冊，頁二二七。

㉙見《老子校釋》（北京中華書局，一九八四年十一月初版），頁一九四～一九五。

㉚同注⑮，頁一六〇。

31 同注⑭，頁一四七三。

㉜依朱熹《大學章句》，下併同。

㉝同注⑮，頁五。朱熹又云：「自人受之，喚作『明德』；自天言之，喚作『明命』。」見《朱子語類》二，頁三一五。

㉞見《四書纂疏·大學》，頁九三。

㉟見《朱子語類》一，頁二六〇。

㊱同注⑮，頁三。

㊲以上兩節文字，均見《四書纂疏·大學》，頁四〇。

㊳同注③，頁一一一～一一二。

㊴牟宗三：「孔子提出『仁』為道德人格發展的最高境界。至孟子，便直說：『人且智，聖也。』仁、智並舉，並不始於孟子。孔子即已仁、智對顯。如『仁者安仁，智者利仁』、『仁者樂山，智者樂水，智者動，仁者靜』等等，便是仁、智對顯，而以仁為主。」同注㉔，頁二五。又夏乃儒：「孔子是圍繞著以『知』求『仁』，『仁』、『知』統一這個中心，建立起他的認識理論的。」見《中國哲學三百題》（上海古籍出版社，一九八八年九月一版一刷），頁一六一。

㊵同注⑦，頁五八。

㊶同注⑦，頁五九。

㊷同注⑮，頁七四。

㊸同注⑭，頁七七九。
㊹同注⑮，頁九二。
㊺見《朱子語類》三，頁八一九。《四書纂疏・論語》亦引蔡氏：「知者，以事上言，仁者，以心言。蓋務民義、敬鬼神，是就事上說；先難後獲，是就心上說。仁字較近裡，知字較近外。」，頁九一三～九一四。
㊻同注⑮，頁九二～九三。
㊼同注㊺，頁八二三。
㊽同注㊺，頁一九五。
㊾同注⑮，頁一三九。
㊿同注⑮，頁一一一。
51同注㊺，頁九六三。
52同注⑮，頁五七。
53參見拙作〈孔子的仁智觀〉，《國文天地》十二卷四期，一九九六年九月），頁八～一五。
54朱熹：「明足以燭理，故不惑；理足以勝私，故不憂；氣足以配道義，故不懼；此學之序也。」，同注⑮，頁一一五。
55同注⑮，頁一五五。

㊹同注②，頁六三。

㊼同注②。

㊽同注⑮，頁一〇〇。

㊾同注㊺，頁八九五。

㊿見《論語正義・八》，頁一二～一三。

(61)同注⑮，頁八六。

(62)同注㉒，頁二二。

(63)凡相對相成的兩者，如仁與智、明明德與親民、天（自誠明）與人（自明誠）等，都會產生互動、循環而提升的作用，而形成螺旋結構。參見拙作〈談儒家思想體系中的螺旋結構〉，頁一～三六。而所謂「螺旋」，本用於教育課程之理論上，早在十七世紀，即由捷克教育家夸美紐思所提出，乃「根據不同年齡階段（或年級），遵循由淺入深，由簡單到複雜，由具體而抽象的順序，用循環、往復螺旋式提高的方法排列德育內容。螺旋式亦稱圓周式」，見《簡明國際教育百科全書》（新華書局北京發行所，一九九一年六月一版一刷），頁六一一。

(64)見《朱子語類》二，頁四八五～四八六。

(65)同注㉓，頁一一七。

(66)徐復觀：「天即為一超越而普遍性的存在；天進入於個人生命之中，以成就各個體之特殊性。而各個體之特殊性，即由天而來，所以在特殊性之中，同時具有普遍性。此普遍性不在各個體的特殊性之外，所以此普遍性即表現而為每一人的『庸言』、『庸行』。各個體之特殊性，內涵有普遍性之天，或可上通於普遍性之天，所以每一人的『庸言』、『庸行』，即是天命的呈現、流行。」，同注㉓，頁一一九。

㊲67見《十三經注疏》五《禮記》，頁八九六。

68同注⑮，頁四二。

69見《讀四書大全說》卷三，頁二九九～三〇〇。

70同注㉓，頁一五六。

71唐君毅：「《中庸》謂此性為天命之性。至於就此性之表現言，則有二形態：其一形態為直承其為絕對之善，而自然表現為一切善德善行。此即吾人於〈原心篇〉下所謂直道的順天德、性德之誠，以自然明善，其極為不思而中、不勉而得，至誠無息之聖境，是所謂『自誠明，謂之性』也。至誠無息者，其生心動念，無不為能自誠之性之直接表現，而『明著於外』者。《中庸》於此乃更不言心不言意念，而只言明。明即心知之光明，人至誠而無息，則其心知即只是一充內形外之光明，以表現此自誠之性，此外即無心可說。是為由誠而明。另一形態為人之未達至誠，而其性之表現，乃只能通過間雜之不善者，而更超化之，以去雜存純，以由思而中、勉而得。此即吾人於〈原性篇〉所謂由擇乎正反兩端，以反反而成正之工夫。人在此工夫中，乃以心知之光明開其先，而歷曲折細密之修養歷程，以至於誠。即所謂『自誠明，謂之教』，致曲以有誠也。」同注㉖，頁六三～六四。

⑫見拙著《中庸思想的研究》，頁一一三。

⑬同注㉓，頁一五六。

⑭同注㊴，頁三三一。

⑮見《人文精神之重建》，頁二三八。

⑯此見證又見於《論語・為政》：「子曰：『吾十有五而志於學，三十而立，四十而不惑，五十而知天命，六十而耳順，七十而從心所欲、不踰矩。』」說詳拙作〈談儒家思想體系中的螺旋結構〉，（《國文學報》二十九期，二〇〇〇年六月，原載臺灣師大《師大學報・人文與社會類》四十七卷二期，二〇〇二年十月）頁二八～三二。

《論語》「志道」、「據德」、「依仁」、「游藝」臆解

一、前言

孔子一生，從未以「仁且智」之聖人自居，卻一直以「好學」自許，譬如他說：「十室之邑，必有忠信如丘者焉，不如丘之好學也。」（〈公冶長〉）又說：「學而不厭，誨人不倦，何有於我哉！」「發憤忘食，樂以忘憂，不知老之將至云爾！」（〈述而〉）因此他堅決主張人要「志於學」（〈里仁〉），而「學」的目標與依據究竟何在？且其次第是如何？甚至與「仁」、「知（智）」（義）的關係又怎樣？這些問題，都可由「志於道，據於德，依於仁，游於藝」（〈述而〉）這四句話裡，獲得清楚之答案。茲依次論述如下：

二、志於道

「志」，在此作動詞用，乃立定志向之意。以「道」作為一個「士」或「君子」立定志向的終極目標，即「志於道」。何晏注云：

志，慕也。道不可體，故慕之而已①。

而朱熹注云：

志者，心之所之之謂。道，則人倫日用之間所當行者是也。知此而心必之焉，則所適者正，而無他歧之惑矣②。

「志」解作「慕」，比「心之所之」，意思雖來得消極，卻依然可通。所謂「心之所之」，即「心之所向」之意；而一心一意向著「道」，就是「志於道」。對這樣的解釋，大致上不會有什麼異議。

至於「道」的意義，則何、朱各有所見。相比起來，何晏的解釋，較偏於「天道」來說，而朱熹則偏於「人道」而言。照何晏之說，所謂的「道」，和老子所主張的「道」有些接近，所以邢昺疏云：

> 道者，虛通無擁，自然之謂也。王弼曰：「道者，無之稱也；無不通也，無不由也，況之曰道，寂然無體，不可為象。」是道不可體，故但慕之而已③。

這樣來看待「道」，從儒家整個思想來看，所謂「立天之道，曰陰與陽；立地之道，曰柔與剛；立人之道，曰仁與義」（《周易・說卦》），固然也有它的道理，不過，如落在《論語》來說，就難免偏離了一些，因為孔子和一般弟子，通常是罕言「天道」的，所以說「夫子之言性與天道，不可得而聞也」（〈公冶長〉）。如此說來，朱熹「人倫日用之間所當行者」的說法，是比較合乎原意的。只是說法還是籠統了點，實有進一步探明的必要。

在《論語》一書中，「道」字出現得相當頻繁，據楊伯峻《四書譯注》④的統計，共有六十次；其中涉及道德、學術、方法或合理行為而與「中心概念」⑤相關的，就達四十四次之多；由此可見「道」在孔子思想中的重要性。

所謂的「道」，原指人用作行走之「路」，《論語・陽貨》所說「道聽而塗說」的「道」，即指此而言；這是有形可見的，是具體的。而由此引伸開來，則「凡言行所經由以達於某一目標」⑥而成為原理、準則的，都可稱之為「道」；這是無形可見的，是抽象的。前者與「中心概念」之「道」無關，而後者則息息相關了。

這種與「中心概念」關涉之「道」，在孔子言論中，依其意義之不同，大致可分為兩種：一是中性的，即「事實上的道」，可以屬「正面」，也可以屬「反面」；一是純然「正面」的，即「價值上的道」，可以提升而成為原理或準則。所以陳大齊在其《孔子學說》中說：

> 道，依其意義的不同，可別為二種：一是事實上的道，一是價值上的道，前者只是所由的，後者則是應由的。事實上的道與價值上的道，時或一致，時或不一致。故事實上的道，有應由的，亦有不應由的。價值上的道，有事實上所由的，亦有事實上所未由的⑦。

所謂「所由」，就是說可能趨於正面為善（應由），也可能趨於反面為惡（不應由），這是就事實觀點說的，所以是「事實上的道」；所謂「應由」，就是說應該趨於正面為善，這是從價值觀點說的，所以是「價值上的道」。譬如《論語・衛靈公》說：

> 子曰：「道不同，不相為謀。」

朱熹《集註》注說：「不同，如善惡邪正之類。」⑧既然有「善惡邪正」之不同，顯然這所謂之「道」，指的是「事實上的道」。又如《論語・憲問》說：

子曰：「君子道者三，我無能焉：仁者不憂，知者不惑，勇者不懼。」子貢曰：「夫子自道也。」

「君子道者三」，即《中庸》第二十章（依朱熹《章句》，下併同）所說的「三達道」。而知（智）、仁、勇三者，既為「三達道」，指的自然是「價值上的道」。孔子在此這樣「自責以勉人」⑨，可以看出他對「道」的無比推崇，而「道」的價值，也可由此顯現出來。

大體而言，《論語》一書中的「道」，說的多是「價值上的道」。也因它是「價值上的道」，始足為言行的準則」⑩，甚至於成為事事物物的原理。它所以能如此，可說是由於它以「仁義」為本（體）的緣故。試看《論語・衛靈公》說：

子曰：「人能弘道，非道弘人。」

朱熹釋此云：

> 人心有覺，而道體無為，故人能大其道，道不能大其人也⑪。

對此，朱熹在答「人能弘道」之問時加以申釋云：

> 「天下之達道五，所以行之者三。」君臣、父子、兄弟、夫婦、朋友，古今所共底道理，須是知知、仁守、勇決⑫。

他以「五達道」來說「道」，說的是「用」（末）；以「三達德」（知、仁、勇）來說「人心有覺」，說的是「體」（本）。而知（智）、仁、勇三者，又是以「仁」為核心的。因此錢穆在《論語要略》中便說：

> 孔子以道為人生中運用之一事，猶其以禮樂為人生中運用之一事也。人之所以運用此禮樂與道者，則人類之情感，吾心之仁是也，故曰人能弘道。使其人無情不仁，則道亦無存，烏能弘人乎⑬？

他把「道」，雖與禮樂同樣視為「人生中運用之一事」，當作外在之形式（用）來看待，卻也指出了它們的根本精神（體），那就是「吾心之仁」。所謂「本立而道生」（〈學而〉），說的就是這種道理。又《論語・里仁》說：

> 子曰：「富與貴，是人之所欲也，不以其道得之，不處也。貧與賤，是人之所惡也，不以其道得之，不去也。君子去仁，惡乎成名？君子無終食之間違仁，造次必於是，顛沛必於是。」

這裡最值得注意的是：孔子先說兩次「道」，後來卻換成「仁」來說。很明顯地，在孔子看來，所謂「君子去仁」，就是「君子去道」的意思。因此何晏注引孔安國云：

> 不以其道得富貴，則仁者不處。

而邢昺亦疏云：

> 唯行仁道，乃得君子之名，若違去仁道，則於何得成名為君子乎[14]？

如此將「仁」與「道」合起來說，雖不能確定「仁」就是「道」，但已可藉以看出兩者密切之關係。而錢穆在解釋此章時，則直接地說：

> 據此，則孔子之所謂道，即仁也[15]。

而陳大齊也在解釋「君子道」時說：

> 君子道即是仁道，因為孔子主張「君子無終食之間違仁」。……故中心概念的道，似宜稱之為仁道，兼以顯示其普遍內容[16]。

此外，勞思光更以為〈里仁〉此章：

> 此節前二段，原說富貴與貧賤，本身悉不足計，君子只以「道」作為標準，而定取捨。下接言「仁」，謂離「仁」則「君子」即失去其特性（所謂「惡乎成名」），則顯然孔子所說

的「道」，即依「仁」而立。一切要「以其道得之」，即是一切依大公之心以定取捨。其下又謂：「君子無終食之間違仁。造次必於是，顛沛必於是。」此即是說，有德者須時時存大公之心，不可須臾離此動力。而此動力即是「仁」，依此動力乃能「志於道」[17]。

可見孔子所謂之「道」，就是「仁」，兩者只不過是有一末一本之別而已，因此「志於道」即「志於仁」(〈里仁〉)。而這個「仁」，由於是內在於人生命之中，而不能頃刻或離的「動力」，所以隨時都由內而外地在作用著[18]。這樣作用的結果，如說得具體一點，以其正當性而言，就是「義」或「義理」。《朱子語類》載：

或問：「富貴不處，是安於義；貧賤不去，是安於命。」曰：「此語固是。但須知如何此是安義，彼是安命。蓋吾何求哉？求安於義理而已。不當得富貴而得富貴，則害義理，故不處。不當得貧賤而得貧賤，則自家義理已無愧，居之何害！」[19]

可見「道」(人道)，從其根源說，就是「仁」，就是「義」(義理)；換句話說，即「仁義」。《朱子語類》又載：

問：「貧賤，如何不當得而得之？」曰：「小人放僻邪侈，自當得貧賤。君子履行仁義，疑不當得貧賤，然卻得貧賤，這也只得安而受之，不可說我不當得貧賤，而必欲求脫去也。」⑳

這裡在「仁」之外，又牽合「義」來說「道」，可見得「仁」與「義」有不可分的關係。〈季氏〉云：

（孔子曰：）『隱居以求其志，行義以達其道。』吾聞其語矣，未見其人也。」

這所謂的「其道」，指的就是「仁道」。陳大齊解釋「行義以達其道」說：

行義所達的，只是道，不是其他事情。此所云道，當然係指仁道而言。故「行義以達其道」，意即行義以達其仁，又可見義之不能有離於仁了㉑。

他將「行義以達其道」解釋為「行義以達其仁」，凸顯了「以義達仁」的道理。又〈里仁〉云：

子曰：「君子喻於義，小人喻於利。」

朱子注此云：「義者，天理之所宜」㉒，也的確唯有深喻「天理之所宜」，才能使所作之事合乎「仁」的要求，所以陳大齊說：

君子所應喻而不忽的，只是義，故所持以應付一切的，亦必是義。君子所持以成事的，既必是義，而所成的事，又只是仁。合而言之，義所成的，只是仁，不是仁以外的事情。所以義是不能有離於仁的㉓。

接著，又以此配合「君子無終食之間違仁」數句，作進一步之闡釋說：

君子所終食之間不可違的仁與其所應喻而不忽的義，孔子雖未於仁字上加義字，亦未於義字上加仁字，但其意必指合義的仁與涵仁之義而言，否則便值不得不違與不忽了。仁與義，必相結合，不可分離，故孔子的思想，簡括言之，可稱為仁義合一主義㉔。

由此可見「義」與「仁」有著不可分割的關係。對這種關係，勞思光則從「公心」與「私心」加以強調說：

> 從私念則求「利」，從公心則求「義」；「仁」既指公心，則「仁」為「義」本。就理論意義講，此理甚為明顯。蓋「義」指「正當性」，而人之所以能「正當」，則在於人能立「公心」。「公心」不立，則必溺於利欲；「公心」既立，自能循乎理分。立公心是「仁」，循理是「義」。日後孟子言「居仁由義」，又以「仁」為「人心」、「義」為「人路」，最能闡發孔子之仁義觀念。蓋「仁」是自覺之境界，「義」則是此自覺之發用。能立公心者，在實踐中必求正當。此所以「仁」是「義」的基礎，「義」是「仁」之顯現[25]。

他把「仁」與「義」的關係，分辨得相當清楚。而這種關係，若將「道」、「仁」、「義」三者合起來看，則以由本（體）而末（用）言，所形成的「仁→義→道」的順序；以由末（用）而本（體）言，所形成的是「道→義→仁」的次第。前者出於天然（「性」的作用），相當於《中庸》之「自誠明」；後者屬於人為（「教」的功能），相當於《中庸》之「自明誠」；而天然與人為，是互動、循環而提升的[26]。《禮記・中庸》云：

> 或生而知之，或學而知之，或困而知之；及其知之，一也。或安而行之，或利而行之，或勉強而行之；及其成功，一也。

對於這段文字，大致可就天賦的差異與修學的層次兩個方面來加以探討。以天賦的差異來說，在「知」的方面，要了解一個同樣的道理，有的人只須憑藉天生的悟力，有的人則要經由後天的學習，更有的人得透過困苦的嘗試，難易雖然不同，卻能得到一致的結果；在「行」的方面，要踐行同樣的一個道理，有的人是發於天賦的德性，有的人乃基於受益的觀點，更有的人則出於畏罪的心理[27]，情形雖然不同，卻能獲致同樣的成效。以修學的次序而言，在「知」的方面，一個人如果要收到積學的效果，就得先由「困知」、「學知」的人為努力，在知識的領域裡覓得一立足點，使自己的「已知」到達一個基準，然後才能由外而內地激發「生知」的天賦力量，憑藉「已知」來推求「未知」，把微觀的「知」提升為宏觀的「智」（把「困知」、「學知」與「生知」冶為一爐），以呈顯內在的仁、智而知「義」、知「道」，而形成一貫[28]。在「行」的方面，則緊承「知」（知識），在「智」（智慧）的指引下，經由「勉強而行之」、「利而行之」去實踐「道」，直接用行為來印證「道」（事物的原理）而成就「義」行，再逐漸地達於「安行」的地步（把「勉強行」、「利行」與「安行」連成一體），從而激發更多更大的天賦力量「仁」，以帶領「生知」、「學知」和「困知」（義、道）升高至另一層面，如此一層進一層的推展，把「仁」與「知（智）」

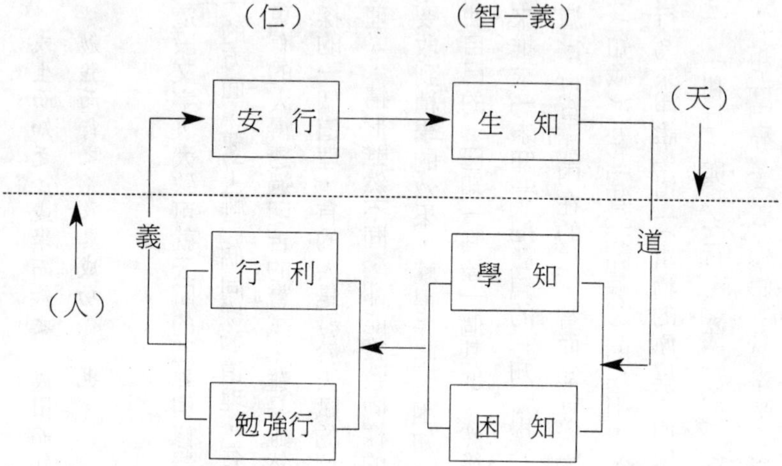

（義）㉙的功能發揮至極致，而臻於「至善」的境界。如果這樣的理解沒錯，則就《禮記・中庸》「三知三行」來看，「勉強而行之」和「利而行之」是「義」，「安而行之」為「仁」，「生知而學知、困知」是「義」與「道」；而所形成的是如上互動循環之螺旋關係。

從上表可注意兩點：一是就「由天而人」來看，所形成的是「仁→義（智）→道」的順序；一是就「由人而天」來看，所形成的是「道→義（知）→仁」的次第。而此二者，又有著互動、循環、提升的螺旋關係。

由此看來，在《論語》書中的「道」，可以說是以「仁義」為其根本的；而孔子主張人要「志於學」（〈為政〉），即所謂的「學以致其道」（〈子張〉），當然就必須以「仁義」為其終極之目標了。如此以「仁義」釋「道」，無論是用以指人生的終極關懷、崇高理想，如「朝聞道，夕死可矣」(〈里仁〉)、「篤信好學，守死善道」(〈泰伯〉)；或用以指待人接物的生活規範、政治與文化的理想境界，如「三年無改於父之道」(〈學而〉)、「先王之道斯為美」(〈學而〉)，甚至用以指主張學說，如「夫子之道，忠恕而已矣」(〈里仁〉)，意思都可從源頭「一以貫之」，而沒有絲毫說不通的地方。

不過，「仁」在《論語》裡，是不與「義」並舉的，反而往往與「知（智）」對顯㉚，而「義」指的既是「天理之所宜」(朱注)，則必須訴諸「知（智）」才能加以判斷、掌握，可見「義」從根源上說，就是「知（智）」，而「仁、義」也就可說即「仁、知（智）」。如此，則「志於道」，換句話來說，就是要以「仁且智」之聖人境界㉛為最高目標了。

三、據於德

《論語》一書中之「德」，用作「恩德」、「恩惠」的，由於非直接與「德性」或「德行」有關，而其他指外在「德行」的，也似乎與「據於德」之「德」，仍有段距離，因為「據」，當是「依憑」㉜而有「本於」之意，所以在此就略而不論，而只著眼於關聯內在本質的幾章來探討。

這種關聯內在本質的「德」，即通常所謂之「德性」或「道德精神」。它可在《論語》書中找到幾個：

子曰：「君子懷德，小人懷土；君子懷刑，小人懷惠。」（〈里仁〉）

子曰：「天生德於予，桓魋其如予何！」（〈述而〉）

子曰：「由！知德者鮮矣。」（〈衛靈公〉）

子張曰：「執德不弘，信道不篤，焉能為有？言能為亡？」（〈子張〉）

這幾個「德」字，見於〈里仁〉的，朱熹認為是指「固有之善」㉝，而錢穆也以為「德，指德性」㉞，可見它是屬於內在的；見於〈衛靈公〉的，朱熹指出「德，謂義理之得於己者，非己有之，不能知其意味之實也」㉟，這樣該是偏於內在來說的；見於〈子張〉的，朱熹釋為「有所得而守之太狹，則德孤」，輔氏加以申釋說：「有所得，謂德也；守謂執也；太狹，謂不弘也。德孤，蓋〈坤卦・文言〉之辭，言不能兼有眾德，而孑然固守一節者也。弘以量言，然量有氣量、德量，此蓋兼氣與德而言也。」㊱「德」既然與「氣」對稱，那麼它偏於內在者而言，是相當明顯的。而見於〈述而〉的，則爭議頗多，實有稍作辨析之必要。

這「天生德於予」中的「德」，既說是「天生的」，當然指的是內在的本質，如此則和「天命」之「性」有著密切關係。

在《論語》中說到「性」的，只有兩次，那就是：

> 子貢曰：「夫子之文章，可得而聞也；夫子之言性與天道，不可得而聞也。」（〈公冶長〉）
>
> 子曰：「性相近，習相遠也。」（〈陽貨〉）

〈公冶長〉所載子貢的話，說出了孔子很少談到「性」的這個事實。而「孔子的確很少談論『性與天道』，從《論語》看來是如此；然而，孔子五十而讀《易》，至『韋編三絕』，而且又曾贊《易》，顯然他對《易經》下了一番功夫。《易經》的中心思想就是『性與天道』，因此孔子對『性與天道』，確曾下了一番研究的心血。說孔子對於『性與天道』根本不談，或根本無領悟，那是不對的」[37]，因此對「性」，孔子該有極高的領悟，而有性善之傾向[38]。既然如此，就值得對「性相近」的說法加以注意了。朱熹注此云：

> 此所謂性，兼氣質而言也。氣質之性，固有美惡之不同矣；然以其初而言，皆不甚相遠也。但習於善則善，習於惡則惡，於是始相遠耳。程子曰：「此言氣質之性，非言性之本也。若言其本，則性即是理；理無不善，孟子之言性善是也；何相近之有哉？」[39]

程、朱二人都以為這所謂的「性」，乃「兼氣質而言」，所以說「相近」。但將「性」二分為義理之性與氣質之性，是後來之事，在孔子時，該沒有理得那麼分明，只不過籠統地說一說而已。對此，牟宗三說得好：

伊川謂此是屬於氣質之性，蓋就「相近」而想。因義理當然之性人人皆同，只是一，無所謂「相近」。惟古人辭語恐不如此嚴格。孟子言：「其日夜之所息，平旦之氣，其好惡與人相近也者幾希」。孟子此處所言之「相近」，恐即是孔子「性相近」之「相近」。如是，「相近」即是發於良心之好惡與人相同。孔子即是此意。……如果《易》之〈彖〉、〈象〉真是孔子所作，則〈乾·彖〉「乾道變化各正性命」語中之「性」，正是上節所謂積極面之性，是自理道或德而言之「超越之性」，此性是與天道天德貫通于一起的㊵。

如此來看待孔子所謂之「性」，該是最合理的。

如果進一步地將這個義理的「性」，結合《論語》中屬於本質的「德」來看，則「性」該就是「德」。因為「性」指的是天賦之潛能，而這種潛能為人所獲得，若單從「承受處」來說，即是「得」，也就是「德」。它之所以謂之「德」，就是「得之於天」的意思。因此這「得」與「德」兩字，在古時是通用的。《老子》第四十九章說：

> 聖人無常心，以百姓心為心。善者吾善之，不善者吾亦善之，德善；信者吾信之，不信者吾亦信之，德信。

朱謙之《老子校釋》引羅振玉云：

> 「德」字，景龍本、敦煌本均作「得」㊶。

可見「德」可通「得」。而就儒家看來，「得」乃就承受者而言，而「德」卻就所承受之本質來說，兩者可說是一而二、二而一的關係。

因此《論語》「天生德於予」這句話，說得完整一點，是「天將『性』賦予我，為我所得，而成為『德』，以修己治人」的意思。不過，由於這句話涉及孔子本人，而孔子又是「仁且智」的聖人，所以就引生了這個「德」是否可適用於一般人身上的疑問。陳大齊說：

> 孔子既稱德為天生，則所採取的，似乎是潛伏觀，不是創始觀。但孔子此言，只是就他自己一個人說的。然則此種潛伏的德，是他個人所獨有？抑或為少數人所獨具？又或為人人

所固有？未可由以貿然推斷。且孔子此言，只是感情性的傾訴，不是道理性的論斷，更未可據以推定其學說上所採取的主張[42]。

果如上述，《論語》中的「德」，就其「體」（內在）而言，即是「性」，則此「天生德」之「德」，與〈述而〉的「性相近」之「性」，該是等同的。這樣，「天生」之「德」（性），就該不是孔子「個人所獨有」，而有其普遍性，因為「天生」之「德」（性），是「人人所固有」，而且籠統地說，是彼此「相近」的，只是發揮有等差而已。孔子既將「天生」之「德」（性）發揮到極致，對於「桓魋」而言，即使他這份「天生」之「德」（性）發揮有限，也必然因「性相近」而有所感應，那就難怪孔子會說「其如予何」了。如此，則《論語》「天生德於予」之「德」，與《中庸》「天命之謂性」之「性」，甚至《大學》「明明德」之「德」，應是所指相同，而且是一脈相承的。

如進一步要證明「德」與「性」之關係，則必須探明其內容。不過，因為《論語》一書中對「德」與「性」之內容，並沒有直接做清楚的交代，所以只有從孔子或其弟子有關「仁」與「知（智）」的言論中獲知一些訊息。大體說來，孔子是主張「仁」與「知（智）」互動、循環而提升，以臻於「聖」之境界的[43]。這種主張可由下列幾章文字裡探知：

子曰：「里仁為美，擇不處仁，焉得知？」（〈里仁〉）

子曰：「不仁者，不可以久處約，不可以長處樂。仁者安仁，知者利仁。」（〈里仁〉）

樊遲問知，子曰：「務民之義，敬鬼神而遠之，可謂知矣。」問仁，曰：「仁者先難而後獲，可謂仁矣」（〈雍也〉）

子曰：「知者樂水，仁者樂山；知者動，仁者靜；知者樂，仁者壽。」（〈雍也〉）

樊遲問仁，子曰：「愛人。」問知，子曰：「知人。」樊遲未達，子曰：「舉直錯諸枉，能使枉者直。」樊遲退，見子夏曰：「鄉也吾見於夫子而問知，子曰：『舉直錯諸枉，能使枉者直。』何謂也？」子夏曰：「富哉言乎！舜有天下，選於眾，舉皋陶，不仁者遠矣；湯有天下，選於眾，舉伊尹，不仁者遠矣」（〈顏淵〉）

首先看〈里仁〉的「里仁為美」章，它的章旨，從正面說，即孔子以「擇處仁」為「知」（智）。這樣說，是由於在「擇」之前，先要「明於仁與不仁的區別」[44]的緣故；如果人在「明於仁與不仁的區別」後，能行其所「知」（明），「擇」而「處仁」，使自己得以潛移默化，則已由「知」（智）而進於「仁」了，所謂「知以知仁，仁以行知」，便是這個意思，由此可見「仁」與「知（智）」是有一先一後之關係的。其次看〈里仁〉的「不仁者」章，孔子在此以「利仁」為「知（智）」、「安仁」為「仁」。而「利行」與「安行」，很顯然地，並非並列之關係，而只是階段之不同而已，也就是說，「行」在人為（教育）的範圍中，其過程是先由「利行」而後「安行」的。所以朱熹注此云：

> 惟仁者則安其仁，而無適不然；知者則利於仁，而不易其所守；蓋雖深淺之不同，然皆非外物所能奪矣㊺。

所謂「深淺之不同」，指的就是「由知（智）而仁」的不同階段。又其次看〈雍也〉的「樊遲問知」章，孔子以「務民之義，敬鬼神而遠之」為「知（智）」、「先難後獲」為「仁」，前者乃就「事」（外）來說，而後者則就「心」（內）來說，因此朱熹在《集註》注說：「專力於人道之所宜，而不惑於鬼神之不可知，知者之事也；先其事之所難，而後其效之所得，仁者之心也。」㊻又於《或問》中進一層解釋說：

> 「務民之義，敬鬼神」，是就事上說；「先難後獲」，是就處心積慮處說。「仁」字說較近裡，「知」字說較近外㊼。

據知「仁」與「知（智）」，除先後深淺不同外，還有一內（心）一外（事）的關係。又其次是

〈雍也〉的「知者樂水」章，孔子在此，主要以「動」、「靜」來說「仁」、「知（智）」，所謂「知者動，仁者靜」，即本章之中心意旨。而由於「山」靜而「水」動，所以「仁者樂山，知者樂水」；由於「樂」動而「壽」靜，所以「知者樂，仁者壽」。如此用「山」與「水」之特質和「樂」與「壽」之成效，來說明「知者動，仁者靜」的道理，的確有以實形虛之效果。朱熹注此說：

> 知者達於事理，而周流無滯，有似於水，故樂水；仁者安於義理，而厚重不遷，有似於山，故樂山。動、靜以體言，樂、壽以效言。動而不括，故樂；靜而有常，故壽㊽。

他把這種道理，闡釋得極簡要而明白。其實，孔子用「動」、「靜」來說「知（智）」、「仁」，還有另一層意思，那就是「知（智）」與「仁」是互相涵攝的，因為「動」中是有「靜」、「靜」中是有「動」的啊！關於這點，朱熹在《或問》中說：

> 知者，動意思多，故以動為主；仁者，靜意思多，故以靜為主。今夫水，淵深不測，是靜也；及滔滔而流，日夜不息，故主於動。山，包藏發育之意，是動也；而安重不遷，故主於靜㊾。

由此可知，「仁」與「知（智）」，又有著一「靜」一「動」的關係。再其次是〈顏淵〉的「樊遲問仁」章，孔子在此，用「舉直錯諸枉，能使枉者直」，將「仁」與「知（智）」合而為一，來回答樊遲之「問仁」、「問知」，不但關係到由「知（智）」而「仁」的先後，也涉及了兩者互動之作用。這可從朱熹的兩節話裡看出孔子話中的精義。一見於《語錄》：

每常說：「仁、知，一個是慈愛，一個是辨別，各自向一路。惟是『舉直錯諸枉，能使枉者直』，方見得仁、知合一處，仁裡面有知，知裡面有仁。」㊿

一見於《集註》：

舉直錯諸枉者，知也；使枉者直，則仁矣。如此則二者不惟不相悖，而反相為用矣(51)。

所謂「仁裡面有知，知裡面有仁」，說的正是「仁」與「知（智）」互相涵攝的道理。它們所以能這樣彼此涵攝，是由於它們能一直互動的緣故，所謂「二者不為不相悖，而反相為用」，說的就是這種互動之關係。

《論語》中的「德」，如同上述，有一些是指內在的本質來說的，這就與「性」有所疊合。而這種「德」，是人與生俱來的，所以說是「天生」；這個「性」，是天所賦予的，所以說是「天命」。所謂「天生」與「天命」，是詞異而意同；只不過，在此，「生」是落在「人」（物）上說，「命」乃源於「天」上說而已。至於所謂「性」，則是一種動力或潛能，在人（物）出生時，由「天」所賦予，而直接由「人」（物）來獲得（德）的。這種天人關係，可藉由《大學》「傳首章」[52]用以「釋明明德」的文字來說明。它引《書經・大甲》說：

> 顧諟天之明命。

在此，《大學》之作者特地用「天之明命」來說「明德」，可知「明德」是天所賦予的，而這個「明德」，是就「人之所得」來說的；若從「天」來說，則是「明命」了。所以朱熹注云：

> 天之明命，即天之所以與我，而我之所以為德也[53]。

趙順孫《大學纂疏》釋此云：

> 愚謂自天所與而言，則曰命；自我之所得而言，則曰德[54]。

他和朱熹從天、人（我）切入，清楚地指出了「命」和「德」的關係。據此，則「德」，是針對「天所與我」而「為我所得」者而言，那麼不禁要問：天究竟拿什麼東西「與我」（命），而「為我所得」（德）呢？這就不得不談到「性」了。《中庸》一開篇即云：

> 天命之謂性。

在此，「天命」是「天所命（賦予）」之意，而「天所命（賦予）」之對象，則為人（物）。如此說來，這句話的意思為「稱天所命與人（物）者為性」；而此「天命」之「性」，為「人」（物）所得，則稱為「德」。可見「德性」這一詞，是由同義複合而成的，只不過「性」乃偏於本質（體—理），而「德」則是又兼功能（用—心）來說而已。所以朱熹答游敬仲之問云：

> 天之賦於人物者，謂之命；人與物受之者，謂之性；主於一心，有得於天而光明正大者，謂之明德[55]。

又在其《大學章句》裡注「明德」云：

> 明德者，人之所得乎天，而虛靈不昧，以具眾理而應萬事者也[56]。

以上兩節話，可由下列《大學纂疏》所載兩節文字的說明，作進一層之了解：其一為《語錄》：

> 虛靈不昧，便是心；此理具足於中，無少欠闕，便是性；隨感而動，便是情。

其二為黃氏（榦）闡釋之言：

> 虛靈不昧，明也；具眾理、應萬事，德也。具眾理者，德之體，未發者也；應萬事者，德之用，已發者也。以其所以為德者，皆虛靈不昧，故謂之明德也[57]。

所謂「未發者」，說的是「性」，為「體」；所謂「已發者」，指的是「情」，為「用」。而由朱熹看來，「心」是統「性」（體）與「情」（用）的。可見「性」，乃純就「理」，也就是「體」而言；而「德」，則兼就「心」（性、情），也就是「體」與「用」來說的。由於孔子對一般弟子或時人，特別講求學習、教育的功能，比較著眼於「用」（外）上，而又不忽略其「體」（內），所以平時只講兼顧「體」與「用」之「德」，以統合內在之本質與外在之行為，卻很少談到純就「體」（理）而言之「性」，是十分合於實際的。

經由上述，可知孔子「據於德」這句話，是說「德」是所據以邁向目標的源頭力量。而這個源頭力量有二，即「仁之德」與「知（智）之德」，前者用於「成己」，後者用於「成物」。《禮記・中庸》說：

> 誠者非自成己而已也，所以成物也。成己，仁也；成物，知（智）也；性之德也，合外內之道也。

它指出「成己」之「仁」與「成物」之「知（智）」，皆屬「性之德」[58]，不僅可藉以說明孔子所以要「據於德」的原因，也可藉以顯露這個「德」（性）的實質內容。

四、依於仁

「依於仁」，是說為人處世，一切都依循天生之「仁之德」而行，以成就各種德行的的意思。朱熹注此云：

> 依者，不違之謂。仁，則私欲盡去，而心德之全也。功夫至此，而無終食之違，則存養之熟，無適而非天理之流行矣[59]。

這種「不違仁」的功夫，所謂「無終食之違」，是孔子最為重視的，所以在平時就談得特別多。據楊伯峻之統計，「仁」字在《論語》一書中所出現的次數，就有一〇九次，除去指「仁人」（三次）或用同「人」（一次）者外，用以指「道德標準」的，即達一〇五次[60]。這是德行字出現在《論語》一書裡最多的一次，足見「依仁」、「行仁」的重要性。而在這些論「仁」的篇章裡，有的就它所涵攝的部分內容，即「偏仁」（偏德）來談論；有的則就它的整體意義，即「全仁」（全德）來著眼。前者如：

（樊遲）問仁。曰：「仁者先難而後獲，可謂仁矣。」（〈雍也〉）

顏淵問仁。子曰：「克己復禮為仁。一日克己復禮，天下歸仁焉。為仁由己，而由人乎哉？」顏淵曰：「請問其目。」子曰：「非禮勿視，非禮勿聽，非禮勿言，非禮勿動。」顏淵曰：「回雖不敏，請事斯語矣。」（〈顏淵〉）

仲弓問仁。子曰：「出門如見大賓，使民如承大祭，己所不欲，勿施於人；在邦無怨，在家無怨。」仲弓曰：「雍雖不敏，請事斯語矣！」（〈顏淵〉）

司馬牛問仁。子曰：「仁者，其言也訒。」曰：「其言也訒，斯謂之仁已乎？」子曰：「為之難，言之得無訒乎？」（〈顏淵〉）

樊遲問仁，子曰：「愛人。」問知，子曰：「知人。」樊遲未達，子曰：「舉直錯諸枉，能使枉者直。」（〈顏淵〉）

樊遲問仁。子曰：「居處恭，執事敬，與人忠；雖之夷狄，不可棄也。」（〈子路〉）

子張問仁於孔子。孔子曰：「能行五者於天下，為仁矣。」請問之。曰：「恭、寬、信、敏、惠。恭則不侮，寬則得眾，信則人任焉，敏則有功，惠則足以使人。」（〈陽貨〉）

上引首章，孔子以「先難後獲」為「仁」，所著眼的乃「仁」中之一事。朱熹注此云：

> 先其事之所難，而後其效之所得，仁者之心也。此必因樊遲之失而告之[61]。

所謂「仁者之心」，是要樊遲有此心，以「先難後獲」，而救其失，這顯然說的是起手的功夫，自屬「偏仁」之事。次章「顏淵問仁」，朱熹注云：

> 仁者，本心之全德。克，勝也。己，謂身之私欲也。復，反也。禮者，天理之節文也。為仁者，所以全其心之德也。蓋心之全德，莫非天理，而亦不能不壞於人欲。故為仁者必有以勝私欲而復於禮，則事皆天理，而本心之德復全於我矣。歸，猶與也。又言一日克己復禮，則天下之人皆與其仁，極言其效之甚速而至大也。又言為仁由己而非他人所能預，又見其機之在我而無難也。日日克之，不以為難，則私欲淨盡，天理流行，而仁不可勝用矣[62]。

他從「全德」（全仁）的角度切入來闡釋孔子以「克己復禮」為「仁」的道理，這是從終點來看的；但若由起點來看，分別在「四勿」上，能日日「克己復禮」，使一事以至於多事合於「禮」（義）、「仁」[63]，則久而久之，乃能由「偏仁」逐漸臻於「全仁」之境界[64]。所以若針對此起點與過程而言，則仍是屬「偏德」（偏仁）的階段，只不過它涵蓋的範圍大，可以統括許多德行，而又隨時有著「全德」（全仁）高懸著予以提升而已。三章「仲弓問仁」，孔子偏以政事為釋，邢昺疏此云：

> 此章明仁在敬、恕也[65]。

這是說以「仁」攝「敬」與「恕」，而此亦屬「克己復禮」之事。所以朱熹引程頤云：

> 克己復禮，乾道也；主敬行恕，坤道也。顏、冉之學，其高下深淺，於此可見，然學者誠能從事於敬、恕之間，而有得焉，亦將無己之可克矣[66]。

意思是說「能敬，能恕，能無怨，則能克己、能守禮」[67]，可見「敬」、「恕」與「無怨」，皆指「偏仁」而言。四章「司馬牛問仁」，朱熹注云：

> 仁者心存而不放，故其言若有所忍而不易發，蓋其德之一端也[68]。

這所謂「其（仁）德之一端」，正說出了孔子在此所談的「仁」德只是「偏仁」，也就是「偏德」而已。五、六兩章「樊遲問仁」，在〈顏淵〉中「愛人」的回答，是對應於「能使枉者直」來說的，而「能使枉者直」，說的乃「仁」之一端，初看起來，與〈雍也〉所言「先難後獲」無關，但「愛人則無私欲，無私欲則能『先難而後獲』」[69]，因此這也該是「因樊遲之失而告之」（朱注）的。而在〈子路〉中的回答，則以「仁」攝「恭」「敬」「忠」，以為：

> 須是日日黏放心頭，不可有些虧欠處。此最是為人日下急切處，切宜體之[70]。

既然是「為人日下急切處」，自非「全仁」可知。七章「子張問仁」，孔子以「仁」攝「恭、寬、信、敏、惠」為答，而其效為「不侮」、「得眾」、「人任」、「有功」、「使人」，這顯然是針對政事來說「求仁之方」的。《朱子語類》四載：

> 問：「恭、寬、信、惠，固是求仁之方，但『敏』於求仁功夫似不甚親切。莫是人之為事才悠悠，則此心便間斷之時多，亦易得走失。若能勤敏去做，便此心不致間斷，走失之時少，故敏亦求仁之一，是如此否？」曰：「不止是悠悠。蓋不敏於事，則有怠忽之意才怠忽，便心不存而間斷多，便是不仁也。」[71]

說的是「求仁之方」，指的當然是「偏仁」之事。

可見上引章節所說的「仁」，全屬「偏仁」之事，也就是說「仁」中攝有各種德行。陳大齊針對上引諸章說：

> 仁中攝有克己復禮，攝有訒，攝有先難後獲。……在答覆樊遲時，以愛人為仁。又一次答覆樊遲時，舉了三事，與答覆子張時所舉的五事，其中有一事是相同的。合此兩次答語而言，恭、敬、忠、寬、信、敏、惠七事，都是仁。答覆仲弓時，舉了四事。「出門如見大賓」，即是「居處恭」的恭，「使民如承大祭」，即是「執事敬」的敬。「己所不欲，勿施於人」，是恕。故恕與無怨，亦為仁所涵攝[72]。

他把「一端」之「仁」，亦即「偏仁」，說得十分清楚。

至於後者，如：

> 孟武伯問：「子路仁乎？」子曰：「不知也。」又問。子曰：「由也，千乘之國，可使治其賦也；不知其仁也。」「求也何如？」子曰：「求也，千室之邑，百乘之家，可使為之

宰也；不知其仁也。」「赤也何如？」子曰：「赤也，束帶立於朝，可使與賓客言也；不知其仁也。」（〈公治長〉）

或曰：「雍也仁而不佞。」子曰：「焉用佞？禦人以口給，屢憎於人。不知其仁，焉用佞？」（〈公治長〉）

子張問曰：「令尹子文，三仕為令尹，無喜色；三已之，無慍色。舊令尹之政，必以告新令尹。何如？」子曰：「忠矣。」曰：「仁矣乎？」曰：「未知，焉得仁。」「崔子弒齊君，陳文子有馬十乘，棄而違之。至於他邦，則曰：『猶吾大夫崔子也。』違之。之一邦，則又曰：『猶吾大夫崔子也。』違之。何如？」子曰：「清矣。」曰：「仁矣乎？」曰：「未知，焉得仁。」（〈公治長〉）

憲問恥。子曰：「邦有道，穀；邦無道，穀。恥也。」「克、伐、怨、欲不行焉，可以為仁矣？」子曰：「可以為難矣，仁則吾不知也。」（〈憲問〉）

在這裡，孔子以為令尹子文為「忠」而未至於「仁」、陳文子是「清」而未至於「仁」，說仲弓、子路、冉求、公西赤都「不知其仁」，而且指出即使沒有「克、伐、怨、欲」等毛病，也一樣不能稱之為「仁」。可見這所謂的「仁」，指的是全德，也就是「全仁」。對於這一點，邢昺疏「孟武伯問子路仁乎」這一章時引孔安國，云：

仁道至大，不可全名㊸。

對此錢穆加以闡釋說：

孔子平日講學極重仁，仁乃人生之全德，孔子特舉以為學問修養之最高標準，而又使學者各就才性所近，各務所長，惟同向此全德為歸趨。人求全德，亦不可無專長。子路、冉有、公西華，雖未具此全德，然已各有專長。此章不僅見孔門之多賢，亦見孔子教育精神之偉大㊹。

而趙杏根也認為：

子路、冉有、公西華，乃孔門高弟，皆能稱賢人者，然孔子不以仁輕許之，何也？蓋仁是很難達到的境界，孔門之中，道德修養最高的是顏回，後有「復聖」之稱，但即使是顏回，亦僅能「三月不違仁」而已，超過三月，便就難保不違仁了。子路至於仁，蓋日月至焉者，或在或亡，不能必其有無。顏回子路如此，冉有、公西赤可知矣㊺。

又，朱熹在注「或曰雍也」這一章時說：

> 或疑仲弓之賢，而夫子不許其仁，何也？曰：「仁道至大，非全體而不息者，不足以當之。如顏子亞聖，猶不能無違於三月之後，況仲弓雖賢，未及顏子，聖人固不得而輕許之也。」[76]

再者，《朱子語類》二亦載：

> 黃先之問「子文」、「文子」二節。曰：「今人有些小利害，便至於頭紅面赤；子文卻三仕三已，略無喜慍。有些小所長，便不肯輕以告人，而文子乃盡以舊政告之新尹。此豈是容易底事！其地位亦甚高矣。今人有一毫係累便脫灑不得，而文子有馬十乘，乃棄之如敝屣然。此亦豈是易事！常人豈能做得。後人因孔子不許他以仁，便以二子之事為未足道，此卻不可。須當思二子所為如此高絕，而聖人不許以仁者，因如何未足以盡仁。」[77]

此外，錢穆釋「憲問恥」章云：

> 其心不仁，乃有克、伐、怨、欲。學者若能以仁存心，如火始燃，如泉始達，仁德日顯，自可不待遏制而四者絕。顏淵從事於非禮勿視、聽、言、動，乃以禮為存主，非求克、伐、怨、欲不行之比，故孔子不許其仁[78]。

所謂「仁道至大，不可全名」、「非全體而不息者，不足以當之」，又所謂「仁是很難達到的境界」、「未足以盡仁」或「仁德日顯」等等，正指出了這種「全仁」（「全德」）的特點，也由此可知孔子不輕易許人以「仁」，就是著眼於此，更由此進一步地可知「仁」之所以為孔子學說重心的原因。馮友蘭說：

> 仁為孔子「一貫」之道、中心之學說，故《論語》中亦常以仁為人之全德之代名詞。曰：「求仁而得仁，又何怨？」（〈述而〉）曰：「若聖與仁，則吾豈敢？」（〈述而〉）曰：「無求生以害仁，有殺身以成仁。」（〈衛靈公〉）此所謂仁皆指人之全德而言也[79]。

因此，孔子日常都以「偏仁」來勉勵他的弟子或其他的人，希望他們能日積月累，由偏而全地逐步走上「全仁」的最高境界。對此，陳大齊則以「成分」（德）與「總體」（仁）加以看待，他說：

> 仁是由恭敬忠恕等眾德集合而成的，仁是總體，恭敬忠恕是其成分。弟子問仁時，孔子各為舉示若干成分，從未盡舉。其所以不盡舉，殆有二因：一因所由以構成的分子太多，不遑一一枚舉。二因各人的長處短處不同，只舉最切要的項目，以發展其所長，或以救治其所短，其他較不切要的，不必一一贅舉。但若干成分不足以盡仁之全體，缺了一二成分，便不足以構成整個的仁。所以於忠恕恭敬中任舉一德，都未足以稱之為仁。……由此看來，孔子心目中的仁，是一種綜合的德，不與忠恕恭敬諸德並列，而以諸德為其成分，不有與諸德相異的特殊內容，而綜合諸德的內容為其內容[80]。

他以為在「忠、恕、恭、敬諸德」之中，任何一德都「不足以盡仁之全體」，而仁又能「綜合諸德的內容為其內容」，說的就是「偏仁」不足以盡「全仁」的道理，只不過是把「德」局限於「形於外」之層面，以指「偏仁」罷了。

經由上述，可知所謂「依於仁」，是說不違仁道，是要做到「無終食之間違仁；造次必於是，顛沛必於是」（〈里仁〉）的地步，這可說是偏就「仁之德」向外發揮以「成己」的過程來說的。

五、游於藝

「游於藝」的「游」，從古以來，就有不同的解釋。何晏注云：

> 不足據依，故曰游[81]。

他沒有從正面解釋「游」，只是與「據於德」、「依於仁」作個比較，認為「藝」比不上「德」與「仁」之可據、可依，故以「不足據依」為「游」。邢昺因而疏云：

> 劣於道、德與仁，故不足依據，故但曰游[82]。

這種解釋，由於不直接，且有貶抑「藝」之嫌，與原意顯有所出入，所以不為後人所採納。朱熹注此云：

> 游者，玩物適情之謂㊃。

這是比較偏向於「藝」的功能來訓釋的，也一樣沒有指出「游」的真正意思。而王陽明則以為：

> 所以調息此心，使之熟於道也㊄。

他以「調息」為訓，帶有「涵泳」之意，雖是由「游」字的本意引伸而來，卻仍然不夠明確。其實朱熹另有一個說法頗簡單而直接，是值得注意的，它載於《朱子語類》三：

> 「藝」卻是零碎底物事，做那箇，又來做這箇，是游來游去之謂也。然不可游從別處去，須是「游於藝」，方得㊅。

所謂「做那箇，又來做這箇，是游來游去」，說得很切近「游」的原意，由此再引伸，就有「廣泛」或「博」之意，若配合此「志於學（道）」來說，即等於說是「廣泛地學」或「博學（於）」，因此「廣泛地學」或「博學（於）」，或許就是「游於藝」的「游」之正解。關於此點，必須配合「藝」作進一步之探討。

所謂「藝」，何晏注云：

藝，六藝也[86]。

邢昺疏此云：

六藝，謂禮、樂、射、馭、書、數也。《周禮・保氏》云：「掌養國子，教之六藝：一曰五禮，二曰六樂，三曰五射，四曰五馭，五曰六書，六曰九數。」注云：「五禮，吉、凶、軍、賓、嘉也；六樂，雲門、大咸、大韶、大夏、大濩、大武也；五射，白矢、參連、剡注、襄尺、井儀也；五馭，鳴和鸞、逐水曲、過君表、舞交衢、逐禽左也；六書，象形、會意、轉注、指事、假借、諧聲也；九數，方田、粟米、差分、少廣、商功、均輸、方程、贏不足、旁要也。此六者，所以飾身爾。」[87]

據此，則「藝」是指六藝，即禮、樂、射、馭、書、數等六種學問技能，據《周禮・地官・司徒下》注，它包含了古代的五種禮制、六種樂曲、五種駕車馬之術、六種造字法與九種算法。所以要教以這種種之學問技能，就是希望使學者能由此而進德修業（「飾身」）。而這六種學問技能，就以文字呈現為典籍者而言，即所謂之「文」。《論語・雍也》云：

> 君子博學於文，約之以禮，亦可以弗畔矣乎！

而這個「文」，即《詩》、《書》、禮、樂等典籍。所以劉寶楠注〈述而〉「子以四教：文行忠信」云：

> 文，謂《詩》、《書》、禮、樂；凡博學、審問、慎思、明辨，皆文之教也[88]。

又《史記・孔子世家》云：

> 孔子以《詩》、《書》、禮、樂教，弟子蓋三千焉[89]。

可見孔子平日以《詩》、《書》、禮、樂四者為其教材[90]。這些教材是以學習知識學問為主的，如擴及到技能，就涵蓋了射、馭、書、數了。而這些學問技能的教材，都可稱之為「文」，並且是以「禮、樂」為其重心的。徐復觀說：

《論語》上對「文」一字，有若干特殊的用法。如孔子說孔文子「敏而好學，不恥下問，是以謂之文也」。又「公叔文子之臣，大夫僎，與文子同升諸公。子聞之曰：可以為文矣」。但最具體而切至的用法，則以禮樂為文的具體內容。如「周監於二代，郁郁乎文哉」，朱注：「言視其二代之禮而損益之」。「文不在茲乎」，朱注：「道之顯者謂之文，蓋禮樂制度之謂」。朱子的解釋，較《中庸》為落實而亦可相涵。「煥乎其有文章」，朱注：「文章，禮樂法度也」。法度實際可以包括在禮裡面，朱子在這種地方，實際是以禮樂釋「文」。尤其是「子路問成人，子曰：若臧武仲之知，公綽之不欲，卞莊子之勇，冉求之藝，文之以禮樂，亦可以為成人矣」的一段話，更分明以禮樂為文的具體內容。「文之以禮樂」的「文」作動詞用；「文之以禮樂」的結果，文便由動詞變而為名詞。因此，可以這樣的說，《論語》上已經有把禮樂的發展作為「文」的具體內容的用法。再看看《易．賁卦》的〈彖傳〉說「文明以止，人文也」，吳澂對文明的解釋是「文采著明」，約略與文飾之義相當；「止」是節制，文飾而有節制，使能得為行為、事物之中，本是禮的基本要求與內容；則所謂「文明以止」者，正指禮而言。古人常以禮概括樂，《易正義》謂：「言聖人觀察人文，則《詩》、《書》、禮、樂之謂」，《詩》、《書》、禮、樂，成為連結在一起的習慣語，實則此處應僅指禮樂，而禮樂亦可以包括《詩》、《書》。「觀乎人

> 文以化成天下」，實即是與禮樂以化成天下。〈賁．大象〉「山下有火，賁。君子以明庶政，無敢折獄」，即孔子之所謂「齊之以禮」，以與「齊之以刑」相對。因此，中國之所謂人文，乃指禮樂之教、禮樂之治而言，應從此一初義，逐步了解下去，乃為能得其實[91]。

在這則文字裡，他不但指出了「禮樂為文的具體內容」、「而禮樂亦可以包括《詩》、《書》」，更指明了「古人常以禮概括樂」，如此說來，這所謂的「文」，經過抽絲剝繭後，只剩下一個「禮」字而已。因此「博學於文」，就是要廣泛地去「學禮」（〈季氏〉）的意思。

這樣看來，「游於藝」，可以說成是「博學於文」或「博學於禮」，如此「學禮（理）」以「知禮（理）」（〈堯曰〉），便可以拿所學知之「禮」（理）來規範自己的行為，作到「克己復禮」，也就是「依於仁」的地步。所以朱熹注「游於藝」說：

> 藝則禮樂之文、射御書數之法，皆至理之所寓，而日用之不可闕者也。朝夕游焉，以博其義理之趣，則應務有餘，而心亦無所放矣[92]。

所謂「禮樂之文」，乃偏於理論面來說；「射御書數之法」，是偏於應用面來說；兩者看似各有所偏，但是「皆至理之所寓，而日用之不可闕」，也因而能藉以「博其義理之趣」。而此所謂「至理」、「義理」，若換個角度說，就是出於人情天理的「禮」。《左傳．昭公二十五年》載子產的話說：

夫禮，天之經也，地之義也，民之行也㊈。

又《荀子．樂論》也說：

禮也者，理之不可易者也㊉。

而《禮記．坊記》則說：

禮者，因人之情而為之節文㊊。

又《遼史．禮志一》更進一步說：

理自天設，情由人生㊋。

可見「理」即「禮」，而「博文」以「學禮」、「知禮」㊾，講得籠統一點，就是廣泛地學知天理人情，而記載這種「禮」（天理人情）之典籍，即「文」（《詩》、《書》等）。因此「游於藝」，等於是說「博文」（博學於文），亦即以禮、樂、射、御、書、數為範圍，從相關典籍中，廣泛地吸收並增進各種學問、技能，以「博其義理之趣」。朱熹說：

其所存主處，須是「依於仁」，自得於心，不可得而離矣。到游藝，猶言學文，雖事未甚要緊，然亦少不得。須知那箇先、那箇後，始得，亦所以助存其主也㊿。

他以為「游於藝」等於是「學文」，有兩點是值得注意的：一是著眼於記載「六藝」等學問、技能之典籍，以為「藝」猶「文」，這應該是不會有爭議的；一是著眼於「游」之事，以為「游」的活動為「學」；這雖然忽略了「游」的本身意義（博），難免有喧賓奪主之嫌，卻也強調了它是「學」的活動，而「學」是必須「博」的，兩者關係十分密切，若偏於「學」來說，即「學文」（〈學而〉）；若偏於「博」來說，就是「博我於文」（〈子罕〉）；若合起來說，即「博學於文」（〈雍也〉）；所以這種解釋應該也是沒有問題的。

由此看來，所謂「游於藝」，即「博學於文」之意，也就是要廣泛地學習「六藝」之「文」

（典籍），吸取各種學問、增進各種技能，以「博其義理之趣」。這可說是偏就「知（智）之德」向外發揮以成物的過程來說的。

六、「志道」、「據德」、「依仁」、「游藝」的關係

「志於道」、「據於德」、「依於仁」、「游於藝」四者，表面看似平列的關係，其實卻有本末先後之層次。其中「志於道」是目標，為「末」；「據於德」是依據，為「本」；而「依於仁」、「游於藝」二者，雖然照本章看來，是先「依仁」後「游藝」，亦即「先仁後知（智）」，這可說是循「由天而人」的順向來說的；但是換作「由人而天」的逆向來說，則先「游藝」後「依仁」，亦即「先知（智）後仁」，這可說是從「學」的次第來看的。這種關係可由下表呈現：

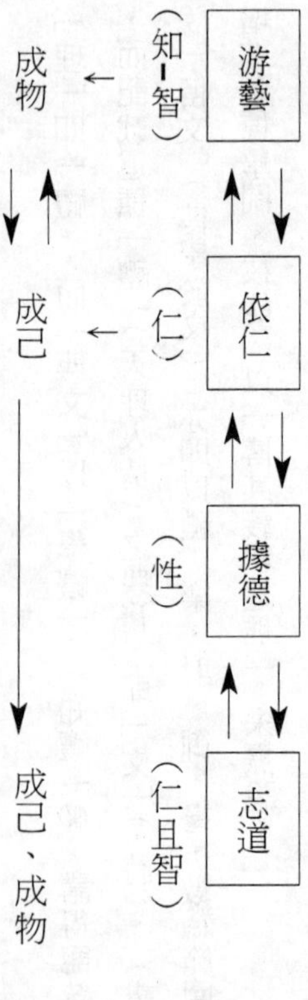

這個表，可藉由《禮記・中庸》如下的一章文字來說明：

> 自誠明，謂之性；自明誠，謂之教。誠則明矣，明則誠矣。

這裡所說的「誠」，即仁性之發揮，為「仁」；「明」是智性之發揮，為「知（智）」。而兩者是可經由互動而最後由偏而全地融合為一的。也就是說在「性」（天）與「教」（人）的相互作用下，「如果顯現了部分的仁（誠），就能連帶地顯現部分的智性（明）；同樣地，顯現了部分的智性（明），就能連帶地顯現部分的仁性（誠）。正由於這種相互的作用，有先後偏全之差異，故使人在盡性上也就有了兩條內外、天人銜接的路徑：一是由誠（仁性）而明（智性），這是就先天潛能的提發來說的；一是由明（智性）而誠（仁性），這是就後天修學的努力而言的。而這『天然』（性）與『人為』（教）的兩種作用，如一旦能內外銜接，凝合無間，則所謂『誠則明矣，明則誠矣』，必臻於亦誠亦明的至誠境界。到了此時，仁既必涵攝著智，足以成己，而智亦必本之於仁，足以成物了」[99]。

這種誠明思想，乃源自孔子的仁智觀。大體說來，孔子是主張「仁」與「知（智）」互動、循環而提升，以臻於「聖」之境界的[100]。要辨明這個問題，就得談到孔子相關的天人觀了。

眾所周知，《論語》一書中，談的大都是屬於人道的事理，很少直接論及天道，所以子貢說孔子之「言性與天道」，是「不可得而聞」（〈公冶長〉）的；不過，談人道一定要有天道之依據，因為天道與人道本來就是對應而循環的；因此從孔子或其弟子的一些言論中，依然可約略窺知這種對應而循環的天人關係。《論語・子罕》載：

顏淵喟然歎曰：「仰之彌高，鑽之彌堅。瞻之在前，忽焉在後。夫子循循然善誘人，博我以文，約我以禮，欲罷不能。既竭吾才，如有所立，卓爾。雖欲從之，末由也已。」

在這一章裡，最值得注意的，就是聖門教人之法：「博我以文，約我以禮」。對這兩句話，朱熹解釋說：

博文、約禮，教之序也。言夫子道雖高妙，而教人有序也。侯氏（仲良）曰：「博我以文，致知、格物也；約我以禮，克己復禮也。」⑩

所謂「致知、格物」，指的是「知（智）」之事，即「游藝」；而「克己復禮」，說的是「仁」，即「依仁」。由「致知、格物」（游藝）而「克己復禮」（依仁），循的正是「由知（智）而仁」（「由游藝而依仁」）的人為途徑，所以朱熹說是「教之序」，這和上述幾章所著眼的一樣，是就人為

（教）一面來說的。但是只有作「由知（智）而仁」（「由游藝而依仁」）的人為之教育努力，而不內接到天然的性能（性）上，以發揮「由仁而知（智）」（「由依仁而游藝」）之功能，是徒勞無功的。所以朱熹在《語錄》中說：

> 「博我以文，約我以禮」，聖人教人，只此兩事，須是互相發明。約禮底工夫深，則博文底工夫愈明；博文底工夫至，則約禮底工夫密[102]。

他所說的「約禮底工夫深，則博文底工夫愈明」，即「由仁而知（智）」（由依仁而游藝）的「性」（天然）之發用；而「博文底工夫至，則約禮底工夫密」，即「由知（智）而仁」（「由游藝而依仁」）的「教」（人為）之功能。如此互動、循環而提升，自然使人「欲罷不能」。而對此「欲罷不能」，朱熹作了如下說明：

> 「欲罷不能」，非止是約禮一節；博文一節處，亦是「欲罷不能」。博文了，又約禮；約禮了，又博文。恁地做去，所以「欲罷不能」[103]。

所謂「博文了，又約禮」，說的是「由知（智）而仁」（「由游藝而依仁」）的人為努力；所謂「約禮了，又博文」，說的則是「由仁而知（智）」（「由依仁而游藝」）的天然性能。「博文」與「約禮」所以能這樣相融互動，是「禮存於文中，不存於文外」的緣故，陳大齊說：

> 「約之以禮」的「之」字，應是上句中「文」字的代名詞。先有了文的博，而後用禮來約。先博後約，不能因此謂文與禮相牴觸。不有博的文，禮且無所施其約。有了博的文而不繼之以禮的約，則博且流於雜亂無章。相需相成，更不能謂為牴觸。孔子此一言論，實在不過表示了文之為未約以前的資料與禮之為既約以後的原則。禮存於文中，不存於文外，所以禮與文不是對立而不相容的[104]。

如此體會，確能深入此章義蘊。不過，謂「約禮了，又博文」，牽出了「由仁而知（智）」（「由依仁而游藝」）的性能，初看起來，似乎已超出孔子的思想範疇，但是這種天然性能之作用，卻可在《論語》中找到蛛絲馬跡。如〈學而〉記：

> 子曰：「弟子入則孝，出則弟，謹而信，汎愛眾而親仁，行有餘力，則以學文。」

對這章文旨，朱熹《集註》謂：

尹氏（焞）曰：「德行，本也；文藝，末也。窮其本末，知所先後，可以入德矣。」洪氏（興祖）曰：「未有餘力而學文，則文滅其質；有餘力而不學文，則質勝而野。」愚謂：「力行而不學文，則無以考聖賢之成法、識事理之當然，而所行或出於私意，非但失之於野而已。」[105]

所謂「德行」，指的是「仁」，為「本」、為「先」、為「質」；所謂「文藝」，指的是「知（智）」，為「末」、為「後」、為「文」。可見孔子這幾句話，說的是「先本（質）後末（文）」，亦即「由仁而知（智）」（「由依仁而游藝」）之事，乃是著眼於人天然之性能來說的，這對未學或學之效果未顯著前的一般「弟子」而言，特別顯得重要[106]。而這種「由仁而知（智）」（「由依仁而游藝」）之序，也可從〈憲問〉的一章文字裡看出：

子曰：「君子之道三，我無能焉：仁者不憂，知者不惑，勇者不懼。」子貢曰：「夫子自道也。」

孔子談「知（智）」、「仁」、「勇」三者，另見於〈子罕〉，而其序次卻由「知（智）」而「仁」

而「勇」，與此不同；這是因為它是著眼於人為教育一面來說的緣故，朱熹注「此學之序也」⑩，即是此意。而在此，則其次序改變為：由「仁」而「知（智）」而「勇」，這顯然是著眼於天然性能一面來說的。朱熹《集註》引尹氏（焞）云：

成德以仁為先，進學以知為先，故夫子之言，其序不同者，以此⑩。

孔子在這裡講先「成德」（仁）、後「進學」（知），雖然子貢說是「夫子自道」而提升至聖人層面而言，然而若降低層面來看，不就等於「行有餘力，則以學文」（「由仁而知（智）」、「由依仁而游藝」）嗎？又〈憲問〉云：

子曰：「有德者必有言，有言者不必有德。仁者必有勇，勇者不必有仁。」

勞思光釋此云：

此處「言」，是指思辯論議說，自是屬於「知」的範圍；所謂「有言」與「有德」之關係，實極表「知」與「仁」的關係；而下接兩句，則又明確表示「仁」與「勇」之關係；

故合而言之，本節所說，可當作孔子論「仁」與「知」即「勇」間之關係之資料看。然則，三者間是何關係？依此節則「有德」可決定「有言」，「有言」不能決定「有德」，此即表示「仁」必能生「知」，「知」則不必能立「仁」；下謂「仁者必有勇」，亦是如此解。換言之，「仁」可決定「知」、「勇」，而後二者則不能決定「仁」[109]。

值得注意的是，他由「有德必有言」這句話，推定「『仁』必能生『知』」的道理，這就表示了孔子之仁智說，在「由知（智）而仁」的人為努力外，又涵蓋了「由仁而知（智）」（「由依仁而游藝」）的天然性能。

因此，「由依仁而游藝」（自誠明）與「由游藝而依仁」（自明誠）可以兩相互動、循環而提升，這樣，自然能相應地增進「據德」（仁性、知性）的力量，日趨於所志之「道」，以成己、成物，而臻於聖人（仁且智）之理想境界。四者可說是有本有末、有先有後，整個連鎖在一起，形成一貫的。

七、結語

綜上所述，可知「志於道」，就是要人立志，以「仁且智」（仁義）之聖人境界為最高目標；「據於德」，是說「德」是所據以邁向目標的源頭力量，而這個源頭力量有二：即「仁之德」與「知（智）之德」，前者用於「成己」，後者用於「成物」。「依於仁」，是說不違仁道，是要做到「無終食之間違仁；造次必於是，顛沛必於是」（〈里仁〉）的地步，這可說是偏就「仁之德」向外發揮以「成己」的過程來說的。「游於藝」，即「博學於文」之意，也就是要廣泛地學習「六藝」之「文」（典籍），吸取各種學問、增進各種技能，以「博其義理之趣」。這可說是偏就「知（智）之德」向外發揮以成物的過程來說的。而四者之中，以「據德」為起點（本）、「志道」為終點（末）；而依仁、游藝二者，則彼此互動、循環而提升，形成螺旋之關係。因此四者是「本末兼該，內外交養」（朱注）的。

（原載《中國學術年刊》二十四期，二〇〇三年三月）

注釋

①見《十三經注疏》八《論語》（藝文印書館，一九六五年三版），頁六〇。

②見《四書集注・論語》（學海出版社，一九八四年九月初版），頁九六。

③同注①。

④見《四書譯注》（河洛圖書出版社，一九七八年十二月臺排印初版），頁三〇一。

⑤陳大齊：「道字原是多義的名言，即就孔子言論中所用的道字而論，亦屬如此，其意義甚不一致。得為中心概念的道，只是其中某一意義的道。」見《孔子學說》（正中書局，一九六三年仲夏），頁一〇五。

⑥陳大齊：「用作『道路』意義的道字，與中心概念的道無關，但後者卻由前者引伸而來。道路是行走所經由的，是導人到達某一目的地的。由此引伸，凡言行所經由以達於某一目標的，亦都稱之為道。」同注⑤，頁一〇六。

⑦同注⑤。

⑧同注②，頁一六六。

⑨同注②，頁一五五。

⑩陳大齊：「諸種不同的事實上的道，必待經過人們審慎而精確的衡量，選定其為應由的道，而後始成為價值上的道，始足為言行的準則。」同注⑤，頁一〇七。

⑪同注②，頁一六四。

⑫見《朱子語類》三（文津出版社，一九八六年十二月出版），頁一一六五。

⑬見錢穆《論語要略》（臺灣商務印書館，一九六五年臺一版），頁一一一。

⑭同注①，頁三六。

⑮同注⑬，頁一〇九。

⑯見《孔子學說》，同注⑤，頁一〇九。

⑰見勞思光《新編中國哲學史》第一卷（三民書局，一九八四年一月增訂初版），頁一三一～一三二。

⑱徐復觀：「孔子所說的仁，乃內在於每一個人的生命之內，所以仁的自覺，是非常現成的。他說：『……君子去仁，惡乎成名。君子無終食之間違仁；造次必於是，顛沛必於是』（〈里仁〉）按上面這一段話，包含兩種意思：一種意思是，仁不是特定的一事物，而係貫徹於每一事物，因而賦予該事物以意義與價值的精神。……另一種是，此精神乃內在於人的生命之中；否則也不可能頃刻不離。」見《中國人性論史・先秦篇》（臺灣商務印書館，一九七八年十月四版），頁九七。

⑲見《朱子語類》二，同注⑫，頁六四七。

⑳見《朱子語類》二，同注⑫，頁六四八。

㉑同注⑤，頁一七〇。

㉒同注②，頁七七。

㉓頁一七〇。

㉔同注⑤，頁一七一。

㉕同注⑰，頁一二〇。

㉖《禮記・中庸》：「自誠明，謂之性；自明誠，謂之教。誠則明矣，明則誠矣。」另參見拙作〈談儒家思想體系中的螺旋結構〉（臺灣師大《國文學報》二十九期，二〇〇〇年六月），頁一～三四。

㉗孔疏：「或勉強而行之，或畏懼罪惡，勉力自強而行之。」見《十三經注疏》五《禮記》，同注①，頁八八八。

㉘王陽明：「若論聖人大中至正之道，徹上徹下，只是一貫，更有甚上一截、下一截！『一陰一陽之謂道』，但『仁者見之便謂之仁，智者見之便謂之智，百姓日用而不知，故君子之道鮮矣。』仁、智豈可不謂之道？但見得偏了，便有弊病。」見《王陽明全集》上（上海古籍出版社，一九九七年八月一版三刷），頁一八。

㉙由正確的「知」（知識），即「正知」，真積力久，就可提煉出「智」（智慧）來，從根源上辨別是非、真偽，而掌握真正的「義」。朱子注〈中庸〉「義者，宜也」說：「分別事理，各有所宜」，要作到這一點，就得靠這種「智」（智慧）。參見拙作〈談《論語》中的「義」〉（教育部《高中教育》六期，一九九九年六月），頁四四～四九。

㉚牟宗三：「孔子提出『仁』為道德人格發展的最高境界。至孟子，便直說：『仁且智，聖也』。仁智並

舉，並不始自孟子，孔子即以仁智對顯。如仁者安仁、智者利仁，仁者樂山、智者樂水，智者動、仁者靜等等，便是仁智對顯，而以仁為主。……孔子以仁為主，以『仁者』為最高境界。此時仁的意義最廣大，智當然藏於仁之中，一切德亦藏於其中。孟子仁義禮智並舉，這是說我們的心性。說『仁且智，聖也』，實亦賅括義與禮。這是自表現我們的心性說。並舉仁與智，就是為了特注重智對仁的扶持作用。這樣說時，仁的含義不得不收窄一點。仁與智並講，顯出仁智的雙成。」見《中國哲學的特質》（臺灣學生書局，一九七六年十月四版），頁二五～二六。

㉛《孟子‧公孫丑上》：「昔者，子貢問於孔子曰：『夫子聖矣乎？』孔子曰：『聖，則吾不能。我學不厭，而教不倦也。』子貢曰：『學不厭，智也；教不倦，仁也。仁且智，夫子既聖矣！』」

㉜《詩‧邶風‧柏舟》：「亦有兄弟，不可以據。」注：「據，依。」見朱熹《詩經集註》（群玉堂出版公司，一九九一年十月初版），頁一三。

㉝同注②，頁七六。

㉞見錢穆《論語新解》（東大圖書公司，一九八八年四月），頁一二六。

㉟同注②，頁一六〇。

㊱見趙順孫《四書纂疏‧論語》（文史哲出版社，一九八六年十月再版），頁一四七三。

㊲同注㉚。而方東美亦云：「子貢在孔子的門弟子中號稱有才幹的人，但是他就說『夫子之言性與天道，不可得而聞』。而孔子談性與天道的微言大意，正是在《周易》、三《禮》發揮得淋漓透徹！子貢即使聽

了孔子談性與天道，等於沒有聽，而且不了解！」見《方東美先生演講集》（黎明文化公司，一九八〇年十月版），頁一六七。

㊳唐君毅：「就孔子之已明言者上看，仍無孔子言性善之確證，而謂孔子亦言性善，乃就其言引伸以說。至就孔子之明將『性相近』與『習相遠』對舉之旨以觀，則其所重者，蓋不在克就人性之自身而論其為何，而要在舉『習相遠』為對照，以言人性雖相近，而由其學習之所成者，則相距懸殊。」見《中國哲學原論．原性篇》（新亞書院研究所，一九六八年二月出版），頁一三。

㊴同注②，頁一七三。

㊵見《心體與性體》第一冊（正中書局，一九七九年十二月臺三版），頁二一七。

㊶見《老子校釋》（北京中華書局，一九八四年十一月初版），頁一九四～一九五。

㊷同注⑤，頁一一一～一一二。

㊸同注㉚，頁二五。又夏乃儒：「孔子是圍繞著以『知』求『仁』，『仁』、『知』統一這個中心，建立起他的認識理論的。」見《中國哲學三百題》（上海古籍出版社，一九八八年九月一版一刷），頁一六一。

㊹見趙杏根《論語新解》（安徽大學出版社，一九九九年十二月一版一刷），頁五八。

㊺同注②，頁七四。

㊻同注②，頁九二。

㊼同注⑫，頁八一九。《四書纂疏．論語》亦引蔡氏：「知者，以事上言，仁者，以心言。蓋務民義、敬

鬼神，是就事上說；先難後獲，是就心上說。仁字較近裡，知字較近外。」同注㊱，頁九一三～九一四。

㊽同注②，頁九二～九三。

㊾同注⑫，頁八二三。

㊿同注⑫，頁一〇九五。

(51)同注②，頁一三九。

(52)依朱熹《大學章句》，下併同。

(53)見《四書集注．大學》，同注②，頁五。朱熹又云：「自人受之，喚作『明德』；自天言之，喚作『明命』。」見《朱子語類》二，同注⑫，頁三一五。

(54)見《四書纂疏．大學》，同注㊱，頁九三。

(55)見《朱子語類》一，同注⑫，頁二六〇。

(56)見《四書集注．大學》，同注②，頁三。

(57)以上兩節文字，均見《四書纂疏．大學》，同注㊱，頁四〇。

(58)由此可見「仁」和「知」（智），同是「性之德」，乃「吾性之固有」（見朱注），而「誠」則是「人性的全體顯露，即是仁與知的全體顯露」（見《中國人性論史》，頁一五六），是足以成已、成物的。而《中庸》第二十一章又說：「自誠明，謂之性；自明誠，謂之教。誠則明矣，明則誠矣。」據知統之於「至誠」

的仁與知（智），是可經由互動、循環、提升的作用，而最後融合為一的。見拙著《中庸思想研究》（文津出版社，一九八九年四月再版），頁一〇九。

(59)同注②，頁九六。

(60)同注④，頁二二八。

(61)同注②，頁九二。

(62)同注②，頁一三一。

(63)勞思光：「此專說『仁』與『禮』的關係。何以謂『克己復禮為仁』？蓋克己即去私，復禮即循理。此處所以不言『義』者，因『義』與『禮』在理論上雖屬層次不同之觀念，但就實踐說，則能不隨私欲而歸於禮時，人即循理而行，亦即依一『求正當』之意志方向而活動。如此實踐，即返顯仁心。此節原就實踐說，故以下復以視聽言動之守禮，以指點實踐程序（即『目』）。」同注⑰，頁一二二。

(64)朱注引程頤〈視箴〉：「制之於外，以安其內，克己復禮，久而誠矣。」同注②，頁一三二。又趙杏根：「人戰勝自己的私欲，使自己的思想言行合於禮有關己所任社會角色之規定，此人便具仁心仁行，既久而成仁德。」見《論語新解》，同注㊹，頁二一三。

(65)同注①，頁一〇九。

(66)同注②，頁一三二～一三三。

(67)同注㊹，頁二一四。

⑱同注②，頁一三三。
⑲同注㊹，頁二二八。
⑳同注⑫，頁二一〇七。
㉑見《朱子語類》四，同注⑫，頁一一八三。
㉒同注⑤，頁一一四。
㉓同注①，頁四二。
㉔同注㉞，頁一五五。
㉕同注㊹，頁八〇。
㉖同注②，頁八〇。
㉗見《朱子語類》二，同注⑫，頁七三三。
㉘同注㉞，頁四八八。
㉙見《馮友蘭選集》上卷（北京大學出版社，二〇〇〇年七月一版一刷），頁五五。
㉚同注⑤，頁一一八。
㉛同注①。
㉜同注①。
㉝同注②，頁九六。

(84)同注㉘，頁一〇〇。

(85)同注⑫，頁八六八。

(86)同注①。

(87)同注①。

(88)見《論語正義》（臺灣商務印書館，一九六八年三月臺一版）卷八，頁四八。

(89)見《史記會注考證》（萬卷樓圖書公司，一九九三年八月），頁七六〇。

(90)陳大齊：「孔子設教，既未能證實其有科系的劃分，故其所用以教其弟子的教材，當無不同。《史記・孔子世家》謂『孔子以《詩》、《書》、禮、樂教弟子』，徵諸《論語》，其說甚是。至於《詩》、《書》、禮、樂四者以外，是否亦以《易》為教材，則不無問題。『子曰：興於《詩》，立於禮，成於樂。』（〈泰伯〉）『子所雅言：《詩》、《書》、執禮，皆雅言也。』（〈述而〉）上引第一則，初說『興於詩』，終說『成於樂』，故後世注家都釋此章為孔子垂示修身為學的次第。既為修身為學的次第，必依以教其弟子，故《詩》、禮、樂三者之為教材，當無足疑。第二則雖未明言其為與修身為學有關，但《詩》、《書》、禮三者既為孔子所常言，亦必常以告語其弟子，故此三者，亦可推定其為教材。第一則只舉了《詩》、禮與樂，未舉及《書》，第二則只舉了《詩》、《書》與禮，未舉及樂，合而言之，適於《史記》所說的《詩》、《書》、禮、樂四事。此下試分述孔子教人學《詩》、學禮等情形，以見此四者之確為孔門的教材。」同注⑤，頁二九四～二九五。

(91)見徐復觀《中國思想史論集》（臺灣學生書局，一九七五年五月四版），頁二三六。

(92)同注②，頁九六。

(93)見楊伯峻《春秋左傳注》（下）（源流出版社，一九八二年四月再版），頁一四五七。

(94)見《新編諸子集成》二《荀子集解》（世界書局，一九七八年七月新三版），頁二五五。

(95)見《十三經注疏》五《禮記》（藝文印書館，一九六五年三版），頁四一四。

(96)見《遼史》一（鼎文書局，一九七五年十月初版），頁八三三。

(97)《論語・季氏》：「不學禮，無以立。」又〈堯曰〉：「不知禮，無以立。」

(98)同注⑫，頁八六九。

(99)見拙著《中庸思想研究》（文津出版社，一九八〇年三月初版），頁一〇九。

(100)同注㉚。又見夏乃儒《中國哲學三百題》，同注㊸。

(101)同注②，頁一一一。

(102)同注⑫，頁九六三。

(103)同注⑫，頁九六六。

(104)同注⑤，頁一六二。

(105)同注②，頁五七。

(106)參見拙作〈孔子的仁智觀〉（《國文天地》十二卷四期，一九九六年九月），頁八～一五。

107 朱熹：「明足以燭理，故不惑；理足以勝私，故不憂；氣足以配道義，故不懼；此學之序也。」同注②，頁一一五。

108 同注②，頁一五五。

109 同注⑰，頁一四八。

《孟子》義利之辨與《論語》、《大學》

——從義理的邏輯結構切入

一、前言

孟子對「義」與「利」之取捨，辨得十分清楚，影響既深且遠，而歷代的學者對此也探討得異常精詳，實在已沒有再予置喙之餘地。不過，孟子這種義利之辨，上承《論語》、下起《大學》，是留有一些空間來談它們的關係的。本文即著眼於此，鎖定重要而有代表性之文本，從其義理之邏輯結構①切入，並各附以結構分析表，先概介「《孟子》的義利之辨」，再辨明「《孟子》義利之辨與《論語》」，然後探析「《孟子》義利之辨與《大學》」，以見《孟子》義利之辨與《論語》、《大學》間的血緣關係。

二、《孟子》的義利之辨

《孟子》義利之辨，主要見於〈梁惠王〉上的一段話：

> 孟子見梁惠王，王曰：「叟！不遠千里而來，亦將有以利吾國乎？」孟子對曰：「王！何必曰利？亦有仁義而已矣。王曰：『何以利吾國？』大夫曰：『何以利吾家？』士庶人曰：『何以利吾身？』上下交征利而國危矣。萬乘之國，弒其君者，必千乘之家；千乘之國，弒其君者，必百乘之家。萬取千焉，千取百焉，不為不多矣。苟為後義而先利，不奪不饜。未有仁而遺其親者也，未有義而後其君者也。王亦曰仁義而已矣，何必曰利？」

此則文字，如從其義理的邏輯層次切入，可用如下結構表加以呈現：

- 問：「孟子見」五句
- 答
  - 點：「孟子對曰」
  - 染
    - 果（正）：「王何必」二句
    - 因
      - 反
        - 目（因）：「王曰」六句
        - 凡：「上下交征利」句
        - 目（果）
          - 因：「萬乘」九句
          - 果：「苟為」二句
      - 正：「未有」二句
    - 果（正）：「王亦曰」二句

作者在此，先以梁惠王之問帶出孟子之答，而孟子之答乃是本則文字的主體所在。這個主體，除了在形式上用「先點後染」之結構②加以統合外，主要是用「果、因、果」來形成其義理之核心結構。其中頭一個「果」，孟子用以提出論點，希望梁惠王能以「仁義」代「利」來治國。而「因」的部分，則用以提出論據，採「先反後正」之結構，先從反面，將「王」、「大夫」、「士庶人」與「萬乘」、「千乘」、「百乘」兩相對應，分三層聚焦於「上下交征利而國危矣」一句話來說明；然後轉入正面，以「未有仁而遺其親者也，未有義而後其君者也」兩句，指出用「仁義」

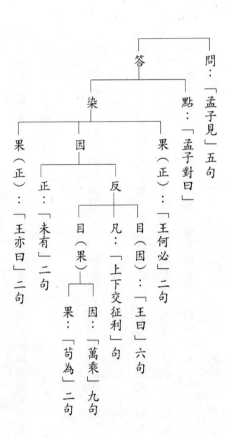

代「利」之好處，就在於人人「不遺其親」、「不後其君」，使得國治而民安。有了這正面之兩句作橋梁，便很自然地帶出後一個「果」來，以回應頭一個「果」，圓滿作收。

由這種義理的邏輯結構看來，孟子所以說「亦有仁義而已矣，何必曰利」（正），是因為看到了當時「上下交征利而國危矣」（反）的一些通例。這種道理，是最適合用因果或正反的章法來呈現其層次邏輯的。也正因為如此，孟子在此，僅涉及「義」與「利」的因果或正反關係，而未明白談到其公私或本末、先後的問題，以致引起後人的一些猜測。馮友蘭就說：

> 孟子雖主張義，反對利，然對於義利之辨，未有詳細說明，亦未將公利私利分開辯論，故頗受後人之駁詰③。

這種「駁詰」雖有，卻多的是為孟子作了一些補充的說明。如朱熹注云：

> 此章言仁義根於人心之固，有天理之公也；利心生於物我之相形，人欲之私也。循天理則不求利，而自無不利；徇人欲則求利未得，而害已隨之，所謂毫釐之差、千里之謬。此孟子之書所以造端託始之深意，學者所精察而明辨也。

又引程頤云：

> 君子未嘗不欲利，但專以利為心，則有害。惟仁義則不求利，而未嘗不利也。當是之時，天下之人唯利是求，而不復知有仁義，故孟子言仁義，而不言利，所以拔本塞源而救其弊，此聖賢之心也④。

很顯然地，朱熹特從「公」（天理）與「私」（人欲）來看待「義」與「利」，而程子則又涉及「仁義則不求利，而未嘗不利」的觀點，與「唯利是求，而不復知有仁義」的時弊，以闡明孟子所以如此說的原因。又如勞思光也扣緊「公私」來辨「義利」，他說：

> 人之為不善，全由溺於物、蔽於私而起。故亦可以「義利」之對別說。……義即理，有普遍性；利則只有特殊性。特殊性不能作為價值規範之基礎；循利而行，必見爭攘。故出一「奪」字。循利必生奪，以利必為私故也。義利之辨亦即公私之別⑤。

如此以「普遍性」、「特殊性」來區分「公義」、「私利」，的確能分辨得很清楚。而錢穆則引《孟子・盡心上》的另一章文字擴充解釋說：

孟子曰：「雞鳴而起，孳孳為善者，舜之徒也。雞鳴而起，孳孳為利者，蹠之徒也。欲知舜與蹠之分，無他，利與善之間也。」程子曰：「利與善，公私而已矣。」今按：即以孟子之言釋之，則口之於味，目之於色，耳之於聲，鼻之於臭，四肢之於安逸，皆利也；仁之於父子，義之於君臣，禮之於賓主，智之於賢者，聖人之於天道，皆善也。利者，發乎吾之欲，其營謀極乎我之身，其道將奪之人以益之己者也；善者，發乎吾之情，其是越乎我之體，其道將竭之己以獻之人者也。故程子以公私為判也⑥。

他雖然沒有明說是在辨「義利」，但所謂「善」，即「義」或「仁義」。而「善」與「利」，既然說是「以公私為判」，說的不就是「義」（仁義）與「利」嗎？可見《孟子》「口味」（〈告子上〉）與「雞鳴」（盡心上）兩章之義理，是可和「孟子見梁惠王」一章互相發明的。因此，王開府也引「雞鳴」章說：

孟子說：「周於利者，凶年不能殺；周於德者，邪世不能亂。」（〈盡心下〉）可見孟子認為「利」和「德」都是必需的，他並非反對一切利。他所反對的是不顧仁義，而唯利是圖。所以說「雞鳴而起……」孟子於七篇的第一章，就開宗明義地明辨義利，所謂「王何必曰利？亦有仁義而已矣」，這句話真是暮鼓晨鐘，震聾發聵，不僅是對戰國的亂世而發，也是對一切世代而發。凡言利，終究以私利為先。「王曰：『何以利吾國？』大夫曰：『何以利吾家？』士庶人曰：『何以利吾身？』」其結果沒有不「上下交征利，而國危矣」。如此一來，又有何真正的利可得？凡行仁義，則必不「遺其親」、「後其君」，乃真正有利於吾身、吾家、吾國。所以不言利而利自在其中⑦。

所謂「不言利而利自在其中」，說的就是程頤「仁義則不求利，而未嘗不利」、朱熹「循天理則不求利，而自無不利」的意思，這就涉及「義先利後」、「義本利末」的問題。實在說來，若單單從《孟子》「孟子見梁惠王」章的邏輯結構來看，是看不出這種「義利」的本末、先後之關係來的。

三、《孟子》義利之辨與《論語》

《論語》中談「義」者有十幾章、談「利」者有數章，而將「義」與「利」對舉者，則很少，只見於如下兩章：

子曰：「君子喻於義，小人喻於利。」〈里仁〉

（子）曰：「今之成人者何必然？見利思義，見危授命，久要不忘乎平生之言，亦可以為成人矣。」〈憲問〉

對於〈里仁〉一章，朱熹注云：

義者，天理之所宜。利者，人情之所欲。程子（頤）曰：「君子之於義，猶小人之於利也。唯其深喻，是以篤好。」楊氏（時）曰：「君子有舍生而取義者，以利言之，則人之所欲無甚於生，所惡無甚於死，孰肯舍生而取義哉？其所喻者義而已，不知利之為利故也，小人反是。」⑧

這就是說：君子所知所好者為「天理之所宜」、小人所知所好者為「人情之所欲」，因此君子肯「舍生而取義」，小人卻不肯。而「天理之所宜」與「人情之所欲」，是帶有一公一私或一正一反的關係的，可藉此畫成如下結構表，以呈現其邏輯層次：

點：「子曰」
染
- 公（正）：「君子喻於義」
- 私（反）：「小人喻於利」

如此看待這一章，雖單純，卻應是最合孔子之原意的。而由此引伸開來，便有一些不同的體會，如董仲舒即云：

> 明明求仁義，常恐不能化民成俗者，卿大夫之意也；明明求財利，常恐困乏者，庶人之事也⑨。

這顯然是以「位」說，如果這樣，則《論語》此章所形成的是「先貴後賤」之邏輯結構。又如《朱子語類》載：

> 問：「『君子喻於義』。義者，天理之所宜，凡事只看道理之所宜為，不顧己私。利者，人情之所欲得，凡事只在私意，但取其便於己則為之，不復顧道理如何？」曰：「義利也未消說得如此重。義利猶頭尾然。義者，宜也。君子見得這事合當如此，卻那事合當如彼，

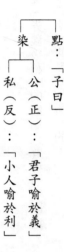

但裁處其宜而為之，則何不利之有？君子只理會義，下一截利處更不理會。小人只理會下一截利，更不理會上一截義。」⑩

所謂「義利猶頭尾然」，所謂「上一截義」、「下一截利」，就是把「義」與「利」看作「頭」與「尾」、「上」與「下」的關係。如此則《論語》此章所形成的是「先上（頭）後下（尾）」之邏輯結構。本來，「頭」與「尾」、「上」與「下」，是一體的，不是截然分開的，但由朱熹的說明看來，卻沒有「頭」與「尾」、「上」與「下」兩兩互通而貫串之意；因此和「本」與「末」或「先」與「後」的邏輯層次是有所不同的。再如趙杏根解釋《論語》此章云：

「君子喻於義」，故勸說君子，當以義喻之，強調義當如此，方能成功。當然，君子亦不能如《淮南子》卷十〈謬稱訓〉所云「思義而不慮利」，然定是以義為先，以義為重，利不能悖於義。……至於勸說小人，當喻之以利，據具體情況剖析其義而導之以義，則可望成功⑪。

他從「先義後利」的觀點來解釋，明顯地，這就涉及了「義本利末」的邏輯思維。這種思維，就像王陽明《傳習錄》所載的：

問：「聲、色、貨、利，恐良知亦不能無。」先生曰：「固然。但初學用功，卻須掃除蕩滌，勿使留積，則適然來遇，始不為累，自然順而應之。良知只在聲、色、貨、利上用功，能致得良知，精精明明，毫髮無蔽，則聲、色、貨、利之交，無非天則流行矣。」⑫

陽明所認為的「良知」，是「義」的源頭，能先「致得良知」，掌握得了「義」，然後「聲、色、貨、利之交」，才能「無非天則流行」，這表示的就是「義本利末」、「義先利後」的道理。如此則《論語》此章所形成的是「先本（先）後末（後）」之邏輯結構。

對於〈憲問〉章之「見利思義」一句，鄭玄注云：

馬（融）曰：「義然後取，不苟得。」⑬

所謂「義然後取」，語出《論語》「見利思義」章之下一章；「不苟得」，語本《禮記・曲禮上》「臨財毋苟得」；從詞面上即凸顯了「先義後利」之義理邏輯。而孔子之所以說「見利思義」，乃「退後說」⑭、「降格言之」⑮，這可從如下的全章義理結構表中探出：

- 問：「子路問成人」
- 答
  - 昔（全）
    - 點：「子曰」
    - 染
      - 偏一：「若臧武仲」四句
      - 全一：「文之」二句
  - 今（偏）
    - 點：「曰」
    - 染
      - 凡（全二）：「今之成人者何必然」
      - 目（偏二）
        - 一：「見利思義」
        - 二：「見危授命」
        - 三：「久要不忘」句
      - 凡（全二）：「亦可以為成人矣」

在此，所謂「全」指古代理想中的「成人」、「偏」指現代「降格言之」（退後說）的「成人」；所謂「全一」對應於「全」來說、「偏一」指「全一」中的一偏之德（智、廉、勇、藝）；所謂「全二」對應於「偏」（降格）來說、「偏二」指「偏」（降格）亦即「全二」中的一偏之德（廉、勇、信）。其中「偏一」中的「廉」，以「不欲」為說；「偏二」中的「廉」，以「見利思義」為說，若僅著眼於「廉」來看，則「不欲」之「廉」為「全」，是說不會有獲得私利的欲望，可

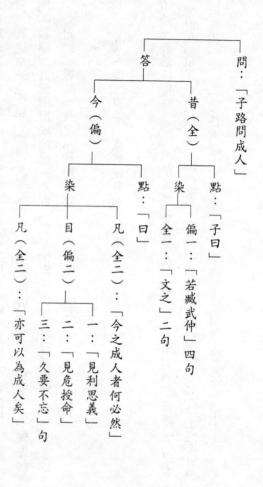

以視為「本」；而「見利思義」之「廉」為「偏」，是說見到了私利要考慮是否合於公義，可以視為「末」。如此看來，「見利思義」對「不欲」而言，的確是「降格」（退後）了。

除了上述兩章之外，還有一些篇章是涉及「義」與「利」的。其中最重要的，莫過於〈里仁〉的這一章：

> 子曰：「富與貴是人之所欲也，不以其道得之，不處也；貧與賤是人之所惡也，不以其道得之，不去也。君子去仁，惡乎成名！君子無終食之間違仁，造次必於是，顛沛必於是。」

朱熹注此云：

> 不以其道得之，謂不當得而得之。然於富貴則不處，於貧賤則不去，君子之審富貴而安貧賤也如此。……言君子所以為君子，以其仁也。若貪富貴而厭貧賤，則是自離其仁，而無君子之實矣，何所成其名乎？……蓋君子之不去乎仁如此，不但富貴、貧賤取舍之間而已也。言君子為仁，自富貴、貧賤、取舍之間，以至於終食、造次、顛沛之頃，無時無處而不用其力也。然取舍之分明，然後存養之功密；存養之功密，則其取舍之分益明矣[16]。

要「富貴、貧賤」之間「取舍之分明」，就是須以「道」（「仁」）⑰為依歸。亦即合於「道」（「仁」）則「取」，不合於「道」（「仁」）則「舍」（捨）；此即「臨財毋苟取」、「臨難毋苟免」之意。楊伯峻為此章作〈餘論〉說：

> 這裡告訴人們面臨富貴不要苟取，面臨窮困不要苟避。以仁居心，唯義是適。這也是孔子的「仁」的思想的一個方面⑱。

所謂「以仁居心，唯義是適」，就是一切以「道」（「仁」）為依歸、合於「道」（「仁」）則「取」，不合於「道」（「仁」）則「舍」（捨）的意思。而「仁」可說是「義」的根本。朱子注「君子喻於義」時說：「義者，天理之所宜」，是因為唯有深喻「天理之所宜」，才能使所作之事合乎「仁」的要求，所以陳大齊加以闡釋說：

> 君子所應喻而不忽的，只是義，故所持以應付一切的，亦必是義。君子所持以成事的，既必是義，而所成的事，又只是仁。合而言之，義所成的，只是仁，不是仁以外的事情。所以義是不能有離於仁的⑲。

可見君子居於「富貴、貧賤取舍之間」，必須「以仁居心，唯義是適」，這在義理邏輯上，就涉及了「本末」、「先後」之層次。據此則其結構表可呈現如下：

- 點：「子曰」
- 染
  - 目
    - 正（富貴）
      - 末（後）：「富與貴」二句
      - 本（先）：「不以其道」二句
    - 反（貧賤）
      - 末（後）：「貧與賤」二句
      - 本（先）：「不以其道」二句
  - 凡
    - 因：「君子去仁」二句
    - 果：「君子無終食」三句

這章文字，雖然將「富與貴」、「貧與賤」作成對比，卻以「道」（仁義）來「一以貫之」，其中「富與貴」與「貧與賤」為「末」（後）、「道」（仁義）為「本」（先）。這樣用「本末」（先後）形成其義理的邏輯結構，將「臨財毋苟取」、「臨難毋苟免」的意思，表達得很深入。

從上引《論語》的三章文字裡，可發現他們主要是以「公」（正）與「私」（反）、「本」（先）

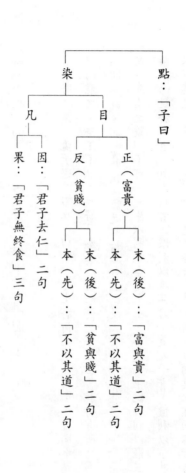

與「末」（後）的邏輯結構，來說明「義」與「利」的。這和《孟子》「孟子見梁惠王」章用「因果」或「正反」關係，來呈現其義理結構，而未直接涉及其「公私」或「本末」、「先後」層次的，顯然有所不同。也就是說：《孟子》承《論語》之說，以辨「義」與「利」，卻從另外角度切入，來看待「義」與「利」，進一步地由孔子之「罕言利」（〈子罕〉）而「不言利」，這是有著時代因素的。因為孟子時，各國皆以富國強兵為利，若以「利」為號召，則都「懷利以相接」，終至獲得「不利」的後果。《孟子・告子下》有段記載：

宋牼將之楚，孟子遇於石丘，曰：「先生將何之？」曰：「吾聞秦楚搆兵，我將見楚王，說而罷之。楚王不悅，我將見秦王，說而罷之。二王，我將有所遇焉。」曰：「軻也，請無問其詳，願聞其指。說之將何如？」曰：「我將言其不利也。」曰：「先生之志則大矣，先生之號則不可。先生以利說秦楚之王，秦楚之王悅於利以罷三軍之師，是三軍之士樂罷而悅於利也。為人臣者，懷利以事其君；為人子者，懷利以事其父；為人弟者，懷利以事其兄；是君臣、父子、兄弟終去仁義，懷利以相接。然而不亡者，未之有也。先生以仁義說秦楚之王，秦楚之王悅於仁義以罷三軍之師，是三軍之士樂罷而悅於仁義也。為人臣者，懷仁義以事其君；為人子者，懷仁義以事其父；為人弟者，懷仁義以事其兄；是君臣、父子、兄弟去利，懷仁義以相接也。然而不王者，未之有也。何必曰利？」

本來設法讓秦楚罷兵，是件好事，因為「爭地以戰，殺人盈野；爭城以戰，殺人盈城」（《孟子・離婁上》），這是孟子所最不願見到的，而孟子在此卻不滿宋牼去見秦楚之王「說而罷之」，乃由於「牼之以利害計較為前提」[20]、「以『言其不利』為號召」[21]的緣故。

這樣看來，《孟子》雖承《論語》之說，以辨「義」與「利」，卻從另外角度切入，來看待「義」與「利」，進一步地由孔子之「罕言利」（〈子罕〉）而「不言利」，確是有著時代因素的。

四、《孟子》義利之辨與《大學》

《大學》在〈傳〉之十章（依朱熹《大學章句》），採「先凡後目」之結構，論治國平天下的道理。所謂「凡」，指的是「絜矩之道」（恕道）；所謂「目」，指的是「臨民」、「用人」、「生財」等事[22]，而以「絜矩之道」（恕道，亦即「德」）前後加以貫串，並且與其他章節互相呼應[23]。其中論到「生財」的有兩節，其一是：

> 有德此有人，有人此有土，有土此有財，有財此有用。德者，本也；財者，末也，外本內

末，爭民施奪。故財聚則民散，財散則民聚。是故言悖而出者，亦悖而入；貨悖而入者，亦悖而出。

這段文字論的是「因財貨以明能絜矩與不能者之得失」㉔。作者在這裡，一開始雖用層遞的技巧，平提了「德」、「人」、「土」、「財」與「用」，後來卻專力側注於「德」與「財」、「用」之上，指出「有國者」須務本而節用，內德而外財，以使「府庫之財無悖出之患」㉕，說的無非是「德者本也，財者末也」的道理，以見「絜矩之道」的重要。陳槃釋此云：

這一段說：道德是本，財富是末。倘使以本為外，以末為內，就是本末倒置，輕道德而重財富，這就是和民眾爭利而出之以劫掠的作法了。當然，這結果是很壞的，所以在上的好聚斂財富，那民眾就離散了；反之，財富散在民間，而民眾就歸附了。所以凡事情不合理而出的，必然不合理而入。就是我以不合理待人，人必然也以不合理報復我。拿貨利來說，財貨從不合理收聚得來的，必然也不合理散出去。民眾毒恨在上的人橫征苛斂，一旦作亂，把人君的財貨搶奪了去，這就叫不合理的出去，就是所謂悖出了㉖。

據此則其義理結構，可表示如下表：

- 平提
  - 先：「有德」二句
  - 後：「有土」二句
- 側注
  - 因
    - 正
      - 本：「德者本也」
      - 末：「財者末也」
    - 反：「外本內末」二句
  - 果
    - 平提（正、反）
      - 正：「是故財聚」句
      - 反：「財散」句
    - 側注（反）：「是故言悖」四句

就義理邏輯而言，值得注意的是：《大學》之作者在此，即直接而明白地指出「德」（「絜矩之道」）與「財」（「用」）為「本」與「末」、「內」與「外」的關係，而且用「一正一反」的邏輯結構，加以闡釋。認為如果錯亂了這種關係，「以德為外（末），以財為內（本）」，則是「爭鬥其民，而施之以劫奪之教」，這是因為「財者，人之所同欲，不能絜矩而欲奪之，則民亦起而爭鬥」㉗啊！可見這段文字，主要以「本末」、「內外」來看待「義」（德）與「利」，與《孟子》以「公私（正反）」看待的，有所不同。

其二是：

> 生財有大道，生之者眾，食之者寡，為之者疾，用之者舒，則財恆足矣。仁者以財發身，不仁者以身發財。未有上好仁而下不好義者也，未有好義而其事不終者也，未有府庫而財非其財者也。孟獻子曰：「畜馬乘不察於雞豚，伐冰之家不畜牛羊，百乘之家不畜聚斂之臣，與其有聚斂之臣，寧有盜臣。」此謂國不以利為利，以義為利也。

這則文字，是承上則「德本財末」之意來闡發的。朱熹在「財恆足矣」句下注云：

> 呂氏（大臨）曰：「國無遊民，則生者眾矣；朝無幸位，則食者寡矣；不奪農時，則為之疾矣；量入為出，則用之舒矣。」愚按：此因有土有財而言，以明足國之道在乎務本而節用，非必外本內末而後財可聚也。自此以至終篇，皆一意也㉘。

他用「務本節用」（正）、「外本內末」（反）之邏輯條理，很能凸顯「德」（義）與「財」（利）的關係。而且從「德行」一面來看，由上則之「德」而說「仁」而說「義」，稱名雖異，而指向卻一致。因此行「絜己之道」，說的也就是求「義」或求「仁義」。所謂「強恕（絜己之道）而行，求仁（義）莫近焉」（《孟子・盡心上》），說的就是這個意思。

這樣看來，此則文字之義理結構，經過梳理，可由下表加以呈現：

- 因
  - 目一（利）
    - 點：「生財」句
    - 染
      - 先：「生之者眾」四句
      - 後：「則財用足矣」
  - 凡（義與利）
    - 正：「仁者以財發身」
    - 反：「不仁者以身發財」
    - 正：「未有上好仁」三句
  - 目二（義）
    - 點：「孟獻子曰」
    - 染
      - 因：「畜馬乘」三句
      - 果：「與其有」二句
- 果
  - 反：「此謂國不以利為利」
  - 正：「以義為利也」

可見這段文字，是由「先因後果」的結構組織而成。其中的「因」，主要是為「果」（「以義為利」）提供足夠之論據，乃由「目、凡、目」之結構所組成。在此，《大學》的作者以兩個「目」（目

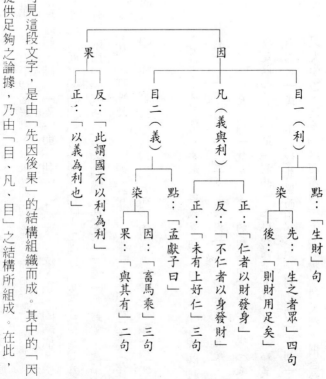

一、目二），一就「利」（財），說明「生財」（公利）之重大原理；一就「義」，引孟獻子之言，說明主政者不搜括民財，以求私利的德行；而用「凡」的部分，循「德（義）本財（利）末」的義理邏輯，結合「義」與「利」，採「正、反、正」的結構，突出「德本財末」亦即「義本利末」的道理，而這所謂的「財」或「利」，也僅以「國」為對象，著眼於「公」來說。至於「果」的部分，則用「先反後正」的結構，依然以「國」為對象，得出「以義為利」的結論。這所謂的「以義為利」，應涉及「公」與「私」、「本」（先）與「末」（後）的邏輯層次：就「公」與「私」而言，如「利」屬於「公利」（大利）的話，是合於「義」的，觀於此點，王開府說：

> 《大學》反對橫征暴斂，與民爭利，而主張「國不以利為利，以義為利也」。「以義為利」，正指出「利」並不一定與「義」衝突。《易經・乾文言傳》說：「利者，義之和也。」可見「利」就是「義」的和諧而完美地實現（義之和）。〈乾文言傳〉又說：「利物足以和義。」則「利物」足以和諧地實現「義」（和義）。「利物」就是所謂「因民之利而利之」或「小人樂其樂而利其利」。利己的「小利」，導致「多怨」甚至「菑害並至」（《大學》），這是「以利為利」；「利物」的大利，則合於「義」，這是「以義為利」[29]。

可見《大學》的作者在此，並非只是肯定「義」而否定「利」，完全地將「義」與「利」加以截斷。就「本」（先）與「末」（後）而言，則如「義之所安」，即「利之所在」。關於這點，朱熹就扣到「絜己之道」，照應全章，作了如下說明：

> 第九章十章齊家、治國，既已言化，平天下只言錯置之理。絜，度也；矩，所以為方也。方者，如用曲尺為方者也。何謂「是以君子有絜矩之道」？上面人既自有孝弟，下面民亦有孝弟，只要使之自遂其孝弟之心於天下，便是絜矩。若拂其良心，重賦橫斂以取之，使他不得自遂其心，便是不方。左右前後皆然。言是以者，須是如此。後面說民之父母，所好所惡，皆是要與民同利之一事。且如食祿之家，又畜雞豚牛羊，卻是與民爭利，便是不絜矩。所以道「以義為利」者，「義之方外」也[30]。

所謂「義之方外」，就是以「仁義」（德）向外推擴的意思。能如此以「恕」（絜矩之道）行「仁義」，則必「利物」而得「大利」。可見「義」與「利」，是有著「本」（先）與「末」（後）的邏輯關係的。

總結起來看，《大學》前後用「本末」、「內外」、「先後」、「公（正）私（反）」等邏輯關係來看待「義」與「利」，角度十分多樣，這顯然是承《論語》、《孟子》之說加以開展的。雖然它和《孟子》一樣，都以「國」或「天下」為主要對象，與《論語》著眼於一般人的，有所不同；但比起《孟子》「孟子見梁惠王」章用「因果」或「正反」來呈現其義理結構的，又細密了許多，尤其是「以義為利」之說，比「從頭截斷，只說仁義」而暗暗將「利」含在裡面[31]的，要來得徹底而周延。

五、結語

綜上所述，可知《孟子》義利之辨，主要出現在〈梁惠王上〉之「孟子見梁惠王」章。孟子在此，說「亦有仁義而已矣，何必曰利」，是用「因果」或「正反」的結構來呈現其層次邏輯，而未直接談到其「公私」或「本末」、「先後」的問題，這是因為孟子特別著眼於時弊，不得不「從頭截斷，只說仁義」，以遊說時君的緣故。而《論語》，雖早於《孟子》，卻因其對象是一般人，故較多面地從「公」（正）與「私」（反）、「本」（先）與「末」（後）的邏輯結構，來探討「義」與「利」的關係。至於《大學》，則雖與《孟子》一樣，也以「國」或「天下」為主要對象，但別從「絜矩之道」切入，前後用了「本末」、「內外」、「先後」、「公（正）私（反）」等邏輯關係，來看待「義」與「利」，這比《論語》與《孟子》之說，顯然又徹底、周延了一些。這樣用義理邏輯，輔以「史」的觀點加以探討，大致可看出先秦與漢初儒家「義利之辨」之發展過程。

（原載《孔孟月刊》四十一卷七、八、九期，二〇〇三年三、四、五月）

注釋

①此指章法。章法所探討的，即篇章內容的邏輯結構，皆由「陰陽二元對待」所形成。見拙作〈論章法與邏輯思維〉，《修辭論叢》第四輯（洪葉文化公司，二〇〇二年六月初版一刷），頁一～三二。又見拙作〈辭章章法的哲學思辨〉，《辭章學論文集》（海潮攝影藝術出版社，二〇〇二年十二月一版一刷），頁四〇～六七。②章法結構之一，見拙作〈論幾種特殊的章法〉（臺灣師大《國文學報》三一期，二〇〇二年六月），頁一九三～二二一。到目前為止，所能掌握的章法約有四十種類型及其結構約一百六十種，見拙著《章法學論粹》（萬卷樓圖書公司，二〇〇二年七月初版），頁一～四八八。又見仇小屏《篇章結構類型論》上、下（萬卷樓圖書公司，二〇〇〇年二月初版），頁一～六二〇。

③見《馮友蘭選集》上卷（北京大學出版社，二〇〇〇年七月一版一刷），頁七四。

④見《四書集註》（學海出版社，一九八四年九月初版），頁一九八。

⑤見《新編中國哲學史》（三民書局，一九八四年一月增訂初版），頁一六九～一七〇。

⑥見《四書釋義》（臺灣學生書局，一九八六年十月再版三刷），頁二八一。

⑦見《四書的智慧》（萬卷樓圖書公司，一九九五年十一月初版），頁二二九～二三〇。

⑧同注④，頁七七。

⑨楊惲〈報孫會宗書〉引，見《昭明文選譯注》第五冊（吉林文史出版社，一九九四年十一月一版一刷），頁五五八。

⑩見《朱子語類》二（文津出版社，一九八六年十二月初版），頁七〇二。

⑪見趙杏根《論語新解》（安徽大學出版社，一九九九年十二月一版一刷），頁六九。

⑫見《王陽明全集》上（上海古籍出版社，一九九七年八月一版三刷），頁一二二。

⑬見《十三經注疏》八《論語》（藝文印書館，一九八九年十一版），頁一二五。

⑭見《朱子語類》三，同注⑩，頁一一二五。

⑮見錢穆《論語新解》（東大圖書公司，一九八八年四月初版），頁五〇一。

⑯同注④，頁七七。

⑰這一章最值得注意的是：孔子先說兩次「道」，後來卻換成「仁」來說。很明顯地，在孔子看來，所謂「君子去仁」，就是「君子去道」的意思。因此何晏在《論語注疏》中說：「唯行仁道，乃得君子之名，若違去仁道，則於何得成名為君子乎？」如此將「仁」與「道」合用，雖不能確定「仁」就是「道」，但已可藉以看出兩者密切之關係。而錢穆在其《論語要略》（收入《四書釋義》，臺灣學生書局）則直接地釋此章說：「據此，則孔子之所謂道，即仁也。」（頁一〇四）可見孔子在此所謂之「道」，就是「仁」或「仁義」。見拙作〈論《論語》中的「道」〉（《孔孟月刊》四十卷六期，二〇〇二年二月），頁一二。

⑱見《論語譯注》（河洛圖書出版社，一九七八年十二月臺排印初版），頁三九。

⑲見《孔子學說》（正中書局，一九六三年），頁一七〇。

⑳錢穆：「孟子固亦反對戰爭，其所不滿於宋牼者，乃在以利害計較為前提耳。墨家學派，凡事以利害計較為前提，孟子則以吾心之真仁至感為前提，此其最不同之處也。」見《四書釋義》（臺灣學生書局，一九八六年十月再版三刷），頁二一六。

㉑王開府：「孟子不反對罷兵之利，但反對『言其不利』為號召，因為『悅於利，以罷三軍之師』，雖得一時之利，必導致『君臣、父子、兄弟終去仁義，懷利以相接。然而不亡者，未之有也』。這才是真正的不利。」同注⑦，頁二三〇。

㉒高明：「在『所謂平天下在治其國者……』一段裡，又錯綜敘述臨民、用人、生財之道，終於暗示出『明明德』、『親民』、『止於至善』的真理。」見《高明文輯》上冊（黎明文化公司，一九七八年三月初版），頁二四〇。

㉓《大學》的末章論治國平天下，以為最要緊的是「君子有絜矩之道」，這「絜矩之道」，據《大學》本文的解釋是：「所惡於上，毋以使下；所惡於下，毋以事上；所惡於前，毋以先後；所惡於後，毋以從前；所惡於右，毋以交於左；所惡於左，毋以交於右。」照這個解釋看來，所謂的「絜矩之道」，說的就是上章所謂「君子有諸己而後求諸人，無諸己而後非諸人」的「恕」道。這個「恕」道，不僅是修身齊家的動力，足以使人端正身心，免於犯上「人莫知其子之惡，莫知其苗之碩」（《大學》第八章）的偏

差；更是治國平天下的一個根本力量。所以《大學》的作者在解釋「絜矩之道」後，便接著引證說：「《詩》云：『樂只君子，民之父母』，民之所好好之，民之所惡惡之，此之謂民之父母。《詩》云：『節彼南山，維石巖巖，赫赫師尹，民具爾瞻』，有國者不可以不慎；辟，則為天下僇矣。《詩》云：『殷之未喪師，克配上帝，儀監於殷，峻命不易』，道得眾則得國，失眾則失國。是故君子先慎乎德，有德此有人，有人此有土，有土此有財，有財此有用。」這裡所謂的「先慎乎德」之「德」，說的便是「恕」的本原，乃是就「誠於中」的「恕」，亦即「明德」來說的；所謂的「民之所好好之，民之所惡惡之，此之謂民之父母」、「得眾則得國」、「有德此有人，有人此有土，有土此有財，有財此有用」，說的便是「恕」的具體表現與效果，乃就是「形於外」的「恕」，亦即「親民」來說的；至於所謂的「辟（偏私不恕）則為天下僇矣」、「失眾則失國」，則是就不行「絜矩之道」，亦即不能「明明德」以「親民」的後果來說的了。《大學》此章所談的無非是這番道理，與其他各章，可說脈息相通，是一點也不能割開的。見拙著《學庸義理別裁》（萬卷樓圖書公司，二〇〇二年一月），頁一五二～一五三。又參見拙作〈論恕與大學之道〉（《中國學術年刊》二十期，一九九九年三月），頁七三～八九。

㉔同注④，頁一四。

㉕同注④，頁一六。

㉖見《大學中庸今釋》（正中書局，一九六六年四月臺增訂校正四版），頁四七。

㉗以上引文，均見朱熹《四書集註》，同注④，頁一四。

㉘同注④，頁一五。

㉙同注⑦，頁二二八。

㉚同注⑩，頁三六七。

㉛朱熹：「孟子從頭截斷，只說仁義。說到『未有仁而遺其親，未有義而後其君』，這裡『利』卻在裡面。所以『義』之所安，即『利』之所在。」同注⑩。

附錄一

談儒家思想體系中的螺旋結構

——以仁與智、明明德與親民、天與人為例

提要

在儒家的思想中，關於「仁」與「智」、「明明德」（格物、致知、誠意、修身—修己）與「親民」（齊家、治國、平天下—治人），或「天」（自誠明—性）與「人」（自明誠—教）等問題，是極其重要的。而對這些思想，由於一直以來都習慣用「先本後末」（順）或「先末後本」（逆）的單向結構來加以認識，以至於有某些地方令人感到窒礙難通。因此本文便試著以《論語》、《大學》、《中庸》等儒家典籍為範圍，舉「仁」與「智」、「明明德」與「親民」、「天」與「人」為例，特別顧及它們之間所存有的本末、往復（順逆）、偏全等關係，來凸顯它們在思

想體系中的螺旋結構，從而看出它所產生的互動、循環而提升的作用。

關鍵詞

儒家思想、螺旋結構、仁與智、明明德與親民、天與人、自誠明、自明誠。

一、前言

大體說來，對思想體系之形成，關涉得最密切的，莫過於「本末」問題。就以儒家思想中的「仁」與「智」、「明明德」與「親民」、「天」與「人」的主張而言，即有本有末。它們無論是「由本而末」或「由末而本」，均可形成單向的本末結構。而一般學者也都習慣以此來看待它們，卻往往忽略了它們所形成之互動、循環而提升的螺旋結構。所謂「螺旋」，本用於教育課程之理論上，早在十七世紀，即由捷克教育家夸美紐思所提出，《教育大辭典》解釋說：

螺旋式課程（spiral curriculum）圓周式教材排列的發展，十七世紀捷克教育家夸美紐思提出，教材排列採用圓周式，以適應不同年齡階段的兒童學習。但這種提法，不能表達教材逐步擴大和加深的含義，故用螺旋式的排列代替。二十世紀六〇年代，美國心理學家布魯納也主張這樣設計分科教材：按照正在成長中的兒童的思想方法，以不太精確然而較為直觀的材料，盡早向學生介紹各科基本原理，使之在以後各年級有關學科的教材中螺旋式地擴展和加深①。

所謂「圓周」、「逐步擴大和加深」，指的正是「循環、往復、螺旋式提高」②，換句話說，就是「互動、循環而提升」的意思。本文即試著將此「螺旋」一語移用過來，特以「仁」與「智」、「明明德」與「親民」、「天」與「人」為例，來探討其螺旋結構，藉以辨明它們互動、循環而提

①見《教育大辭典》（上海教育出版社，一九九〇年六月一版一刷），頁二七六。

②《簡明國際教育百科全書》：「螺旋式循環原則（Principle of Spiral Circulation）排列德育內容原則之一，即根據不同年齡階段（或年級）遵循由淺入深，由簡單到複雜，由具體到抽象的順序，用循環往復螺旋式提高的方法排列德育內容。螺旋式亦稱圓周式。」（新華書局北京發行所，一九九一年六月一版一刷），頁六一一。

升的緊密關係。

二、從「仁」與「智」看

人在未學或學的效果未顯著之前，仁和智，或由於未經後天修學的開發，或由於開發有限，往往只局限於先天所能發揮的小仁、小智之框框裡，所以會為「氣稟所拘，人欲所蔽」③，顧得了仁，就失去了智；顧得了智，就失去了仁，而形成種種的偏差④。因此仁與智二者，便產生各不相涉而分歧的現象，如《論語．衛靈公》載孔子的話說：

> 知及之，仁不能守之，雖得之，必失之；知及之，仁能守之，不莊以涖之，則民不敬；知及之，仁能守之，莊以涖之，動之不以禮，未善也。

邢昺《論語正義》引李充云：

> 夫知及以得，其失也蕩；仁守以靜，其失也寬。……以禮制知，則精而不蕩；以禮輔仁，

則溫而不寬⑤。

可見這所謂的「知」與「仁」，均各有所失，還須益之以「禮」，才能臻之於「善」，與所謂的「大智」、「大仁」，差距尚遠，而有著各自分歧的偏失。又如《論語．陽貨》載子貢的幾句話說：

惡徼（伺察之意）以為知者，惡不孫以為勇者，惡訐以為直者。

此處所說的「知者」、「直者」（即仁者，見錢穆《論語要略》）⑥，既各不相涉，也與真正的「智者」、「直者」（仁者），不僅有別而已，簡直已是完全地「背道而馳」了。因此，這種仁與智（知），就個人而言，多來自於一點先天潛能的發揮，以致歧分為二，那必然是帶有缺失的。如要加以補救，除加緊修學外，實在別無良途。

⑶見朱熹《大學章句》，《四書集註》（學海出版社，一九八四年九月初版），頁三。

⑷參見拙作〈孔子的仁智觀〉（《國文天地》十二卷四期，一九九六年九月），頁八～一五。

⑸見《十三經注疏》八《論語》（藝文印書館，一九六五年六月三版），頁一四一。

加緊修學是使人由小仁、小智邁向大仁、大智的唯一途徑。人如付諸行動，朝這個目標奮進，就進入了敏學的階段。在進入這個階段之前或初期，孔子主張人要先守住大本──「仁」以力行，然後才「學文」⑦以求「智」。《論語．學而》云：

子曰：「弟子入則孝，出則弟，謹而信，汎愛眾而親仁。行有餘力，則以學文。」

對這幾句話，朱熹《論語集註》引洪興祖說：

未有餘力而學文，則文滅其質；有餘力而不學文，則質勝而野⑧。

又引尹焞說：

德行，本也；文藝，末也。窮其本末，知其先後，可以入德矣⑨。

他們用文與質、本與末來說明孔子在此階段所以主張先仁（質──本）而後智（文──末）的理由，說明得十分扼要而清楚。此外，孔子在《論語．述而》裡說：

志於道，據於德，依於仁（仁之事），游於藝（智之事）。

這裡的「依於仁」，指仁之事，是很明顯的；而「游於藝」，則指智之事⑩。而朱熹注此云：

---

⑥錢穆先生曾舉《論語》「樊遲問仁」（〈顏淵〉）與「以德報怨」（〈憲問〉）章說明「直」與「仁」的關係說：「孔子言舉直錯諸枉，而子夏卻以舉皋陶、伊尹而不仁者遠釋之。可見枉即是不仁者，而直即是仁者也。……以直道報怨者，其實則猶以仁道報怨也。以人與人相處之公道報怨也。我雖報吾之私怨，而使旁人不責我為過分，而公認我之報之為正當焉，是即直道矣。報德可過分，而報怨不可以過分，此亦道也。若人有怨於我，而我報之以德，是未免流於邪枉虛偽，於仁為遠，故孔子不取。」見《論語要略》，《四書釋義》（臺灣學生書局，一九七八年七月再版），頁八五。

⑦陳大齊先生：「此中所云『學文』，可說即是讀書。讀書安排在『行有餘力』的時候，幾乎等於業餘的工作，可見其與正業的『入則孝』等不具有同等的重要性。」見《孔子學說》（正中書局，一九六三年夏），頁六四。

⑧同注③，頁五七。

⑨同注③，頁五七。

> 此章言人之為學當如是也。蓋學莫先於立志，志道則心存於正，而不他。據德則道得於心，而不失。依仁則德性常用，而物欲不行。游藝則小物不遺，而動息有養。學者於此，有以不失其先後之序，輕重之倫焉，則本末兼該，內外交養，日用之間，無少間隙，而涵泳從容，忽不自知其入於聖賢之域矣[11]。

所謂「先後之序」，指的就是在「志道」、「據德」之後，再由仁而後智的為學順序。以孔子本身而言，也實在是因為這樣地由仁而智，好學不已，所以最後才能達於「仁且智」的至聖境界。《論語．公冶長》云：

> 子曰：「十室之邑，必有忠信如丘者焉，不如丘之好學也。」

這裡的「忠信」，指的是仁之事；而「好學」，所謂「好學近乎知（智）」[12]，指的是智之事。可見孔子所以超越「質勝而野」的凡人而進入聖域，顯然是由於能由仁而智、好學不已的緣故。

在真正有效地進入敏學的階段以後，孔子的主張就不同了。他主張由智而仁，以發揮修學的最大效果。《論語．雍也》云：

⑩《論語》這一章論為學之目標、依據與過程。所謂「志於道」，是說立定志向，把「仁且智」以成己成物的聖道作為一生的終極目標，這和孟子以「仁義」（即道）為「尚志」（見《孟子．盡心上》）的說法，十分接近。如此「心存於正而無他」（朱注），乃為學之首務。所謂「據於德」，是說「德」是所據以邁向目標的源頭力量，孔子說：「天生德於予。」（〈述而〉二十二）可知「德」是天所賦的，雖然對它的內容，孔子沒作解釋，但由《禮記．中庸》「成己，仁也；成物，知也；性之德也，合外內之道也」的進一步說明看來，它該有「仁之德」與「智（知）之德」兩種，這是人無限向上進德修業的原動力，如果不據於此，那就無法來成己又成物了。所謂「依於仁」，是說不違仁道，要作到「無終食之間違仁，造次必於是，顛沛必於是」（〈里仁〉五）的地步，這可說是偏就「仁之德」向外發揮以成己的過程來說的。所謂「游於藝」，是說要游習六藝，《禮記．少儀》說：「士游於藝。」又〈學記〉說：「不興其藝，不能樂學。」可見古代對游藝的重視，此乃因六藝「皆至理之所寓，而日用之不可闕者也。朝夕游焉，以博其義理之趣，則應物有餘，而心亦無所放矣」（朱注）。這可說是偏就「智之德」向外發揮以成物的過程來說的。這樣舉出四端，將孔門教育的目標、依據和過程，一一交代清楚，真是「本末兼該，內外交養」（朱注），周備至極。參見拙編《中國文化基本教材》（三民書局，一九九八年九月），頁四〇～四一。

⑪同注⑶，頁九六。

⑫見《中庸》第二十章（依朱熹《章句》），同注⑶，頁三六。

子曰：「君子博學於文，約之以禮，亦可以弗畔矣夫！」

邢昺疏此云：

此章言君子若博學於先王之遺文，復用禮以自檢約，則不違道也⑬。

又朱熹《集註》也引程顥說：

博學於文，而不約之以禮，必至於汗漫。博學矣，又能守禮，而由於規矩，則亦可以不畔道矣⑭。

所謂「先王之遺文」，就是《詩》、《書》、禮、樂。所以劉寶楠注說：

案博文者，《詩》、《書》、禮、樂，凡古聖所傳之遺籍是也⑮。

而此《詩》、《書》、禮、樂，如說得簡略一點，就是禮、樂。徐復觀先生說：

《論語》上對「文」之一字，有若干特殊的用法。如孔子說孔文子「敏而好學，不恥下問，是以謂之文也」。又「公叔文子之臣，大夫僎，與文子同升諸公。子聞之曰：可以為文矣」。但最具體而切至的用法，則以禮樂為文的具體內容。如「周監於二代，郁郁乎文哉」，朱注：「言視其二代之禮而損益之」。「文不在茲乎」，朱注：「道之顯者謂之文，蓋禮樂制度之謂」。朱子的解釋，較《中庸》為落實而亦可相涵。「煥乎其有文章」，朱注：「文章，禮樂法度也」。法度實際可以包括在禮裡面，朱子在這種地方，實際是以禮樂釋「文」。尤其是「子路問成人，子曰：若臧武仲之知，公綽之不欲，卞莊子之勇，冉求之藝，文之以禮樂，亦可以為成人矣」的一段話，更分明以禮樂為文的具體內容。「文之以禮樂」的「文」做動詞用；「文之以禮樂」的結果，文便由動詞變而為名詞。因此，可以這樣說，《論語》上已經有把禮樂的發展做為「文」的具體內容的用法。再看《易．

⒀同注⑸，頁五五。

⒁同注⑶，頁九三。

⒂見《論語正義》卷八（臺灣商務印書館，一九六八年三月臺一版），頁四八。

賁卦》的〈彖傳〉說「文明以止，人文也」；吳澂對文明的解釋是「文采著明」，約略與文飾之義相當；「止」是節制，文飾而有節制，使能得為行為、事物之中，本是禮的基本要求與內容；則所謂「文明以止」者，正指禮而言。古人常以禮概括樂，《易正義》謂：「言聖人觀察人文，則《詩》、《書》、禮、樂之謂」，《詩》、《書》、禮、樂，成為連結在一起的習慣語，實則此處應僅指禮樂，而禮樂亦可以包括《詩》、《書》⑯。

在這則文字裡，他不但指出了「禮樂為『文』的具體內容」、「而禮樂亦可以包括《詩》、《書》」，更指明了「古人常以禮概括樂」，這樣說來，這所謂的「文」，是以「禮」為核心的，而禮的核心，則為仁義。《中庸》第二十章（依朱熹《章句》，下併同）：

仁者，人也；親親為大。義者，宜也；尊賢為大。親親之殺、尊賢之等，禮所生也。

這幾句話直截了當地將「禮」生於「仁義」的道理，說得很明白。勞思光先生說：

孔子如何發展其有關「禮」之理論？簡言之，即攝「禮」歸「義」，更進而攝「禮」歸「仁」是也⑰。

把這種意思闡釋得極簡明。可見孔子所謂的「文」，是以「禮」為核心內容，而以「仁義」為終極依歸的。

如此由「博學於禮」（智）而「約之以禮」（仁），自然能趨於善而不違仁義了。又《論語・子罕》也載顏淵的話說：

> 夫子循循然善誘人，博我以文，約我以禮。

朱熹注此云：

> 博文、約禮，教之序也。言夫子道雖高妙，而教人有序也⑱。

---

⑯見《中國思想史論集》（臺灣學生書局，一九七五年五月四版），頁二三六。

⑰見《新編中國哲學史》第一卷（三民書局，一九八四年一月增訂初版），頁一一二。

⑱見《四書集註》，同注⑶，頁一一一。

又引侯仲良云：

博我以文，致知格物也；約我以禮，克己復禮也⑲。

由此可知孔子此時教人修學，是採由智而仁之順序的。

以學（教）之序而言，孔子主張先由仁而智，然後再由智而仁，便自自然然地使「仁」和「智」在源頭上產生互動、循環而提升的作用，以致「仁」的背後有「智」、「智」的背後有「仁」⑳，而減少種種偏失。《論語．里仁》云：

子曰：「不仁者不可以久處約，不可以長處樂。仁者安仁，知者利仁。」

對後兩句話，朱熹《集註》注云：

仁者則安其仁，而無適不然；知者則利於仁，而不易所守。蓋雖深淺之不同，然皆非外物所能奪矣㉑。

從表面上看，在這裡是把仁者與知（智）者分開來說的。但其實，所謂「安仁」與「利仁」，乃就「安而行之」與「利而行之」（《中庸》第二十章）來說，而大家都知道兩者是層進而非平列的關係㉒，也就是說「利而行之」久了，就可以邁入「安而行之」的境界，朱熹所謂「深淺之不同」，指的當是這個意思。又《論語．顏淵》載孔子的話說：

> 舉直錯諸枉，能使枉者直。

---

⑲同注③，頁一一二。

⑳牟宗三先生：「孔子以仁為主，以『仁者』為最高境界。此時仁的意義最廣大，智當然藏於仁之中，一切德亦藏於其中。孟子仁義禮智並舉，這是說我們的心性。說『仁且智，聖也』，實亦賅括義與禮。這是自表現我們的心性說。並舉仁與智，就是為了特注重智對仁的扶持作用。這樣說時，仁的含義不得不收窄一點。仁與智並講，顯出仁智的雙成。」見《中國哲學的特質》（臺灣學生書局，一九七六年十月四版），頁二六。

㉑同注③，頁七四。

㉒參見拙作〈從偏全的觀點試解讀四書所引生的一些糾葛〉（《中國學術年刊》十三期，一九九二年四月），頁一四～一六。

朱熹《集註》注云：

舉直錯諸枉，知也；使枉者直，則仁矣。如此則二者不惟不相悖，而反相為用矣㉓。

所謂「不相悖」，所謂「反相為用」，已約略點明了「仁」與「智」二者互動、循環而提升的關係。仁與智所以能互動、循環而提升，實不能不歸功於「義」所形成的橋梁作用。所謂的「義」，乃指「分別事理，各有所宜」㉔。《論語．雍也》載：

樊遲問知，子曰：「務民之義，敬鬼神而遠之，可謂知矣。」

在此，孔子只以「務民之義」視作「知」（智），可看出「知」（智）與「義」的密切關係。陳大齊先生說：

此章所說，可以令人窺知孔子關於知與義所懷的見解。「務民之義」，《集解》引王肅說為註：「務所以化導民之義也」，朱註則云：「民，亦人也……專用力於人道之所宜」。這兩種註釋比較起來，朱註較為切當。「務民之義」，即是致力於人之所應為，簡言之，亦即是行義。義可稱為知，則義必屬於知的範圍而以知為其內容。且孔子此言是概括的論斷，認為全部的義統統具有知的內容，未容許其有例外。義既以知為必具的內容，可見義出於知而以知為其本源，知與義可謂具有源與流的關係㉕。

可見孔子是極力主張經由「好學」來發揮智力，敏求「正知」㉖，以呈顯智慧的。也唯有如此，才能辨明是非、真偽，掌握真正的「義」，而成就各種德業。所以孔子重視「知」（智）以掌握「義」，是極自然的事。

此外，《論語．里仁》記孔子之言云：

> 富與貴，是人之所欲也；不以其道，得之不處也。貧與賤，是人之所惡也；不以其道，得

㉓同注③，頁三五。

㉔見朱熹《中庸章句》，同注③，頁三五。

㉕同注⑦，頁一八〇。

㉖同注⑦，頁一八二～一九八。

之不去也。君子去仁，惡乎成名？君子無終食之間違仁，造次必於是，顛沛必於是。

這裡所說的「其道」，指的就是「仁」，因此後面才有「去仁」、「違仁」的說法。如此看來，「其道」和「仁」，是先後呼應的；而所謂「去仁」即「去其道」、「違仁」即「違其道」。無怪陳大齊先生釋「行義以達其道」說：

> 行義所達的，只是道，不是其他事情。此所云道，當然係指仁道而言。故「行義以達其道」，意即行義以達其仁，又可見義之不能有離於仁了㉗。

由此可見「義」與「仁」是有著密切關係的。這種關係，如就《中庸》「三行」來看，「勉強而行之」和「利而行之」是「義」，而「安而行之」則為「仁」。單就某一德目來說，如上所述，「勉強而行之」久了，就可以「利而行之」；「利而行之」久了，自然就可以「安而行之」。如和「三知」合起來看，就可以形成如下循環之關係：

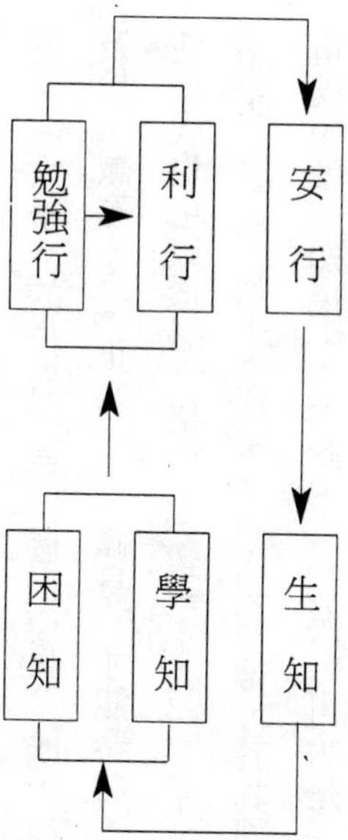

如此由「困知」、「學知」（知），而「勉強行」、「利行」（義），再由「勉強行」、「利行」而「安行」（仁），接著由「安行」而「生知」（智），然後又由「生知」而「困知」、「學知」，不斷地在互動、循環而提升之作用下，使得「仁」和「知」（智），經由「義」之牽合而自然地形成「由智而仁」、「由仁而智」的螺旋結構，終至於由偏而全地合而為一了㉘。

㉗同注⑦，頁一七〇。

㉘參見拙作〈談《論語》中的「義」〉（《高中教育》六期，一九九七年六月），頁四四～四九。

三、從「明明德」與「親民」看

《大學》開宗明義地說：

大學之道，在明明德，在親民，在止於至善。

這三句話，很簡要地提明了「大學」之途徑與目標。這所謂的「明明德」、「親民」、「止於至善」三者，朱熹指為「大學之綱領」[29]。它們看似平列，卻有著層進的關係。其中「第一綱『明明德』是就修己來說的；第二綱『親民』是就治人來說的；第三綱『止於至善』就合修己與治人來說的。《大學》的作者認為一個人要能『明明德』於其身，就得從『格物』、『致知』做起，然後及於『誠意』、『正心』、『修身』才能奏功。但僅此而已，是不夠的，必須進一步地推擴出去，使他人也可以透過『格』、『致』、『誠』、『正』、『修』的工夫，達於『明明德』於其身，甚至『明明德』於其家（齊家）、『明明德』於其國（治國）、『明明德』於天下（平天下）的地步，這就叫做『親民』。因此，『親民』可說是『明明德』進一層地由己而及人的說法。而僅止於

『親民』，也還是不夠的，非更進一步地使『明明德』與『親民』臻於至善之境不可，所以『止於至善』，可說是『明明德』更進一層地由偏而及全的說法。這樣由『明明德』（格、致、誠、正、修）而『親民』（齊、治、平）而『止於至善』，大學之道才算圓滿達成」㉚。

因此，「明明德」與「親民」，都要以「止於至善」做為終極目標，而「親民」（齊、治、平）又要以「明明德」為本㉛。所以朱熹注云：

㉙同注③，頁三。

㉚見拙作〈學庸導讀〉，《國學導讀》二（三民書局，一九九四年九月），頁五〇六。

㉛這裡所謂的「明明德」，指的正是「知」的「明德」（知性）與「仁」的「明德」（仁性）的發揮。而「親民」，則顯然是「明明德」的進一層說法，這可從下文「欲明明德於天下者」這句話獲知消息，因為《大學》的作者既把「平天下」說成「明明德於天下」，那麼，「修身」就是「明明德於其身」，而「齊家」、「治國」就是「明明德於其家」、「明明德於其國」了；可見在「齊家」、「治國」、「平天下」這段「親民」的過程裡，仍然是以「明明德」貫通其間的。至於「止於至善」，則更是「明明德」的再進一層說法，因為《大學》的「止於至善」章明說：「為人君，止於仁；為人臣，止於敬；為人子，止於孝；為人父，止於慈；與國人交，止於信。」可見「仁」、「敬」、「孝」、「慈」、「信」，都是「至善」，而這些又何嘗不都是人類的「明德」呢？所以大學的「止於至善」，說的也不過是「明明德」三個字而已。參見拙作〈學庸的價值要旨及其實踐工夫〉（《中國學術年刊》二期，一九七八年六月），頁一二～一三。

> 明明德、新（親）民[32]，皆當止於至善之地而不遷[33]。

又云：

> 明德為本，新（親）民為末[34]。

至於「明明德」，則必須從「格物」、「致知」做起，以達於「誠意」、「正心」、「修身」的地步。

首以「格物」、「致知」而言，應非一次完成，而是形成互動、循環而提升的結構，亦即「格物」多少，就相應地「致知」多少。關於這一點，必須從《大學》的本文說起，《大學》古本一開篇在用「大學之道」四句論「大學」之途徑、目標之後，即云：

> 知止而後有定，定而后有靜，靜而后能安，安而后能慮，慮而后能得。物有本末，事有終始，知所先後，則近道矣。古之欲明明德於天下者，先治其國；欲治其國者，先齊其家；欲齊其家者，先修其身；欲修其身者，先正其心；欲正其心者，先誠其意；欲誠其意者，

先致其知；致知在格物。物格而后知至，知至而后意誠，意誠而后心正，心正而后身修，身修而后家齊，家齊而后國治，國治而后天下平。自天子以至於庶人，壹是皆以修身為本。其本亂，而末治者否矣；其所厚者薄，而其所薄者厚，未之有也。此謂知本，此謂知

㉜所謂「親民」，孔穎達疏云：「親愛於民。」而程頤則云：「親，當作新（朱熹《大學章句》引）。」兩人說法雖不同，卻各有所本。如《大學》第三章說：「君子賢其賢而親其親，小人樂其樂而利其利。」而九章說：「民之所好好之，民之所惡惡之，此之謂民之父母。」又《尚書．堯典》說：「克明峻德（明明德），以親九族；九族既睦，平章百姓；百姓昭明，協和萬邦（親民）；黎民於變時雍（止於至善）。」這些都足以證明「親愛於民」的解釋，是有其依據的。而《大學》第二章所引〈湯盤〉「苟日新」、〈康誥〉「作新民」及《詩經》「其命維新」等句，全以「新」為詞，且《尚書．金縢》記成王迎周公之辭云：「今天動威，以章周公之德，惟朕小子其新迎，我國家禮亦宜之。」顯然地把「新」通作「親」，這些都足以證明「親當作新」的說法，並不是沒有來由的。既然兩說都有根據，那麼究竟以何者為正確呢？答案是兩者都對，只是「親民」是就起點說，而「新民」是就結果說，先後有別而已。參見拙作〈論恕與大學之道〉（《中國學術年刊》第二十期，一九九九年三月），頁七七～七八。

㉝同注⑶，頁三。

㉞同注⑶，頁三。

之至也。

這段文字論「大學」的方法，其結構表是這樣子的：

- 步驟
  - 知止：「知止而後」五句
  - 知先後：「有本末」四句
- 條目
  - 平提
    - 逆推：「古之欲明」十三句
    - 順推：「物格而後」七句
  - 側收
    - 果：「自天子」二句
    - 因：「其本亂」七句

《大學》的作者在此，先泛泛地就步驟，論「知止」、「知先後」，既一面承上交代「三綱」之實施步驟，也一面啟下指明「八目」的實踐工夫。朱熹《大學章句》在「則近道矣」句下注云：

> 此結上文兩節之意㉟。

又在「國治而後天下平」句下注云：

> 「修身」以上，明明德之事也；「齊家」以下，新民之事也；物格知止，則知所至矣；「意誠」以下，皆得所止之序也㊱。

可見這節文字在內容上，是既承上又啟下的。接著實際地就「八目」來加以論述。《大學》的作者在這個部分，先以「平提」的方式，依序以「古之欲明明德者」十三句，逆推八目，以「物格而后知至」七句，順推八目；然後以「側收」的方式，就「八目」中的「修身」一目，說「修身」為本，並說明所以如此的原因，朱熹《大學章句》於「壹是皆以修身為本」句下注云：

> 「正心」以上，皆所以修身也；「齊家」以下，則舉此而錯之耳㊲。

㉟同注③，頁三。
㊱同注③，頁四。
㊲同注③，頁四。

又於「未之有也」句下注云：

> 本，謂身也；所厚，謂家也。此兩節（自「天子」句至「未之有也」）結上文兩節（「自古之欲明明德」句至「國治而後天下平」）之意㊳。

而孔穎達《禮記正義》在「此謂知之至也」句下注云：

> 本，謂身也；既以身為本，若能自知其身，是知本也，是知之至極也㊴。

由此可知這節文字，是採「側收」以回繳整體的手法來表達的。這樣，不僅以本末、厚薄總結「八目」，並以「知本」、「知之至」回應論步驟的部分，更就一事一物，把「格」、「致」之意自然地寓於其中。

關於「格」、「致」之意寓於文中這一點，高師仲華先生在其〈大學辨〉一文裡說：

> 「致知」、「格物」，在《大學》本文裡就可找到的解。《大學》第一段裡明說「知止而後有定」，又說「知所先後，則近道矣」，又說「此謂知本」，而結以「此謂知之至也」，正是

上文「格物而後知至，知至而後意誠」的「知至」。「格物而後知至」是與上文「致知在格物」呼應的，「知至而後意誠」是與上文「欲誠其意者先致其知」呼應的。自其發動處去說，是「致知」；自其結束處去說，是「知至」。「知至」是那個「知」的獲得，「致知」是去獲得那個「知」。那個「知」是什麼呢？那便是「知止」之「知」。「本」是出發點，也是基礎；「止」是終極點，也是目標；而「先後」則是其中的過程、階段。知此三者，然後可說獲得了全部的「知」（當就一事一物言）。否則，仍是殘缺不全的「知」，不能說是「知之至也」㊵。

可見就一事一物而言，「格」、「致」之說，實已具備於《大學》的本文裡，這可說是從「偏」（局部）的觀點來看的。

「格物」、「致知」既是從「偏」的觀點來看，當然會有向「全」（至善）的境界逐步提升的無限空間，也就是說，「格物」與「致知」兩者有著互動、循環而提升的關係。唯有如此，才有

㊳同注③，頁四。

㊴同注⑤，頁九八四。

㊵見《高明文輯》上（黎明文化公司，一九七八年三月初版），頁二四八。

可能由偏而全地邁向最終目的。

從《大學》古本來梳理「格」、「致」之意，大略是如此，而朱熹與王陽明卻都從「全」處著眼，以致有不同的訓釋，朱熹在其《大學章句》裡說：

致，推極也；知，猶識也；推極吾之知識，欲其所知無不盡也。格，至也；物，猶事也；窮至事物之理，欲其極處無不到也㊶。

而王陽明在其〈大學問〉裡則以為：

致知云者，非若後儒所謂充廣其知識之謂也，致吾心之良知焉耳。良知者，孟子所謂是非之心，人皆有之也；是非之心，不待慮而知，不待學而能，是故謂之良知，是乃天命之性，吾心之本體自然靈昭明覺者也。……然欲致其良知，亦豈影響恍惚而懸空無實之謂乎？是必實有其事矣，故致知必在於格物。物者，事也，凡意之所發，必有其事，意所在之事，謂之物。格者，正也，正其不正，以歸於正之謂也。正其不正者，去惡之謂也；歸於正者，為善之謂也；夫是之謂格㊷。

在這裡，先就朱子之說來看，他以「窮至事物之理，欲其極處無不到也」來訓釋，實在有些問題，故高師仲華先生說：

> 依朱子的訓釋，「知識」包括天地間全部的知識，如「身心性命之德、人倫日用之常……，以至天地鬼神之變，鳥獸艸木之宜」（見朱子《大學經筵講義》格致節），不但要知之周遍，毫無遺漏，而且要知之精切，毫不含糊。試問：這樣的「致知」是可能的嗎？我想，世界上任何一位最偉大的學者都不敢說，能做到這樣的「致知」。如果真照著去做，其結果一定是「博而寡要，勞而無力」，誠如陸象山所識「支離事業竟浮沉」了。雖然朱子自辯，他不「以徇外誇多為務」，而「以反身窮理為主」（兩語均見《朱子語類》）；但是，「反身窮理」是否需要將天地間全部知識都推而至於極處，這實在是一問題㊸。

除此之外，又實在無法切合古本《大學》的原文，所以將經一章（依朱熹《章句》，下併同）中

㊶同注③，頁四。

㊷見《王陽明全書》一（正中書局，一九七九年十月臺六版），頁一二一。

㊸同注㊵，頁二三四～二四四。

緊接著「其所厚者薄」三句而來的「此謂知本，此謂知之至也」十字移後，置於第五章，以為「此謂知本」是「衍文」，而「此謂知之至也」上「別有闕文」，於是「竊取程子之意」而補了一段「格致」的傳[44]，這顯然是從「全」的觀點來看待「格致」的結果。

而王陽明以「正意所在之事（物）」來訓釋，也至少有兩點是值得商榷的：其一是王陽明的原意，應該是「正其意」，而非「正其事（物）」，這樣在訓詁上，是很難說得過去的；其二是「正其意」以去惡為善，很難不和「致知」之後的「誠意」混為一談。關於這一點，唐君毅先生說：

> 《大學》立言次序，要是先格物、次致知、次誠意、次正心。《大學》言物格而後知至，知至而後意誠，而未嘗言意誠而後知至，知至而後物格。如依陽明之說，循上所論以觀，實以致「知善知惡，好善惡惡」之知，至於真切處，即意誠。意誠然後方得為知之至。又必意誠而知至處，意念所在之事，得其正，而後可言物格。是乃意誠而後知至，知至而後物格，非《大學》本文之序矣[45]。

可見王說也是不無問題。

不過，值得注意的是，「在表面上，朱子訓『知』為『知識』，是遍布於外，學而後得的，與陽明訓『知』為『良知』，是本有於內，不學而致的，似乎落落難合。而實際上，朱子所謂的『知』，如同陽明，也是根於心性來說的，試看他在所補的〈格致傳〉裡說：

> 蓋人心之靈，莫不有知；而天下之物，莫不有理。惟於理有未窮，故其知有不盡也。是以大學始教，必使學者凡天下之物，莫不因其已知之理，而益窮之，以求至乎其極。至於用力之久，而一旦豁然貫通焉，則眾物之表裡精粗無不到，而吾心之全體大用無不明矣。

可見朱子也認為『知』（智）原本就存於人的心靈之內，是人人所固有的；只不過須藉事物之理，由外而內地使它顯現罷了。因此，他和陽明的不同，並不在它的根源處，而是在從入的途徑上。朱子由於側重人類人為（教）的一面，主張『道問學』，所以要人採『自明誠』的途徑，藉『窮至事物之理』來『推極吾之知識』，以『一旦豁然貫通焉』（將粗淺的外在知識提升為純淨的內在睿智），而收到『吾心之全體大用無不明』的效果。而陽明由於側重人類天賦（性）的一面，主張『尊德性』，所以要人循『自誠明』的途徑，藉正『意之所發』來『致吾心之良知』，以

㊹同注③，頁七～八。

㊺見《中國哲學原論・導論篇》（人生出版社，一九六六年三月），頁二九三。

期『吾良知之所知者，無有虧缺障蔽，而得以極其至』，而達到『吾心快然無復餘憾而自慊』（《大學問》）的地步。他們兩人的主張，如就整個人類『盡性』的過程上來看，雖都各有其價值，卻也不免各有所偏，可說皆著眼於『偏』而忽略了『全』，因為天賦（性）與人為（教），是交互為用」㊻，而形成螺旋關係的。

次以「致知」與「誠意」而言，《大學》的經一章說：

> 欲誠其意者，先致其知。

又說：

> 知至而後意誠。

可知「致知」是「誠意」的先決條件，而究竟在「誠意」前，要「知」什麼呢？朱熹以為「推極吾之知識，欲其所知無不盡也」，這是就人為教育（自明誠）的終點而言，而不是針對其起點或過程的「此謂知本，此謂知之至」來說。而王陽明則以為是「致吾心之良知焉耳」，這是就天然性體（自誠明）的呈顯而言，而不是針對「博學可以為政」（鄭玄《三禮目錄》㊼）來說。所以

他們所說雖各有卓識⑱，卻未必悉合《大學》作者原本的意思。其實，朱熹在解釋「毋自欺」一

㊻同注㉒，頁一三。

㊼孔穎達《禮記正義》引，同注㊴，頁九八三。

㊽牟宗三先生：「朱子說：『《大學》格物知至處，便是凡聖之關。物未格，知未至，如何殺，也是凡人。須是物格知至，方能循循不已，而入於聖賢之域。縱有敏鈍遲速之不同，頭勢也都自向那邊去了。今物未格，知未至，雖是要過那邊去，頭勢只在這邊。如門之有限，猶未過得在。……某嘗謂物格知至後，雖有不善，亦是白地上黑點。物未格，知未至，縱有善，也只是黑地上白點。』又說：『格物是夢覺關，誠意是善惡關。』（《朱子語類》卷第十五）。這是朱子自格物窮理，致知誠意，以言內聖之工夫。朱子之系統，就內聖工夫言，雖不無可批評處，然畢竟亦是內聖工夫之重要部分。故說：『格物是萬覺關，誠意是善惡關。』總之是聖凡分別關。故云：『物格知至後，雖有不善，亦是白地上黑點。物未格，知未至，縱有善，也只是黑地上白點。』『黑地上白點』，即是生命幽昧混沌，根本是在夢中。『如何殺，也只是凡人』。此即上面所說，光只認真去作事，並不表示真能清澈生命之渣滓。內聖的工夫即是先要使我們的生命變成『白地』，此即所謂『覺』也。」又：「象山『尊德性』，『先立乎其大者』，首著重開悟本心。陽明將心轉為良知，以良知指導人之生活行為；易言之，必將心轉為良知，始可連結於人之實際生活。如眼前有黃金萬兩，依良知，此若非我之所有，我之良知自知不當取之；但人之私念，則常是想貪非分之財。此即所謂『有善有惡意之動』。良知駕臨乎意念之上，自知其為善抑為惡。故陽明特別提出『致』字。唯致良知，始可全心之德、心之理。良知知事之當作與不當作，是人心中之定盤針。人心中有此定盤針，心德之實現才得到保證。」同註⑳，頁七四～七五、七一～七二。

語時說：

> 自欺云者，知為善以去惡，而心之所發者，有未實也[49]。

在這裡，他提出了人要「知為善以去惡」，這正是人在能辨別善惡後所該「勉強而行之」的事。《中庸》第二十章說：

> 誠身有道，不明乎善，不誠乎身矣。

說的也是這個道理，只不過把《大學》的「誠意」拓為「誠身」而已。而這種善惡的辨別，不就是靠一事一物以至於多事多物所獲得的統整之「知」（知至），由外而內地呈現相應的「良知」來達成的嗎？這樣說來，顯然和朱熹「吾心之所知無不盡」然後「意可得而實」[50]、王陽明「為善去惡」（格物）然後「致吾心之良知」的說法，是有所差別的。

但這種差別，卻反而使人意識到「致知」與「誠意」原就存有著互動、循環而提升，由「偏」而趨於「全」的無限空間；甚至於也可由此類推，使人意識到「誠意」與「正心」、「正心」與「修身」（明明德於身），都有著這種空間：不僅如此，就連「修身」與「齊家」（明明德於家）、

「齊家」與「治國」（明明德於國）、「治國」與「平天下」（明明德於天下），也一樣形成螺旋式的緊密關係。《論語・子張》載子夏的話說：

> 仕而優則學，學而優則仕。

這顯然可用以解釋這種關係。朱熹注此說：

> 仕與學，理同而事異。然仕而學，則所資其事者益深；學而仕，則所以驗其學者益廣[51]。

而趙順孫《四書纂疏》引胡寅說：

> 仕與學理同者，皆所當然也；事異者，有治己治人之別也。學以為仕之本，仕以見學之

---

⑲同注③，頁八。

⑳同注③，頁八。

(51)同注③，頁一八七。

> 用，特治己治人之異耳。以理言，則學其本也；以事言，則當其事者，隨所主而為之緩急[52]。

所謂的「本」，是指「治己」，即「明明德」（明明德於身）之事；所謂的「用」，是指「治人」，即「親民」（明明德於家、國、天下）之事。而「本」和「用」，從偏全的觀點來看，是一直維持著互動、循環而提升的螺旋關係的。

這樣看來，「明明德」（本）多少，就可以相應地「親民」（用）多少；同理，「親民」（用）多少，也可以相應地反過來帶動「明明德」（本）更上一層樓，以求「至乎其極」而後已。

四、從「天」與「人」看

《中庸》的作者一開始就說：

> 天命之謂性（誠），率性之謂道（自誠明），修道之謂教（自明誠）。道也者，不可須臾離也，可離非道也；是故君子戒慎乎其所不睹，恐懼乎其所不聞，莫見乎隱，莫顯乎微，故

君子慎其獨也（自明誠）。喜怒哀樂之未發，謂之中；發而皆中節，謂之和。中也者，天下之大本也；和也者，天下之達道也（盡己之性以盡人之性——誠）。致中和，天地位焉，萬物育焉（盡物之性以贊天地之化育——明）。

這段文字的篇章結構，如用表來呈現，是這個樣子的：

- 順
  - 本（性）：「天命之謂性」句
  - 中（道）：「率性之謂道」句
  - 末（教）：「修道之謂教」句
- 逆
  - 末（修道）
    - 因：「道也者」四句
    - 果
      - 因：「是故君子戒慎」四句
      - 果：「故君子慎其獨也」句
  - 中（率性）
    - 說明：「喜怒哀樂」四句
    - 議論：「中也者」四句
  - 本（天命）
    - 作用：「致中和」句
    - 結果：「天地位焉」二句

---

(52) 見《四書纂疏．論語》（文史哲出版社，一九八六年十月再版），頁一四九二～一四九三。

配合上表來看，本段文字的內容，可大別為兩部分：

第一部分為「順」，自篇首至「修道之謂教」止。「這三句話『一氣相承』，乃《中庸》一書之綱領所在。作者在此，很有次序地，先由首句點明人性與天道的關係，用『性』字把天道無息之『誠』下貫為人類天賦『至誠』（包括『誠』與『明』）的隔閡衝破；再由次句點明人道與人性的關係，用『道』字把人類（聖人）天賦之『誠』通往天賦之『明』（自誠明）的過道打通，而與人類人為之『誠』與『明』套成一環；然後由末句點明教化與人道的關係，用『教』字把人類（學者）人為之『明』邁向人為之『誠』（自明誠）的大門敲開，而與人類天賦之『誠』與『明』融為一體。這樣由上而下地逐層遞敘，既為人類天賦之『誠』、『明』尋得了源頭，也為人為之『誠』、『明』找到了歸宿。」[53]

第二部分為「逆」，自「道也者不可須臾離也」至末。「《中庸》的作者在這兒，首先承上一部分的『修道之謂教』句，闡明修道之要領就在於『慎獨』，以扣緊『不可須臾離』之『道』，為『自明誠』（擇善固執）以『致中和』之『教』奠好鞏固的基礎。接著承上個部分的『率性之謂道』句，就喜怒哀樂未發之『性』，說『中』，說『大本』；就喜怒哀樂『發而中節』之『情』，說『和』，說『達道』，以間接表明『慎獨』的目的（修道的內在目標），就在於保持性情的『中和』（盡性），而堅實地為『自誠明』之『性』架好了一座『復其初』的橋梁。然後承篇首之『天命之謂性』句，直接指出『致中和』之目的（修道的外在目標），就是使『天地位焉，萬物育焉』，以確切地肯定人類『盡性』以『贊天地化育』的天賦能力，為人類的『誠』、『明』開拓了無限向上的道路。顯然地，這樣自下而上地由『慎獨』而『盡性至命』（王陽明語，見《傳習錄．上》），則正如第三十二章所說『唯天下至誠，為能經綸天下之大經（和—情），立天下之大本（中—性），知天地之化育』，不但可以成己，而且也是足以成物的。」[54]

雖然這段文字，側就「全」的觀點來立論，無論是「順」（由本而末）或「逆」（由末而本），可說全是終極的境界；然而就「偏」的觀點而言，則「率性」與「修道」，甚至「盡性至命」都存有互動、循環而提升的緊密關係。而促成此種關係的樞紐，就在於「性」。《中庸》的作者找到了這個樞紐，來打通「天」與「人」之隔閡，而最後融合為一，是極具智慧的。徐復觀先生說：

> 孔子所證知的天道與性的關係，乃是「性由天所命」的關係。天命於人的，即是人之所以為人之性。這一句話，是在子思以前，根本不曾出現過的驚天動地的一句話。「天生烝民」、「天生萬物」這類的觀念，在中國本是出現得非常早。但這只是泛泛的說法，多出

[53] 同注[30]，頁五〇九～五一〇。

[54] 同注[30]，頁五一〇～五一一。

於感恩的意思，並不一定會覺得由此而天即給人與物以與天平等的性。有如人種植許多生物，但這些生物，並不與人有什麼內在的關聯。所以在世界各宗教中，都會認為人是由神所造。但很少能找出神造了人，而神即給人以與神自己相同之性的觀念，說得像《中庸》這樣的明確㊺。

又說：

天即為一超越而普遍性的存在；天進入於各人生命之中，以成就各個體之特殊性。而各個體之特殊性，既由天而來，所以在特殊性之中，同時即具有普遍性。此普遍性不在各個體的特殊性之外，所以此普遍性即表現而為每一人的「庸言」、「庸行」。各個體之特殊性，內涵有普遍性之天，或可上通於有普遍性之天，所以每一人的「庸言」、「庸行」，即是天命的呈現、流行㊻。

可見《中庸》的作者，已經由「性」，將「天」與「人」從內在打成一片了。而這個「性」，究竟有什麼內涵呢？《中庸》第二十五章說：

> 誠者，非自成己而已也，所以成物也。成己，仁也；成物，知也；性之德也，合外內之道也。

朱熹釋此云：

> 誠雖所以成己，然既有以自成，則自然及物，而道亦行於彼矣。仁者，體之存；知者，用之發；是皆吾性之固有，而無內外之殊[57]。

在此，朱熹以為「仁」和「知」（智），雖有體用之分，卻皆屬「吾性之固有」，是沒有什麼內外之別的。關於這點，王夫之在其《讀四書大全說》裡，也做了如下的闡釋：

> 有其誠，則非但成己，而亦以成物矣；以此誠也者，足以成己，而無不足於成物，則誠之

---

55 見《中國人性論史》（臺灣商務印書館，一九七二年十月四版），頁一一七。

56 同注55，頁一一九。

57 同注(3)，頁四二。

> 而底於成，其必成物審矣。成己者，仁之體也；成物者，知之用也；天命之性，固有之德也。而能成己焉，則仁之體立也；能成物焉，則知之用行也；仁知咸得，則是復其性之德也。統乎一誠而已，物胥成焉，則同此一道，而外內固合焉[58]。

可見「仁」和「知」（智），都是「性」的真實內容，而「誠」則「是人性的全體顯露，即是仁與知（智）的全體顯露」[59]。如此說來，在《中庸》作者的眼中，「性」顯然包含了兩種能互動、循環而提升的精神潛能：「一是屬『仁』的，即仁性，乃人類與生俱來的一種成己（成德）力量；一是屬『知』的，即知性，為人類生生不已的一種成物（認知）動能。前者可說是『誠』的動力[60]，後者可說是『明』的泉源；兩者非但為人人所共有，而且也是交相作用的，也就是說：如果顯現了部分的仁性（誠），就能連帶地顯現部分的知性（明）；同樣地，顯現了部分的知性（明），就能連帶地顯現部分的仁性（誠）。正由於這種相互的作用，有先後偏全之差異，故使人在盡性上也就有了兩條內外、天人銜接的路徑：一是由誠（仁性）而明（知性），這是就先天潛能的提發來說的；一是由明（知性）而誠（仁性），這是就後天修學的努力而言的。」[61]所以《中庸》第二十一章說：

> 自誠明，謂之性；自明誠，謂之教；誠則明矣，明則誠矣。

從這幾句話裡，我們可以曉得，人能由誠而明，乃出於人性天然的作用，而由明而誠，則是成自後天人為的教育[62]，而這種「天然」（性）與「人為」（教）的兩種作用，如能互動、循環而提升不已，使天人融合無間，則所謂「誠則明矣，明則誠矣」，必臻於亦誠亦明的至誠境界。而這種由偏而全的作用，可用下圖來表示：

---

(58) 見《讀四書大全說》（河洛圖書出版社，一九七四年五月臺景印初版），頁二九九～三〇〇。

(59) 徐復觀先生：「誠是實有其仁；『誠則明矣』（二十一章），是仁必涵攝有知；因為明即是知。『明則誠矣』（同上），是知則必歸於仁。誠明的不可分，實係仁與知的不可分。仁知的不可分，因為仁知皆是性的真實內容，即是性的實體。誠是人性的全體顯露，即是仁與知的全體顯露。因仁與知，同具備於天所命的人性、物性之中；順著仁與知所發出的，即成為具有普遍妥當性的中庸之德之行；而此中庸之德之行，所以成己，同時即所以成物，合天人物我於尋常生活行為之中。」同注(55)，頁一五六。

(60) 中庸之誠，有就全、就終而言者，必涵攝智與仁，如「唯天下至誠」就是；亦有就偏、就始而言者，指的是「實有其仁」，如「自誠明」或「自明誠」之誠便是。參見拙著《中庸思想研究》（文津出版社，一九八〇年三月初版），頁一一三。

(61) 同注(60)，頁一〇八～一〇九。

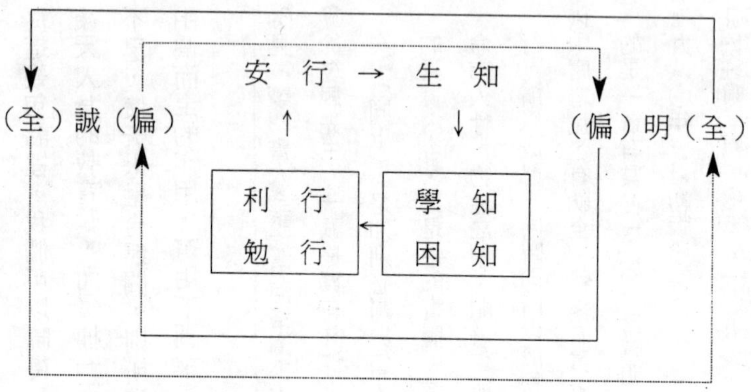

這個圖的虛線代表天賦──「性」，實線代表人為──「教」。外圈指「全」，屬聖人；內圈指「偏」，屬常人。藉此可辨明「誠」與「明」、天賦與人為的交互關係，那就是：「先由明善（生知──知止）而存誠（勉行、利行），再由存誠（安行）而明善（困知、學知），透過人力與天功，互相銜接起來，圍成一個圓圈。人就這樣的，自明而誠，自誠而明，循環推進，使自己的知性與德性，由偏而全的，逐漸發揮它們的功能，最後臻於『從心所欲，不踰矩』的最高境界。」[63]到了此時，「誠」與「明」便合而為一，統於「至誠」了。

這種「天」（性）與「人」（教），經由互動、循環而提升的螺旋作用，而臻於「至誠」的圓滿境界，可由孔子成聖的歷程加以證明。《論語．為政》載：

子曰：「吾十有五而志於學，三十而立，四十而不惑，五十而知天命，六十而耳順，七十而從心所欲，不踰矩。」

從這段話裡，我們知道：孔子在十五歲時，便開始立志學聖，到了三十而邁上了「立」的階段。這所謂的「立」，據〈季氏〉載伯魚引述孔子的話說：

---

(62) 唐君毅先生：「《中庸》謂此性為天命之性。至於就此性之表現言，則有二形態：其一形態為直承其為絕對之善，而自然表現為一切善德善行。此即吾人於〈原心篇〉下所謂直道的順天德、性德之誠，以自然明善，其極為不思而中，不勉而得，至誠無息之聖境，是所謂自誠明、謂之性也。至誠無息者，其生心動念，無不為此能自誠之性之直接表現，而『明著於外者』。《中庸》於此乃更不言心不言意念，而只言明。明即心知之光明，人至誠而無息，則其心知即只是一充內形外之光明，以表現此自誠之性，此外即更無心可說。是謂由誠而明。另一形態為人之未達至誠，而其性之表現，乃只能通過間雜之不善者，而更超化之，以去雜成純，以由思而中、勉而得。此即吾人於〈原心篇〉，所謂由擇乎正反兩端，以反反而成正之工夫。人在此工夫中，乃以心知之光明開其先，而歷曲折細密之修養歷程，以至於誠。即所謂『自明誠，謂之教』，『致曲』以『有誠』也。」見《中國哲學原論．原性篇》（新亞書院研究所，一九六八年二月初版），頁六三～六四。

(63) 見拙作〈淺談自誠明與自明誠的關係〉（《孔孟月刊》十五卷一期，一九七六年九月），頁一四～一五。

不學禮，無以立。

又於〈堯曰〉載孔子的話說：

不知禮，無以立也。

可知它是指學禮、知禮而言的。孔子就在這十五至三十的頭一個階段裡，正如《荀子．勸學》所言：

始乎誦經，終乎讀禮[64]。

用了十五年的時間，不斷地在「文」（《詩》、《書》）內「誦經」、「讀禮」，以熟悉往聖先賢的思想與經驗的結晶，而達於「知禮」的境地，即一面做為日常行事的準則，以「克己復禮」，又一面引為推求未知的依據，一以知十。如此以已知（「文」內）推求未知（「文」外），過了十年，便人我內外，於「禮」無不「豁然貫通」[65]，而順利達於「不惑」的階段。到了這時，梗塞於心目之間的認知障礙，自然就完全消去，達到不迷不眩而能直探本原的地步，所以朱熹在「四十而不惑」下注說：

於事物之所當然，皆無所疑[66]。

這樣對個別事物之理，也就是「禮」[67]，皆無所疑，而逐次地將「知」累積、貫通、提升，經過十載，則所謂「知極其精」[68]，便對本原的天理人情能了然於胸，這就進入了「知天命」的階段了。這所謂的「知天命」，據邢昺是如此解釋的：

命，天之所稟受者也。孔子四十七學《易》，至五十窮理盡性，知天命之終始也[69]。

---

[64] 見《新編諸子集成》二《荀子集解》（世界書局，一九七八年七月新三版），頁七。

[65] 同注③，頁八。

[66] 同注③，頁六一。

[67] 《禮記．仲尼燕居》：「子曰：禮也者，理也；樂也者，節也；君子無禮不動。」同注㊴，頁八五四。

[68] 同注③，頁六一。

[69] 同注⑤，頁一六。

而朱熹則以為：

天命，即天道之流行，而賦於物者，乃事物所以當然之故也⑩。

由邢、朱兩人的解釋看來，其最大不同，只是前者偏就「稟受者」（性）來說明⑪，而後者則偏就「賦予者」（命）來闡述罷了。這樣著眼之處雖有不同，但說的無非是天理人情，而此天理人情，正是「禮」之所由出。《左傳．昭公二十五年》載子產的話說：

夫禮，天之經也，地之義也，民之行也⑫。

又《荀子．樂論》也說：

禮也者，理之不可易者也⑬。

而《禮記．坊記》則說：

禮者，因人之情而為之節文(74)。

(70)同注③，頁六一。

(71)徐復觀先生：「以『天命』為即是人之所以為人的性，是由孔子在下學而上達中所證驗出來的。孔子的五十而知天命，實際是對於在人的生命之內，所蘊藏的道德性的全般呈露。此蘊藏之道德性，一經全般呈露，即會對於人之生命，給予最基本的規定，而成為人之所以為人之性。這即是天命與性的合一。孔子是在這種新的人生境界之內，而『言性與天道』。因為這完全是新的人生境界，所以子貢才嘆為『不可得而聞』。子貢之所以不可得而聞，亦正是顏子感到『仰之彌高，鑽之彌堅；瞻之在前，忽焉在後』（《論語．子罕》）的地方。但在學問上，孔子既已開拓出此一新的人生境界，子貢雖謂不可得而聞，而實則已提出了此一問題。學問上的問題，一經提出以後，其後學必會努力予以解答。『天命之謂性』，這是子思繼承曾子對此問題所提出的解答；其意思是認為孔子所證知的天道與性的關係，乃是『性由天所命』的關係。」同注(55)，頁一一六～一一七。

(72)見楊伯峻《春秋左傳注》下（源流出版社，一九八二年四月再版），頁一四五七。

(73)同注(64)，頁二五五。

(74)同注(5)，頁八六三。

又《遼史．禮志一》更進一步說：

> 理自天設，情由人生[75]。

可見「知天命」，講得淺一點，即知天理人情，是就「文」（《詩》、《書》）外來指「知禮」的。如此知既極其精，又極其大，於是再過十年，對「禮」（理）便到了「聲入心通」[76]的「耳順」階段。此時就像陸隴其所言：

> 聞一善言，見一善行，若決江河，此聲之善者；詖、淫、邪、遁，知其蔽、陷、離、窮，此聲之不善者，皆一入便通[77]。

可以說已充分發揮了內在的睿智，把知識的領域開拓到了極度，達於「至明」的境地。修學至此，所謂「誠（仁）則明（智）矣，明則誠矣」[78]，經過了人為（自明誠）與天賦（自誠明）的最高一層融合，那麼到了七十，自然就可以「從心所欲，不踰矩」，而臻於「不勉而中（誠—仁），不思而得（明—智）」[79]的「至誠」境界了。

就在這段孔子所自述的成聖歷程裡，凡所「學」、所「立」、所「不惑」、所「知」、所「耳順」、所「不踰矩」者，無非是「禮」。而在「耳順」之前，雖無可例外地，都偏向於「智」（明）來說，但在每層階段裡，皆是「知」（博文）中有「行」（約禮）、「明」（智）裡帶「誠」（仁）的。因為每個階段，都包含有修學過程中的許多層面，而這修學的每個層面，是一點也少不了「由知（智）而仁」的「學之序」的。打從「志於學」開始，可以說即靠著這種「學之序」，才能在知行、天人的交互作用下，一環進一環、一層進一層地，由「約」而日趨於「不約」，逐步遞升，邁過「耳順」，直至「從心所欲，不踰矩」的至聖領域。否則，至聖之境既無由造，而「知」（智）與「仁」也不能由偏而全地在最後統之於至誠而洽為一爐了(80)。

孔子之聖德是如此，故《中庸》的作者在第三十章讚美他說：

---

(75)見《遼史》（鼎文書局，一九七五年十月初版），頁八三三。
(76)同注(3)，頁六一。
(77)引自徐英《論語會箋》（正中書局，一九六五年三月臺三版），頁一八。
(78)見《中庸》第三十一章，同注(3)，頁四〇。
(79)同注(3)，頁三八。
(80)同注(60)，頁一四六～一六四。

仲尼祖述堯舜，憲章文武（成己—仁）；上律天時，下襲水土（成物—智）；辟如天地之無不持載，無不覆幬，辟如四時之錯行，如日月之代明；萬物並育而不相害，道並行而不相悖，小德川流，大德敦化，此天地之所以為大也（配天、配地）。

對這段話，王夫之在《讀四書大全說》裡曾總括起來解釋說：

小德、大德，合知仁勇於一誠，而以一誠行乎三達德者也㉛。

而唐君毅先生也說：

所謂「萬物並育而不相害，道並行而不相悖。小德川流，大德敦化，此天地之所以為大也」。一切宗教的上帝，只創造自然之萬物。而中國聖人之道，則以贊天地化育之心，兼持載人文世界，人格世界之一切人生。故曰：「大哉聖人之道，洋洋乎發育萬物，峻極於天。悠悠大哉，禮儀三百，威儀三千，待其人而後行。」因中國聖人之精神，不僅是超越的涵蓋宇宙人生人格與文化，而且是以贊天地化育之心，對此一切加以持載。故不僅有高明一面，且有博厚一面。「高明配天，博厚配地。」「崇效天，卑法地。」高明配天，崇效天者，仁智之無所不覆也。博厚配地，卑法地者，禮義自守而尊人，無所不載也[82]。

可見孔子的偉大，就在於「好學」不已，經由「仁」與「智」、「天」與「人」的互動、循環而提升的螺旋作用，終於合「仁」與「智」於「一誠」，而達於配天配地（與天地參）的境界，這是令後人十分「心嚮往之」[83]的。

所以「天」與「人」的關係，極其密切，是不斷地由互動、循環而提升，發揮螺旋式的作用，而最後臻於「至誠」境界的。

五、結語

經由上文的探討，可知在儒家思想的體系裡，無論是「仁」與「智」、「明明德」（格物、致

[81] 同注[58]，頁三三一。
[82] 見《人文精神之重建》（新亞書院研究所，一九五五年三月初版），頁二二八。
[83] 見《史記會注考證．孔子世家贊》（萬卷樓圖書公司，一九九二年八月初版），頁七六五。

知、誠意、正心、修身）與「親民」（齊家、治國、平天下），甚至於最根本的「天」（自誠明—性）與「人」（自明誠—教），都不斷地維持著互動、循環而提升的作用，而形成螺旋結構。這樣顧及本末、往復、偏全來看待它們，似乎比較周密一些。

（原載《國文學報》二十九期，二〇〇〇年六月）

附錄二

論「多」、「二」、「一（0）」的螺旋結構

——以《周易》與《老子》為考察重心

提要

在哲學或美學上，對所謂「對立的統一」、「多樣的統一」之概念，都非常重視，一向被目為最重要的變化規律或審美原則，而它也確實可以解釋很多哲學或美學現象。不過，「對立的統一」，指的只是「一」與「二」；而「多樣的統一」指的則是「多」與「一」。這樣分別著眼於局部，雖凸顯出焦點之所在，卻往往讓人忽略了徹上徹下之「二」（陰陽）的居間作用，與其一體性之完整結構。因此本文試從《周易》（含《易傳》）與《老子》等古籍中，棄異求同，不但由「有象」而「無象」，找出「多、二、一（0）」之逆向結構；也由「無象」而「有象」，尋得

「(0)一、二、多」之順向結構；並且透過《老子》「反者道之動」(四十章)、「凡物芸芸，各復歸其根」(十六章)與《周易·序卦》「既濟」而「未濟」之說，將順、逆向結構不僅前後連接在一起，更形成循環不息的螺旋結構，並特別凸顯「二」(陰陽、剛柔)的居間(撤上撤下)功能，與「(0)」的根源力量，以呈現中國宇宙人生觀之精微奧妙。

關鍵詞

「多、二、一(0)」、「(0)一、二、多」、螺旋結構、二元對待、多樣(對待)的統一、《周易》、《老子》。

一、前言

我們的祖先，生活在廣大「時空」之中，整天面對紛紜萬狀之現象界，為了探其源頭，確認其原動力，以尋得其種種變化的規律，孜孜不倦，日積月累，先後留下了不少寶貴的智慧結晶。

大致說來，他們先由「有象」（現象界）以探知「無象」（本體界），再由「無象」（本體界）以解釋「有象」（現象界），就這樣一順一逆，往復探求、驗證，久而久之，終於形成了他們的宇宙人生觀。而這種宇宙人生觀，各家雖各有所見，但若只求其同而不求其異，則總括起來說，都可以從「（0）一、二、多」（順）與「多、二、一（0）」（逆）的互動、循環而提升的螺旋關係①上加以統合。本文即試以《周易》（含《易傳》）與《老子》為例，作一番探討。

①凡相對相成的兩者，如仁與智、明明德與親民、天（自誠明）與人（自明誠）等，都會產生互動、循環而提升的作用，而形成螺旋結構。參見拙作〈談儒家思想體系中的螺旋結構〉（臺灣師大《國文學報》，二〇〇〇年六月二十九期），頁一～三六。而所謂「螺旋」，本用於教育課程之理論上，早在十七世紀，即由捷克教育家夸美紐思所提出，乃「根據不同年齡階段（或年級），遵循由淺入深，由簡單到複雜，由具體而抽象的順序，用循環、往復螺旋式提高的方法排列德育內容。螺旋式亦稱圓周式」，見《簡明國際教育百科全書》（新華書局北京發行所，一九九一年六月一版一刷），頁六一一。又，相對於人文，科技界亦發現生命之「基因」和「DNA」等都呈現螺旋結構。參見約翰·格里賓著、方玉珍等譯《雙螺旋探密——量子物理學與生命》（上海科技教育出版社，二〇〇一年七月），頁二七一～三一八。

二、「(0)一、二、多」的順向結構

往聖先賢，經由「有象而無象」、「無象而有象」之循環探知努力，得以衝散層層神秘之煙霧，面對朗朗乾坤，而確認宇宙的原動力，並且確認萬物是由它的作用而化生、孳乳的。而這種「由無而有」的化生、孳乳過程，大致可用「(0)一、二、多」的順向結構予以呈現。先以《周易》(含《易傳》)而言，它的六十四卦，從它們之排列次序看，就含有這種結構。而它們所形成這種結構之過程，在〈序卦傳〉裡就加以交代，雖然它們或許「因卦之次，託以明義」[2]，但由於卦、爻，均為象徵之性質，乃一種概念性符號，即一般所說的「象」，象徵著宇宙人生之變化與各種物類、事類[3]，因此也足以對應地反映出這種結構：

> 有天地，然後萬物生焉。盈天地之間唯萬物，故受之以屯；屯者，盈也。屯者，物之始生也，物生必蒙，故受之以蒙；蒙者，物之稚也。物稚不可不養也，故受之以需；需者，飲食之道也。飲食必有訟，故受之以訟。訟必眾起，故受之以師；師者，眾也。眾必有所比，故受之以比；比者，比也。比必有所畜，故受之以小畜。物畜然後有禮，故受之以

②戴璉璋：「韓康伯說：『凡〈序卦〉所明，非《易》之縕也。蓋因卦之次，託以明義。』（《周易注》卷九）孔穎達同意韓氏的說法，他找出六十四卦排列的原則是『二二相耦，非覆即變』（《周易正義》卷十四）。今天我們無法知道《周易》六十四卦當初是怎麼樣排列的。採取〈序卦傳〉所說的這種排列方式，也就是漢《石經》以來通行本的排列方式，究竟是基於什麼理由，現在也很難找到正確答案了。比較〈序卦傳〉與孔氏『非覆即變』的說法，後者著眼於卦爻結構來解釋卦序，顯然比〈序卦傳〉更切合《周易》為占筮書的特性。因此說〈序卦傳〉寫作是『因卦之次，託以明義』，大體上是可信的。」見《易傳之形成及其思想》（文津出版社，一九八九年六月臺灣初版），頁一八六～一八七。

③徐復觀：「以三畫的倍數——六爻，演變而成為六十四卦。在此演變中出現有『數』的觀念。而易由兩個基本符號衍變為六十四卦，都是象徵的性質，這即是一般所謂的『象』。古人大概是以這六十四卦、三百八十四爻的相互衍變，來象徵，甚至是反映宇宙人生的變化；在這種變化中，找出一種規律，以成立吉凶悔吝的判斷，因而漸漸找出人生行為的規律。」見《中國人性論史．先秦篇》（臺灣商務印書館，一九七八年十月四版），頁二〇二。又，馮友蘭：「〈繫辭傳〉說：『易者，象也。』又說：『聖人有以見天下之賾，而擬諸其形容，象其物宜，是故謂之象。』照這個說法，『象』是模擬客觀事物的複雜（賾）情況的。又說『象也者，象此者也』；象就是客觀世界的形象。但是這個模擬和形象並不是如照相那樣照下來，如畫像那樣畫下來。它是一種符號，以符號表示事物的『道』或『理』。六十四卦和三百八十四爻都是這樣的符號。」見《馮友蘭選集》上卷（北京大學出版社，二〇〇〇年七月一版一刷），頁三九四。

履；履者，禮也。履然後安，故受之以泰；泰者，通也。物不可以終通，故受之以否。物不可以終否，故受之以同人。與人同者，物必歸焉，故受之以大有。有大有，不可以盈，故受之以謙。有大而能謙必豫，故受之以豫。豫必有隨，故受之以隨。以喜隨人者必有事，故受之於蠱；蠱者，事也。有事然後可大，故受之以臨；臨者，大也。物大然後可觀，故受之以觀。可觀而後有所合，故受之以噬嗑；嗑者，合也。物不可以苟活而已，故受之以賁；賁者，飾也。致飾而後亨則盡矣，故受之以剝；剝者，剝也。物不可以終盡，剝窮上反下，故受之以復。復則不妄矣，故受之以無妄。有無妄物，然後可畜，故受之大畜。物畜然後可養，故受之以頤；頤者，養也。不養則不可動，故受之以大過。物不可以終過，故受之以坎；坎者，陷也。陷必有所麗，故受之以離；離者，麗也。有天地然後有萬物，有萬物然後有男女，有男女然後有夫婦，有夫婦然後有父子，有父子然後有君臣，有君臣然後有上下，有上下然後禮義有所錯。夫婦之道不可以不久也，故受之以恆；恆者，久也。物不可以終久於其所，故受之以遯；遯者，退也。物不可以終遯，故受之以大壯。物不可以終壯，故受之以晉；晉者，進也。進必有所傷，故受之以明夷；夷者，傷也。傷於外者必反於家，故受之以家人。家道窮必乖，故受之以睽；睽者，乖也。乖必有難，故受之以蹇；蹇者，難也。物不可以終難，故受之以解；解者，緩也。緩必有所失，故受之以損。損而不已必益，故受之以益。益而不已必決，故受之以夬；夬者，決也。決必有遇，故受之以姤；姤者，遇也。物相遇而後聚，故受之以萃；萃者，聚也。聚而上者謂之升，故受之以升。生而不已必困，故受之以困。困乎上者必反下，故受之以井。井道不可不革，故受之以革。革物者莫若鼎，故受之以鼎。主器者莫若長子，故受之以震；震者，動也。物不可以終動，止之，故受之以艮；艮者，止也。物不可以終止，故受之以漸；漸者，進也。進必有所歸，故受之以歸妹。得其所歸者必大，故受之以豐；豐者，大也。窮大者必失其居，故受之以旅。旅而無所容，故受之以巽；巽者，入也。入而後說之，故受之以兑；兑者，說也。說而後散之，故受之以渙；渙者，離也。物不可以終離，故受之以節。節而信之，故受之以中孚。有其信者必行之，故受之以小過。有過物者必濟，故受之以既濟。物不可窮也，故受之以未濟終焉。

以上敘述，凸顯了六十四卦所產生相反相生的變化歷程。上篇所謂「有天地然後萬物生焉」，及下篇所謂「有天地然後有萬物，有萬物然後有男女，有男女然後有夫婦，有夫婦然後有父子，有父子然後有君臣，有君臣然後有上下，有上下然後禮義有所錯」，將「有天地然後有萬物」之過程，錯綜了「宇宙歷程」與「人生歷程」作了相應之說明。觀於此點，勞思光在論〈《易經》中的『宇宙秩序』觀念〉時便說：

卦爻之組織，原為占卜之用；就其本身而論，只是一種符號，只是一種符號遊戲，本無深遠意義可說。但組成六十四重卦後，予以一定排列，而又各定一名，代表一特殊意義，便含有宇宙秩序觀念。例如，六十四重卦，以乾、坤為首，「乾」原義為「上出」，故即指「發生」；「坤」原意為「地」，即指發生所需要之資料。以乾、坤為六十四卦之首，即是以能生之形式動力與所憑之資料為宇宙過程之基始條件。又六十四重卦，以既濟、未濟二者為終。「既濟」是「完成」之意，「未濟」則指「未完成」。由乾、坤開始，描述宇宙過程，至「既濟」而止，然宇宙之生滅變化永不停止，故最後加一「未濟」，以表宇宙過程本身無窮盡。……此外，其餘各重卦之名，亦具一定意義，皆表示一種可能事態。因為「卦」原為占卜而設，所以，六十四重卦所指述之事態，一方面固指宇宙歷程，另一方面也皆可應用於人生歷程。由此，又透露出另一傳統思想，即是：宇宙歷程與人生歷程有一種相應關係④。

他不但說明了由變化而形成秩序的無窮盡歷程，也指出了宇宙與人生歷程的相應關係。而戴璉璋也說：

韓氏（康伯）在〈序卦傳〉下篇的注文中，提到「先儒以〈乾〉至〈離〉為上經，天道也。〈咸〉至〈未濟〉為下經，人事也」。他認為這種說法是錯誤的。因為，「夫《易》六畫成卦，三才必備，錯綜天人，以效變化。豈有天道、人事篇於上下哉？」天道人事雖不能機械地按上下經來區分，但是《周易》的作者的主要用心處，卻的確都在這裡，即在〈序卦傳〉，我們也可看出作者那種「錯綜天人，以效變化」的企圖⑤。

所謂「錯綜天人，以效變化」，道出了《周易》這本書的特點。在「變化」中，循「由天（天道）而人（人事）」來說的部分，所呈現的是「（一）二、多」的結構；而循「由人（人事）而天（天道）」來說的部分，則所呈現的是「多、二（一）」的結構了。其中「（一）」指「太極」，「二」指「天地」或「陰陽」、「剛柔」，「多」指「萬物」（包括人事）。雖然「太極」（「道」）與「陰陽」（「剛柔」）等觀念與作用，在〈序卦傳〉裡未明確指出，卻皆含蘊其中，不然「天地」失去了「太極」（「道」）與「陰陽」（「剛柔」）等作用，便不可能「生萬物」（包括人事），而《周易》之作者也無法由此導生「錯綜天人，以效變化」的企圖了。

說明「太極」（「道」）與「陰陽」（「剛柔」）等觀念與作用，以呈現「一、二、多」結構的，

④見勞思光《新編中國哲學史》一（三民書局，一九八四年一月增訂初版），頁八五～八六。

⑤見戴璉璋《易傳之形成及其思想》，同注②，頁一八七。

在《易傳》裡，主要見於〈彖傳〉與〈繫辭傳〉：

> 大哉乾元，萬物資始，乃統天。雲行雨施，品物流行。大明終始，六位時成，時乘六龍以御天。乾道變化，各正性命。保合大和，乃利貞。首出庶物，萬國咸寧。（〈乾彖〉）
>
> 至哉坤元，萬物資生，乃順承天。坤厚載物，德合无疆。含弘光大，品物咸亨。牝馬地類，行地无疆，柔順利貞，君子攸行。先迷失道，後順得常。西南得朋，乃與類行。東北喪朋，乃終有慶。安貞之吉，應地无疆。（〈坤彖〉）
>
> 乾知大始，坤作成物。（〈繫辭上〉）
>
> 一陰一陽之謂道，繼之者善也，成之者性也。……生生之謂易，成象之謂乾，效法之謂坤。（〈繫辭上〉）
>
> 是故易有太極，是生兩儀，兩儀生四象，四象生八卦。（〈繫辭上〉）
>
> 乾坤其易之縕邪！乾坤成列而易立其中矣。（〈繫辭上〉）
>
> 天地絪縕，萬物化醇；男女構精，萬物化生。（〈繫辭下〉）
>
> 乾坤其易之門邪！乾，陽物也；坤，陰物也。（〈繫辭下〉）

先看〈彖傳〉，據知萬物之所以生、所以成的首要依據，有兩種：即乾元與坤元。由於「元」乃

「氣之始」⑥，因此對應於「乾，陽物也；坤，陰物也」的說法，可知「乾元」，指陽氣之始，是「一種剛健的創生功能」；「坤元」，指陰氣之始，為「一種柔順的含容功能」，而萬物就在這兩種功能之作用下生成、變化。對此，戴璉璋闡釋說：

> 乾元由一種剛健的創生功能來證實。所謂「剛健」，是由「變化不已」來規定，而「變化不已」，又由「各正性命」、「保合大和」來規定。這就是說：乾元的作用，在使萬物變化不已；而這不已的變化，並非盲目的、機械的，它有所指歸，它使萬物充分地、正常地實現自我，以達到高度的和諧境界。換句話說，萬物盡其本性實現自我，以獲致高度和諧境界的過程中，種種變化、健動的功能，都屬於乾元的作用。……坤元由一種柔順的含容功能來證實。所謂「柔順」，由「含弘光大」來規定，而「含弘光大」又由「品物咸亨」、「德合无疆」來規定。這就是說：坤元的作用，在使萬物蓄積富厚，而這種富厚的蓄積，

---

⑥李鼎祚：「《九家易》曰：『陽稱大，六爻純陽，故曰大。乾者純陽，眾卦所生，天之象也。觀乾之始，以之天德，惟天為大，惟乾則之，故曰大哉。元者，氣之始也。』」見《周易集解》卷一（世界書局，一九六三年五月初版），頁四。又戴璉璋：「在先秦，『元』是『首』的意思，指頭部。由此引伸，乃有『首出』、『首要』、『開始』、『根源』等意義。」見戴璉璋《易傳之形成及其思想》，同注②，頁九二。

> 並非雜亂的，僵硬的，它有所簡別，有所融通，而簡別、融通的指歸，則在順承乾元的創生功能，使萬物調適暢遂地完成自我。換句話說，萬物盡其本性完成自我的過程中，種種蓄積、順承的功能都屬於坤元的作用[7]。

如此先由「乾元」創生，再由「坤元」含容，萬物就不斷地盡其本性而實現、完成自我，以趨於和諧之境界，所呈現的就是「一（元）、二（乾、坤）、多（萬物）」的過程。

再看〈繫辭傳〉，所謂「乾知大始，坤作成物」、「天地絪縕，萬物化醇」、「生生之謂易，成象之謂乾，效法之謂坤」與「繼之者善也，成之者性也」[8]等，與〈彖傳〉之說是明顯相呼應的。而值得格外注意的是，「一陰一陽之謂道」、「生生之謂易」、「是故易有太極，是生兩儀，兩儀生四象，四象生八卦」、「乾坤其易之縕也」、「乾坤其易之門也」等這些話。在這些話裡，《易傳》的作者用「易」、「道」或「太極」來統括「陰」（坤）與「陽」（乾），作為萬物生生不已的根源。而此根源，就其「生生」這一含義來說，即「易」，所以說「生生之謂易」；就其「初始」這一象數而言，是「太極」，所以《說文解字》於「一」篆下說「惟初太極，道立於一，造分天地，化成萬物」[9]；就其「陰陽」這一原理來說，就是「道」，所以說「一陰一陽之謂道」。分開來說是如此，若合起來看，則三者可融而為一。關於此點，馮友蘭分「宇宙」與「象數」加以說明云：

《易傳》中講的話有兩套：一套是講宇宙及其中的具體事物，另一套是講《易》自身的抽象的象數系統。〈繫辭傳・上〉說：「易有太極，是生兩儀，兩儀生四象，四象生八卦。」這個說法後來雖然成為新儒家的形上學、宇宙論的基礎，然而它說的並不是實際宇宙，而是《易》象的系統。可是照《易傳》的說法：「易與天地準」（同上），這些象和公式在宇

⑦見戴璉璋《易傳之形成及其思想》，同注②，頁九三。

⑧李鼎祚：「虞翻曰：『繼，統也。謂乾能統天生物，坤合乾性，養化成之，故繼之者善、成之者性也。』」見《周易集解》卷一，同注⑥，頁三三〇。又，徐復觀：「『繼之者善也』的『善』，在此處還是形而上的性質。此形而上性質的善的性格是『仁』，是『生生』，所以其本身即要求具體實現於所生的萬物的生命之中。『成之者性也』的『成』，即具體實現之意。『成之者』的『之』，正指的是『繼之者善也』的『善』。善實現於萬物之中，即成為萬物在其生命中的性，所以便說『成之者性也』。」見《中國人性論史・先秦篇》，同注③，頁二〇七～二〇八。

⑨黃慶萱：「太極，是原始，也是無窮。從數方面來講，原始的數是一，所以《說文解字》於「一」篆下云：『惟初太極，道立於一，造分天地，化成萬物。』可見太極既為初為一；及其化成萬物，又可至於無窮。」見《周易縱橫談》（東大圖書公司，一九九五年三月初版），頁三三～三四。

宙中都有其準確的對應物。所以這兩套講法實際上可以互換。「一陰一陽之謂道」這句話固然是講的宇宙，可是它可以與「易有太極，是生兩儀」這句話互換。「道」等於「太極」，「陰」、「陽」相當於「兩儀」。《繫辭傳・下》說：「天地之大德曰生。」《繫辭傳・上》說：「生生之謂易。」這又是兩套說法。前者指宇宙，後者指易。可是兩者又是同時可以互換的[10]。

他從實（宇宙）虛（象數）之對應來解釋，很能凸顯《周易》這本書的特色。這樣，其歷程就可用「一、二、多」的結構來呈現，其中「一」指「太極」、「道」、「易」，「二」指「陰陽」、「乾坤」（天地），「多」指「萬物」；這和〈彖傳〉之說，是互相疊合的。

再以《老子》來看，簡單地說，老子是用「无、有、无」的結構[11]來組織其思想的，而其思想又以「道」作為重心，來統合「有」與「无」。所謂「无」，即「道常无名、樸」（三十二章）之意，指無形無象；所謂「有」，是「樸散則為器」（二十八章）之意，指有形有象。他認為宇宙人生是由「樸」（无）而「散為器」（有），又由「器」（有）而「復歸於樸」（无）的一個歷程。如單就其「由无而有」的這一面而言，則老子主要有如下之看法：

道可道，非常道；名可名，非常名。无，名天地之始；有，名萬物之母。（一章）

> 道之為物，惟恍惟惚。惚兮恍兮，其中有象。恍兮惚兮，其中有物。窈兮冥兮，其中有精。其精甚真，其中有信。（二十一章）
>
> 有物混成，先天地生，寂兮寞兮，獨立不改，周行而不殆，可以為天下母，吾不知其名，字之曰道，強為之名曰大。大曰逝，逝曰遠，遠曰反。（二十五章）
>
> 大道氾兮，其可左右，萬物恃之而生而不辭，功成不名有，衣養萬物而不為主。（三十四章）
>
> 道常无為，而无不為。（三十七章）
>
> 天地萬物生於有，有生於无。（四十章）
>
> 道生一，一生二，二生三，三生萬物。萬物負陰而抱陽，沖氣以為和。（四十二章）

從上引各章裡，不難看出老子這種由「无（無）」而「有」的主張。所謂「道可道非常道」、「道

---

⑩見《馮友蘭選集》上卷，同注⑶，頁二八六。

⑪此即「○、一、二、三（多）—三（多）、二、一、○」的結構，如就「有」的部分而言，可造成「一、二、多」與「多、二、一」之循環，而成為螺旋結構。參見拙作〈章法的哲學思辨〉，《詞章學論文集》（海潮攝影藝術出版社，二○○二年十二月一版一刷），頁四○～六七。

之為物，惟恍惟惚」、「道生一，一生二，二生三，三生萬物」、「有生於无」、「有物混成，先天地生，……可以為天下母」等，都是就「由无（無）而有」的順向過程來說的。而這個「道」，乃「創生宇宙萬物的一種基本動力」，如就本末整體而言，是「无」（無）與「有」的統一體；如單就「本」（根源）而言，則因為它「不可得聞見」（《韓非子．解老》），「所以老子用一個『無（无）』字來作為他所說的道的特性」⑫。而「由无（無）而有」，所說的就是「由一而多」之宇宙萬物創生的過程，所以宗白華說：

> 道的作用是自然的動力、母力，非人為的，非有目的及意志的。「萬物生於有，有生於无」這個素樸混沌一團的道體，運轉不已，化分而成萬有。故曰：「大道氾兮，其可左右。」（三十四章）「周行而不殆。」（二十五章）「反者道之動。」（四十章）「樸，則散為器。聖人用之，則為官長。」（二十八章）道體化分而成萬有的過程是由一而多，由无形而有形⑬。

而徐復觀也說：

> 宇宙萬物創生的過程，乃表明道由無形無質以落向有形有質的過程。但道是全，是一。道

的創生，應當是由全而分，由一而多的過程⑭。

就在這「由一而多」的過程中，是有「二」介於中間，以產生承「一」啟「多」的作用的。而這個「二」，從「道生一，一生二，二生三，三生萬物」等句來看，該就是「一生二，二生三」的「二」。雖然對這個「二」，歷代學者有不同的說法，大致說來，有認為只是「數字」而無特殊意思的，如蔣錫昌、任繼愈等便是；有認為是「天地」的，如奚侗、高亨等便是，有認為是「陰陽」的，如河上公、吳澄、朱謙之、大田晴軒等便是。其中以最後一種說法，似較合於原意，因為老子既說「萬物負陰而抱陽」，看來指的雖僅僅是「萬物的屬性」，但萬物既有此屬性，則所謂有其「委」（末）就有其「源」（本），作為創生源頭之「一」或「道」，也該有此屬性才對，所差的只是老子沒有明確說出而已。所以陳鼓應解釋「道生一」章說：

本章為老子宇宙生成論。這裡所說的「一」、「二」、「三」乃是指「道」創生萬物時的活

⑫見徐復觀《中國人性論史・先秦篇》，同注③，頁三二九。
⑬見《宗白華全集》二（安徽教育出版社，一九九六年九月一版二刷），頁八一〇。
⑭見徐復觀《中國人性論史・先秦篇》，同注③，頁二三七。

動歷程。「混而為一」的「道」，對於雜多的現象來說，它是獨立無偶，絕對對待的，老子用「一」來形容「道」向下落實一層的未分狀態。渾淪不分的「道」，實已稟賦陰陽兩氣；《易經》所說「一陰一陽之謂『道』」；「二」就是指「道」所稟賦的陰陽兩氣，而這陰陽兩氣便是構成萬物最基本的原質。「道」再向下落漸趨於分化，則陰陽兩氣的活動亦漸趨於頻繁。「三」應是指陰陽兩氣互相激盪而形成的均適狀態，每個新的和諧體就在這種狀態中產生出來⑮。

而黃釗也說：

愚意以為「一」指元氣（從朱謙之說），「二」指陰陽二氣（從大田晴軒說），「三」即「叄」，「參」也。若木《薊下漫筆》「陰陽三合」為「陰陽參合」。「三生萬物」即陰陽二氣參合產生萬物⑯。

他們對「一」與「三」的說法雖有一些不同，但都以為「二」是指「陰陽二（兩）氣」。而這種「陰陽二氣」的說法，其實也照樣可包含「天地」在內，因為「天」為「乾」為「陽」，而「地」則為「坤」為「陰」；所不同的，「天地」說的是偏於時空之形式，用於持載萬物⑰；而「陰陽」

指的則是偏於「二氣之良能」（朱熹《中庸章句》），用於創生萬物。這樣看來，老子的「一」該等同於《易傳》之「太極」，「二」該等同於《易傳》之「兩儀」（陰陽），所呈現的，和《周易》（含《易傳》）一樣，是「一、二、多」之原始結構。不過，值得一提的是：㈠即使這「一」、「二」、「多」之內容，和《周易》（含《易傳》）有所不同，也無損於這種結構的存在。㈡「道生一」的「道」，既是「創生宇宙萬物的一種基本動力」，而它「本身又體現了無（无）」⑱，那麼正如王弼所注「欲言無（无）耶，而物由以成；欲言有耶，而不見其形」⑲，老子的「道」可以說是「无」，卻不等於實際之「無」（實零）⑳，而是「恍惚」的「无」（虛零），以指在「一」之

⑮見陳鼓應《老子今註今譯及評介》（臺灣商務印書館，一九八五年二月修訂十版），頁一〇六。

⑯以上諸家之說與引證，見黃釗《帛書老子校注析》（學生書局，一九九一年十月初版），頁二三一。

⑰徐復觀：「中國傳統的觀念，天地可以說是一個時空的形式，所以持載萬物的；故在程序上，天地應當生於萬物之先。否則萬物將無處安放。因此，一生二，即是一生天地。」見《中國人性論史・先秦篇》，同注③，頁三三五。

⑱林啟彥：「『道』既是宇宙及自然的規律法則，『道』又是構成宇宙萬物的終極元素，『道』本身又體現了『無』。」見《中國學術思想史》（書林出版社，一九九九年九月一版四刷），頁三四。

⑲見《老子王弼注》（河洛圖書出版社，一九七四年一〇月臺景印初版），頁一六。

前的「虛理」㉑。這種「虛理」，如勉強以「數」來表示，則可以是「（0）」。這樣，「一、二、多」的順向結構，就可調整為「（0）一、二、多」或「（0）、一、二、多」，以補《周易》（含《易傳》）之不足，這就使得宇宙萬物創生、含容的順向歷程，更趨於完整而周延了。

三、「多、二、一（0）」的逆向結構

古代賢哲所直接面對的，是在神權籠罩下紛紜萬狀的大千世界，而它是「多」變而「多」樣的。他們就在這麼「多」變「多」樣的現象與神權色彩之迷惑下，不知道經過了多少歲月，藉由「有象而無象」、「無象而有象」的互動、循環探究，才逐漸化去了神權的色彩、理出了現象的本質，對應於順向的「（0）一、二、多」，而呈現了「多、二、一（0）」之逆向結構，以凸顯「有象而無象」的「歸根」歷程。

這種「多、二、一（0）」逆向結構，其形成是漸進的。而它的雛形，在《周易》（含《易傳》）與《老子》之前，見於古籍的雖多，如《尚書‧洪範》的五行說「認知事物簡單的多樣性」和《管子‧地水》「水作為世界多樣性統一」㉒的說法就是；但多停留在非哲學的階段，所以在此略而不談，而僅著眼於從非哲學過渡到哲學的這一階段。如此則不得不注意到春秋時史伯與晏嬰所

體認之「和」與「同」的兩個範疇了。先看史伯之說，據《國語・鄭語》載「史伯為桓公論興衰」：

> 公曰：「周其弊乎？」對曰：「殆於必弊者也。〈秦誓〉曰：『民之所欲，天必從之。』今王棄高明昭顯，而好讒慝暗昧；惡角犀豐盈，而近頑童窮固。去合而取同。夫和實生物，同則不繼。以他平他謂之和，故能豐長而物歸之；若以同裨同，盡乃棄矣。故先王以土與金木水火雜，以成百物。是以和五味以調口，剛四支以衛體，和六律以聰耳，正七體以役心，平八索以成人，見九紀以立純德，合十數以訓百體。出千品，具萬方，計億事，

---

⑳馮友蘭：「謂道即是无。不過此『无』乃對於具體事物之『有』而言的，非即是零。道乃天地萬物所以生之總原理，豈可謂為等於零之『无』。」見《馮友蘭選集》上卷，同注③，頁八四。

㉑唐君毅：「所謂萬物之共同之理，可為實理，亦可為一虛理。然今此所謂第一義之共同之理之道，應指虛理，非指實理。所謂虛理之虛，乃表狀此理之自身，無單獨之存在性，雖為事物之所依循、所表現，或所是所然，而並不可視同於一存在的實體。」見《中國哲學原論・導論篇》（人生出版社，一九六六年三月出版），頁三五〇～三五一。

㉒見張立文《中國哲學邏輯結構論》（中國社會科學出版社，二〇〇二年一月一版一刷），頁一一〇～一一四。

材兆物，收經入，行姟極。故王者居九畡之田，收經入以食兆民，周訓而能用之，和樂如一。夫如是，和之至也。於是乎先王聘后於異性，求財於有方，擇臣取諫工而講以多物，務和同也。聲一無聽，物一無文，味一無果，物一不講。王將棄是類也而與剸同。天奪之明，欲無弊，得乎？」㉓

史伯在此，擴充了《尚書．洪範》之五行說，從四支（肢）、五味、六律、七體（竅）、八索（體）、九紀（臟）到十數、百體、千品、萬方、億事、兆物、經入（經常的收入）、姟極（最大的極數），在具象之外，加入了抽象思維，提煉出「和」的觀點，「作為對事物的多樣性、多元性衝突融合的體認」㉔，對此，張立文闡釋說：

「和」是人們對客觀事物、日常生活、社會政治，以及養生等多樣性的融突在思維形式中的反映。史伯所舉的多樣性，從四支、五味、六律、七體、八索、九紀到十數、百體、千品、萬方、億事、兆物、經入、姟極，它們的融突，便是「和」。「和」才能產生百物，並使百物豐長；「同」是無差別的絕對等同，相同事物相加，不能產生新事物，就不會繼續發展，這就是「聲一無聽，物一無文，味一無果，物一不講」，這種非多樣性同一，即簡單的同一，不僅不能調口、衛體，而且不能聰耳、役心、成人、成物㉕。

可見四支、五味、六律、七體、八索、九紀到十數、百體、千品、萬方、億事、兆物、經入、姟極，即「多」（多樣），而「和」，就是「一」（統一）；顯然所形成的是「多而一」的結構。

再看晏嬰之說，據《左傳．昭公二十年》載：

齊侯至自田，晏子侍於遄臺，子猶馳而造焉。公曰：「唯據與我和夫！」晏子對曰：「據亦同也，焉得為和？」公曰：「和與同異乎？」對曰：「異。和如羹焉，水、火、醯、醢、鹽、梅，以烹魚肉，燀之以薪，宰夫和之，齊之以味，濟其不及，以洩其過。君子食之，以平其心。君臣亦然，君所謂可而有否焉，臣獻其否以其可；君所謂否而有可焉，臣獻其可以去其否；是以正平而不干，民無爭心。故《詩》曰：『亦有和羹，既戒既平。鬷嘏無言，時靡有爭。』先王之濟五味、和五聲也，以平其心，成其政也。聲亦如味，一氣、二體、三類、四物、五聲、六律、七音、八風、九歌，以相成也；清濁、小大、短

㉓見易中天《新譯國語讀本》（三民書局，一九九五年十一月初版），頁七〇七～七〇八。

㉔同注㉒，頁二二。

㉕同注㉒，頁二二～二三。

長、疾徐、哀樂、剛柔、遲速、高下、出入、周疏，以相濟也。君子聽之，以平其心。心平，德和。故《詩》曰『德音不瑕』。今據不然。君所謂可，據亦曰可；君所謂否，據亦曰否。若以水濟水，誰能食之？若琴瑟之專壹，誰能聽之？同之不可也如是。」㉖

很明顯地，晏嬰論「同」是「同一物的加多或重複，如『以水濟水』、『琴瑟之專壹』等」㉗，與史伯之說沒什麼不同。而論「和」，則不但已由史伯之「四、五、六、七、八、九、十、百、千、萬、億、兆」溯源到「一、二、三」之「相成」，以呈現「多」，並且又進一步地推展到「清濁、小大、短長、疾徐、哀樂、剛柔、遲速、高下、出入、周疏」之「相濟」，以呈現多樣性之「二」；而此多樣性之「二」，所謂「濟其不及，以洩其過」，是彼此互動、對待的。從史的觀點看，這種互動、對待觀念之出現，對《周易》（含《易傳》）與《老子》「二元對待」說之成熟，以及進一步用「陰陽」（剛柔）來統合「多樣性之『二』」而言，實有著過渡作用。

以《周易》（含《易傳》）來看，它以陰陽為其一對基本概念，是由此陰陽二爻而衍為四象，再由四象而衍為八卦、六十四卦的。而八卦之取象，是兩相對待的，即乾（天）為「三連」而坤（地）為「六斷」、震（雷）為「仰盂」而艮（山）為「覆碗」、離（火）為「中虛」而坎（水）為「中滿」、兌（澤）為「上缺」而巽（風）為「下斷」，而所謂「三連」與「六斷」、「仰盂」與「覆碗」、「中虛」與「中滿」、「上缺」與「下斷」，正好形成四組兩相對待之關係，以呈現其簡單的「二元對待」之邏輯結構。後來將此八卦重疊，推演為六十四卦，雖更趨複雜，卻依然存有這種「二元對待」的關係，以象徵或反映宇宙人生之種種，也為人生行為找出準則，來適應宇宙自然之規律㉘。

以六十四卦而言，所形成之「二元對待」關係是這樣子的：

㉖見楊伯峻《春秋左傳注》（源流文化公司，一九八二年四月再版），頁一四一九～一四二〇。

㉗同注㉒，頁二三。

㉘徐復觀：「古人大概是以這六十四卦，三百八十四爻的相互衍變，來象徵甚至反映宇宙人生的變化；在這種變化中，找出一種規律，以成立吉凶悔吝的判斷，因而漸漸找出人生行為的規律。」見《中國人性論史．先秦篇》，同注③，頁二〇二。又陳望衡：「在《易傳》中，陰陽概念運用得很多：〈說卦傳〉云：『觀變於陰陽而立卦』，說八卦、六十四卦是以陰陽的各種變化為基本建立起來的。〈繫辭上傳〉云：『《易》有太極，是生兩儀，兩儀生四象，四象生八卦，八卦定吉凶，吉凶生大業。』太極是宇宙未分的混沌狀態，相當於『氣』，『兩儀』即為陰陽，是太極初分的形態。就人類來說，就意味著人的產生；就宇宙來說，則意味著人的活動空間的誕生。〈繫辭上傳〉還說：『一陰一陽謂之道。』人類社會、宇宙自然的根本規律就在這陰陽的相對、相交、相和的關係中。」見《中國古典美學史》（湖南教育出版社，一九九八年八月一版一刷），頁一七九～一八〇。

屯（坎上震下）和解（震上坎下）
需（坎上乾下）和訟（乾上坎下）
小畜（巽上乾下）和姤（乾上巽下）
泰（坤上乾下）和否（乾上坤下）
謙（坤上艮下）和剝（艮上坤下）
隨（兌上震下）和歸妹（震上兌下）
臨（坤上兌下）和萃（兌上坤下）
噬嗑（離上震下）和豐（震上離下）
無妄（乾上震下）和大壯（震上乾下）
頤（艮上震下）和小過（震上艮下）
咸（兌上艮下）和損（艮上兌下）
晉（離上坤下）和明夷（坤上離下）
睽（離上兌下）和革（兌上離下）
井（坎上巽下）和渙（巽上坎下）

蒙（艮上坎下）和蹇（坎上艮下）
師（坤上坎下）和比（坎上坤下）
履（乾上兌下）和夬（兌上乾下）
同人（乾上離下）和大有（離上乾下）
豫（震上坤下）和復（坤上震下）
蠱（艮上巽下）和漸（巽上艮下）
觀（巽上坤下）和升（坤上巽下）
賁（艮上離下）和旅（離上艮下）
大畜（艮上乾下）和遯（乾上艮下）
大過（兌上巽下）和中孚（巽上兌下）
恆（震上巽下）和益（巽上震下）
家人（巽上離下）和鼎（離上巽下）
困（兌上坎下）和節（坎上兌下）
既濟（坎上離下）和未濟（離上坎下）

這些卦都是二二相偶的，如「坎上震下」（屯）與「震上坎下」（解）、「艮上巽下」（蠱）與「巽上艮下」（漸）、「乾上兌下」（履）與「兌上乾下」（夬）、「離上坤下」（晉）與「坤上離下」（明夷）……等，都很明顯地形成了二元對待的關係。此外，〈雜卦〉又云：

> 乾，剛；坤，柔。比，樂；師，憂。臨、觀之意，或與或求。……震，起也；艮，止也。損、益，衰盛之始也。大畜，時也；無妄，災也。萃，聚，而升，不來也。謙，輕；而豫，怡也。……兌，見；而巽，伏也。隨，無故也；蠱，則飭也。剝，爛也；復，反也。晉，晝也，明夷，誅也。井，通；而困，相遇也。咸，速也；恆，久也。渙，離也；節，止也。解，緩也；蹇，難也。睽，外也；家人，內也。否、泰，反其類也。……革，去故也；鼎，取新也。小過，過也；中孚，信也。豐，多故也；親寡，旅也。離，上；而坎，下也。……大過，顛也；頤，養正也。既濟，定也；未濟，男之窮也。姤，遇也，柔遇剛也；……夬，決也；剛決柔也。君子道長，小人道憂也。

這些卦的要義或特性，都兩兩相待，如剛和柔、樂與憂、與和求、起和止、衰和盛、時和災、見和伏、速和久、離和止、外和內、否和泰、去故和取新、多故和親寡、上和下……等等，都可輕易從字面上看出其對待關係來，這可稱之為「異類相應的聯繫」[29]。

相對於「異類相應的聯繫」，當然也有「同類相從的聯繫」。這種「同類相從的聯繫」，是由史伯、晏嬰「同」的觀念發展出來的。原來的「同」，指「同一物的加多或重複」，到了《周易》、《老子》，則指同類事物的「相從」；這類「相從」，乃著眼於「調和性」，與「相應」的「對比性」，又形成「二元對待」的關係。以《周易》而言，它有六十四卦，每卦在形成「秩序」與「變化」之同時，也使卦卦「聯繫」在一起，成為一個「統一」的整體。而形成「聯繫」，最明顯的，是使兩相對待者以「對比」（正反）或「調和」（正正、反反）方式聯結在一起。如見於〈雜卦〉的剛和柔、樂與憂、與和求、起和止、衰和盛、時和災、見和伏、速和久、離和止、外和內、否和泰、去故和取新、多故和親寡、上和下……等等，其中除了起和止、速和久、外和內、上和下等，未必形成「對比」而有「調和」可能性外，其餘的都比較偏向於「對比」，而都產生「聯繫」的作用。針對著這種道理，張立文在說明中國哲學邏輯結構之「有序性」時，便舉《周易》為例加以論述說：

> 結構在中國哲學邏輯結構中，具有自我調節的作用。它具有兩方面的含義：一是指範疇的排列在時間上與空間上的有序性；二是指範疇排列的邏輯次序。就前者而言，《周易》中的〈序卦傳〉，便是人類對有序性的自覺：「有天地，然後萬物生焉。盈天地之間唯萬物，故受之以屯；屯者，盈也。屯者，物之始生也，物生必蒙，故受之以蒙；蒙者，物之

稚也。物稚不可不養也，故受之以需；需者，飲食之道也。飲食必有訟，故受之以訟。……」萬物生長的過程是屯始，始而蒙稚，稚而需養，爭養而有訟，……以至於有過於物，過物必相既濟，然後發展無限，不可窮盡，便是未濟。從天地自然到人類社會以至倫理道德演化過程，構成了從天道到地道到人道的整體結構次序。即使從六十四卦的卦象來看，也是互相聯結，相互作用，構成「和合體」化結構。就後者而言，《周易・繫辭上傳》：「天尊地卑，乾坤定矣。卑高以陳，貴賤位矣。」《家人・彖傳》：「女正位乎內，男正位乎外，男女正，天地之大義也。家人有嚴君矣，父母之謂也。父父，子子，兄兄，弟弟，夫夫，婦婦，而家道正，正家而天下定矣。」從天高地低比附為天尊地卑，或從經驗中發現某事與否事的必然聯繫，這種比附性的思維對於自身行為與自然現象的聯繫和自身行為與人事經驗的聯繫，便產生了一種確定無疑的信念㉚。

可見在六十四卦的排序與變化裡，可看出「異類相應」㉛（「和合」（局部）中有相反（對立）、

㉙戴璉璋：「以上各卦所標示的特性或要義：剛和柔、樂和憂、與和求、起和止、盛和衰等等，都是異類相應的聯繫。」見《易傳之形成及其思想》，同注②，頁一九六。

㉚同注㉒，頁七二～七三。

相反（對立）中有「和合」（局部）的相互關係」和「同類相從」兩種聯繫，也凸顯了由互相「聯繫」而形成「統一」（大「和合體」）的整體結構。其中「異類相應的聯繫」，也就是「對比性對待」的部分，已論述如上文，而「同類相從的聯繫」，如上引的「父父，子子，兄兄，弟弟，夫夫，婦婦，而家道正，正家而天下定矣」，又所謂的「天高地低比附為天尊地卑」，即屬此類；這在《周易》裡，是頗值得注意的。譬如它的八卦：

乾（乾上乾下）、坤（坤上坤下）　習（坎上坎下）、離（離上離下）

震（震上震下）、艮（艮上艮下）　巽（巽上巽下）、兌（兌上兌下）

這是以乾與乾、坤與坤、坎與坎、離與離、震與震、艮與艮、巽與巽、兌與兌等的重疊而形成了「同類相從的聯繫」。除此之外，〈雜卦〉云：

> 屯，見而不失其居；蒙，雜而著。……大壯，則止；遯，則退也。大有，眾也；同人，親也。……小畜，寡也；履，不處也。需，不進也；訟，不親也。……歸妹，女之終也；漸，女歸待男行也。

這是以「止」和「退」、「眾」和「親」、「寡」和「不處」、「不進」和「不親」、「女之終」和「女歸待男行」等的相類而形成「同類相從的聯繫」。關於這點，戴璉璋在《易傳之形成及其思想》中說：

> 依〈序卦傳〉，屯與蒙都是代表事物始生、幼稚時期的情況，〈雜卦傳〉作者用「見而不失其居」、「雜而著」來描述屯、蒙兩卦的特性，也都是就始生的事物而言。此外引大壯以下各卦的「止」和「退」、「眾」和「親」、「寡」和「不處」、「不進」和「不親」、「女之終」和「女歸待男行」，都是同類相從的聯繫㉜。

他把這種「聯繫」，說明得極清楚。

而這兩種「聯繫」，在《老子》中也處處可見。先拿「異類相應的聯繫」而言，兩相對待者，如：

㉛同注②。

㉜同注⑤，頁一九五。

天下皆知美之為美，斯惡已；皆知善之為善，斯不善已。故有無相生，難易相成，長短相較，高下相傾，音聲相和，前後相隨。（二章）

是以聖人之治：虛其心，實其腹；弱其志，強其骨。（四章）

寵辱若驚，貴大患若身。何謂寵辱若驚？寵為下，得之若驚，失之若驚，是謂寵辱若驚。（十三章）

曲則全，枉則直，窪則盈，敝則新，少則得，多則惑，是以聖人抱一，為天下式。（二十二章）

重為輕根，靜為躁君，是以聖人，終日行不離輜重。（二十六章）

知其雄，守其雌，為天下谿；常德不離，復歸於嬰兒。知其白，守其黑，為天下式；為天下式，常德不忒，復歸於無極。知其榮，守其辱，為天下谷；為天下谷，常德乃足，復歸於樸。（二十八章）

君子居則貴左，用兵則貴右。……吉事尚左，凶事尚右；偏將軍居左，上將軍居右。（三十一章）

將欲歙之，必固張之；將欲弱之，必固強之；將欲廢之，必固興之；將欲奪之，必固與之；是謂微明。（三十六章）

上德不德，是以有德；下德不失德，是以無德。……是以大丈夫處其厚，不居其薄；處其

實，不居其華；故去彼取此。（三十八章）

故貴以賤為本，高以下為基，是以侯王自謂孤寡不穀，此非以賤為本耶？（三十九章）

明道若昧，進道若退，夷道若纇。（四十一章）

萬物負陰而抱陽，沖氣以為和。……故物或損而益之，或益之而損。（四十二章）

大直若曲，大巧若拙，大辯若訥。躁勝寒，靜勝熱，清靜為天下正。（四十六章）

出生入死。生之徒十有三，死之徒十有三。（五十章）

故不可得而親，不可得而疏；不可得而利，不可得而害；不可得而貴，不可得而賤；故為天下貴。（五十六章）

以正治國，以奇用兵，以無事取天下。（五十七章）

禍兮福之所倚，福兮禍之所伏。（五十八章）

圖難於其易，為大於其細。（六十三章）

為之於未有，治之於未亂。……民之從事，常於幾成而敗之。慎終如始，則無敗事。（六十四章）

強大處下，柔弱處上。（七十六章）

正言若反。（七十八章）

如上所引，「美」（喜）與「惡」（怒）、「善」（是）與「不善」（非）⑶、「有」與「無」、「難」與「易」、「長」與「短」、「高」（上）與「下」、「前」與「後」、「寵」（榮）與「辱」、「得」與「失」、「曲」（偏）與「全」、「枉」（曲）與「直」、「窪」與「盈」、「敝」與「新」、「少」與「多」、「重」與「輕」、「靜」與「躁」、「雄」與「雌」、「白」與「黑」、「左」與「右」、「歙」與「張」、「弱」（柔）與「強」（剛）、「廢」與「興」、「奪」與「與」、「厚」與「薄」、「實」與「華」、「彼」與「此」、「貴」與「賤」、「明」與「昧」、「進」與「退」、「夷」（平）與「類」（不平）、「陰」與「陽」、「損」與「益」、「巧」與「拙」、「辯」與「訥」、「寒」與「熱」、「生」與「死」、「親」與「疏」、「利」與「害」、「正」與「奇」（反）、「禍」與「福」、「大」與「細」、「治」與「亂」、「成」與「敗」、「終」與「始」等，都兩相對待，藉由「運動」而「互相轉化」，而形成「異類相應的聯繫」。張立文在論「老子哲學的邏輯結構」時說：

> 從「道」（「無」）開始的運動，通過「一」、「二」、「三」等階段的演化過程，派生了世界萬物。……當「道」（「無」）演化到「二」、「三」、「萬物」等階段的時候，老子不僅承認事物的衝突，提出了諸如美─醜、有─無、難─易、高─下、剛─柔、善─惡、禍─福、強─弱、生─死、勝─敗、貴─賤、華─實等對待衝突概念七八十對之多。而且承認

衝突雙方的相互轉化。他說：「曲則金（全）枉則定（正），窪則盈，敝則新，少則得，多則惑。」這是說，委曲能變保全，彎曲能變直，低窪能變盈滿，舊的能變新，少取能變多得，多取能變迷惑。矛盾雙方的一個方面是可以向其相反的方向轉化的。在社會人事中，則「禍，福之所倚；福，禍之所伏」，禍與福不是絕對的，而是互相轉化的。這是可貴的辯證法的合理因素㉞。

這雖是著眼於「由无而有」的順向過程來說，但也相應地反映了「由有而无」的逆向順序，而且是兩相疊合的。其中就多樣的「二」來看，相對待之雙方，就由「運動」而「轉化」而產生「聯繫」，並由局部逐步擴展到整體，以至於形成「統一」。

次由「同類相從的聯繫」來看，如：

㉝王弼注二章：「美者，人心之所進樂也；惡者，人心之所惡疾也。美、惡，猶喜、怒也；善、不善，猶是、非也。喜、怒同根，是、非同門，故不得而偏舉也。此六者，皆陳自然不可偏舉之名數。」同注⒆，頁三。

㉞同注㉒，頁一四七。

道可道，非常道；名可名，非常名。（一章）

是以聖人處無為之事，行不言之教；萬物作焉而不辭，生焉而不有；為而不恃，功成而弗居。夫唯弗居，是以不去。（二章）

不上賢，使民不爭；不貴難得之貨，使民不為盜；不見可欲，始民心不亂。（三章）

天地不仁，以萬物為芻狗；聖人不仁，以百姓為芻狗。（五章）

居善地，心善淵，與善仁，言善信，正善治，事善能，動善時；夫唯不爭，故無尤。（八章）

金玉滿堂，莫之能守；富貴而驕，自遺其咎。（九章）

載營魄抱一，能無離乎？專氣致柔，能嬰兒乎？滌除玄覽，能無疵乎？愛民治國，能無以知乎？天門開闔，能為雌乎？明白四達，能無以為乎？生之，畜之。生而不有，為而不恃，長而不宰，是謂玄德。（十章）

五色，令人目盲；五音，令人耳聾；五味，令人口爽；馳騁畋獵，令人心發狂；難得之貨，令人行妨。是以聖人為腹不為目，故去彼取此。（十二章）

古之善為士者，微妙玄通，深不可識。夫唯不可識，故強為之容：豫焉若冬涉川，猶兮若畏四鄰，儼兮其若容，渙兮若冰之將釋，敦兮其若樸，曠兮其若谷，混兮其若濁。孰能濁以靜之徐清？孰能安以動之徐生？保此道者，不欲盈；夫唯不盈，故能蔽不新成。（十五

章）

以上都是呈現「同類相從的聯繫」的例子，如一章的「常道」與「常名」，二章的「無為之事」與「不言之教」、「作焉」與「生焉」、「不辭」與「不有」、「不恃」與「弗居」，三章的「不上賢」與「不貴難得之貨」與「不見可欲」、「不爭」與「不為盜」與「心不亂」……等，皆以「同類相從」而聯繫在一起。此類例子，在《老子》一書裡，是不勝枚舉的。

這種「同類相從的聯繫」與局部「和合」的「異類相應的聯繫」，都會由於互動，以形成「調和」的作用。而「調和」與「調和」、「調和」與「對比」、「對比」與「對比」的結構，又可以相互產生「同類相從」或「異類相應」的聯繫，這樣由局部而整體地趨於最後的「統一」。而這種「統一」，在《周易》（含《易傳》）來說，即「一」，指的是「太極」（「道」或「易」）；在《老子》而言，即「一（0）」，指的是「道生一」。

一般而論，所謂「調和」，是對應於「陰」與「柔」來說的；而所謂「對比」，是對應於「陽」與「剛」而言的[35]。如說得徹底一點，即一切「調和」與「對比」，都是由於陰（柔）陽（剛）相對、相交、相和的結果。《易傳》云：

一陰一陽之謂道。（〈繫辭上〉）

剛柔者，立本者也；變通者，趣時者也。（〈繫辭下〉）

剛柔相推而生變化。……變化者，進退之象也；剛柔者，晝夜之象也。（〈繫辭上〉）

窮則變，變則通，通則久。（〈繫辭上〉）

乾坤其易之門邪！乾，陽物也；坤，陰物也。陰陽合德而剛柔有體，以體天地之撰，以通神明之德。（〈繫辭下〉）

天地絪緼，萬物化醇，男女構精，萬物化生。（〈繫辭下〉）

天尊地卑，乾坤定矣；卑高以陳，貴賤位矣；動靜有常，剛柔斷矣。（〈繫辭上〉）

《周易》（含《易傳》）的作者，就在前人「有象而無象」、「無象而有象」之努力基礎下，終於確認陰陽乃一切變化，形成多樣對待之根源。就拿八卦與由八卦重疊而成的六十四卦來說，即全由陰陽二爻所構成，以象徵並概括宇宙人生的各種變化，〈說卦〉說的「觀變於陰陽而立卦」，就是這個意思。他以為宇宙之源，就在這種陰陽的相對、相交、相和之作用下，變而通之，通而久之，於是創造了天地萬物（含人類），達於「統一」（和諧）的境地㊱。而這種「統一」（和諧），可說是剛柔（陰陽）之統一，是剛柔（陰陽）相濟的，如以上引的天地（乾坤）、晝夜、高低、男女、尊卑、進退、貴賤、動靜而言，天（乾）、晝、高、男、尊、進、貴、動等為剛，地（坤）、夜、低、女、卑、退、賤、靜等為柔，它們是相應地相對而為一的。

而《老子》直接談到「陰陽」或「剛柔」的地方雖不多，卻有幾處是值得注意的：

萬物負陰而抱陽。（四十二章）

柔弱勝剛強。（三十六章）

弱者，道之用。天下萬物生於有，有生於无。（四十章）

堅強者，死之徒；柔弱者，生之徒。（七十六章）

㉟見歐陽周、顧建華、宋凡聖《美學新編》（浙江大學出版社，二〇〇一年五月一版九刷），頁八一。又仇小屏：「造成最明顯、最大美感的，還是『對比』與『調和』兩種形態，因為『對比』會形成極大的反差，因此有強健、闊達、華美之感，所以趨向於『陽剛』；而『調和』則因質性之相近，產生優美、融洽、鎮靜、深沉等情緒，因此自然趨向於『陰柔』。」見《古典詩詞時空設計美學》（文津出版社，二〇〇二年十一月），頁三三二。

㊱陳望衡：「《周易》中的陰陽理論強調的不是相反事物的對立，而是相反事物的相交、相和。《周易》認為，陰陽相交是生命之源，新生命的產生不在於陰陽的對立，而在於陰陽的交感、統一。因此陰陽的相合不是量的增加，而是新質的產生，是創造。因此，陰陽相交、相合的規律就是創造的規律。」見《中國古典美學史》，同注㉘，頁一八二。

強大處下，柔弱處上。（七十六章）

弱之勝強，柔之勝剛，天下莫不知、莫能行。（七十八章）

老子談到陰陽的，僅一見，在此，他雖然只落到「萬物」（多）上來說，卻該推源到「一生二」以尋其根。而談到「剛柔」的，則往往牽「強」牽「弱」，也落到「多」（萬物）上加以發揮，但「剛」為「陽」、「柔」為「陰」，是同樣該歸根於「一生二」予以確認的；因為這是老子觀察自然現象（萬物）時，從現象（萬物）中所抽離出來的二元對待之基本範疇；而所謂「弱者，道之用」，是以「道」（无）為「體」，而以「弱上剛下」（「強大處下，柔弱處上」），針對著「有生於无」之「有」，來說其「用」的[37]。可見老子的「二」，就「同」的觀點而言，是彼此相容的。

如此從對待多數的「兩樣」（二）中提煉出源頭的「剛柔」（陰陽），而成為「剛柔（陰陽）的統一」（《易傳》），呈現的是「『多』（多樣事物、多樣對待）→『二』（剛柔、陰陽）→『一』（0）（統一）」的過程，這是逐漸由「有象」（委）而追溯到「無象」（源）的，很合於歷史發展的軌跡。

這種剛柔（陰陽）之統一，指的既然是剛柔（陰陽）之相濟、適中，好像只能容許剛柔（陰陽）各半以相濟，達於絕對「適中」，亦即「大統一」（「中和」）的地步，但是天地之運，一刻不息，以致剛柔（陰陽）隨時都在互相滲透、互相轉化之中，所謂「陽卦多陰，陰卦多陽」（〈繫辭下〉)、「剛柔相推而生變化」(〈繫辭上〉)、「剛柔相易」(〈繫辭下〉),這樣往往就產生「剛中寓柔」(偏剛、剛中)或「柔中寓剛」(偏柔、柔中)的「小統一」情況;而「剛中寓柔」所造成的是「對立式統一」,《周易》(含《易傳》)的主張即偏於此;「柔中寓剛」所造成的是「調和式統一」㊳,《老子》的主張即偏於此。這樣的「統一」思想,不但對中國哲學有影響,就是對文學、美學,也影響極深遠㊴。

㊲陳鼓應:「『弱者道之用』:『道』創生萬物輔助萬物時,萬物自身並沒有外力降臨的感覺,『柔弱』即是形容『道』在運作時並不帶有壓力感的意思。」同注⑮,頁一五五。

㊳夏放:「從構成形式美的物質材料的總體關係來說,最基本的規律是『多樣的統一』,平時所謂的『和諧美』,意即是『多樣的統一』。……『多樣的統一』包括兩種基本類型:一種是多種非對立因素相互聯繫的統一,形成一種不太顯著的變化,謂之『調和式統一』;一種是各種對立因素之間的相反相成,造成和諧,形成『對立式統一』。」見《美學——苦惱的追求》(海峽文藝出版社,一九八八年五月一版一刷),頁一〇八。

四、「(0)一、二、多」與「多、二、一(0)」的關係

「(0)一、二、多」與「多、二、一(0)」的順逆向過程之所以能接軌，是由於「反」的作用，而它就是宇宙人生的一重要規律，所謂「物極必反」，說的就是這種作用。大體說來，這個「反」，就是一切變化的動力，使變化由「相反」而「返回」而「循環」，形成一個螺旋式歷程。就以《周易》(含《易傳》)而言，其爻辭論各爻吉凶時，即呈現「反」之規律與作用；也就是說，吉象到了最後會反為凶，而凶象到了最後則反為吉。前者如〈乾〉、〈坤〉、〈泰〉、〈復〉、〈益〉、〈豐〉等卦，皆為吉利之卦，但其最後一爻，卻反而不吉，其爻辭依序為：

〈乾〉之「上九」：「亢龍有悔。」

〈坤〉之「上六」：「龍戰於野，其血玄黃。」

〈泰〉之「上六」：「城復於隍，勿用師，自亦告命，貞吝。」

〈復〉之「上六」：「迷復凶。有災眚。用行師，終有大敗，以其國君凶；至於十年不克

征。」

〈益〉之「上九」：「莫益之，或擊之。立心勿恆，凶。」

〈豐〉之「上六」：「豐其屋，蔀其家。闚其戶，闃其無人。三歲不覿，凶。」

所謂「亢龍有悔」、「其血玄黃」、「勿用師」、「貞吝」或「凶」，都指出由吉反於不吉之意㊵。

㊴陳望衡：「《周易》強調的不是陰陽、剛柔之分，而是陰陽、剛柔之合。這一點同樣在中國美學、藝術中留下深廣的影響。中國美學向來視剛柔相濟的和諧為最高理想。中國的藝術批評學也總是以剛柔相濟作為一條最高的審美標準。於是，中國的藝術家們也都自覺地去追求剛柔的統一，並不一味地去追求純剛或純柔，而總是或柔中寓剛或剛中寓柔。劉熙載是我國清代卓越的藝術批評家，他的《藝概》一書，涉及文、詩、賦、詞、曲、書法等藝術領域，有不少精闢的論斷，他最為推崇的藝術審美理想就是剛柔相濟。」同注㉘，頁一八六～一八七。

㊵馮友蘭：「照《易傳》的解釋，有些卦爻的次序，也表示『物極必反』的規律。例如，〈乾卦〉的六爻說明，一個有『聖人之德』的人，由下位逐步上升到君位。初九代表下位，九二、九三、九四，依次上升，到九五就是『飛龍在天』，成為最高的統治者了。上九比九五還高一層，可是到上九就成為『亢龍』而『有悔』了。為什麼是如此呢？〈文言〉解釋說：『亢龍有悔，窮之災也』；到了上九就要『窮則變』了。」見《馮友蘭選集》上卷，同注3，頁四一三。

後者如〈否〉、〈剝〉、〈睽〉、〈蹇〉、〈損〉、〈困〉等卦，皆為凶危之卦，而其最後一爻，卻轉而為吉，其爻辭依序為：

〈否〉之「上九」：「傾否，先否後喜。」

〈剝〉之「上九」：「碩果不食，君子得輿，小人剝廬。」

〈睽〉之「上九」：「睽孤，見豕負塗，載鬼一車。先張之弧。匪寇，婚媾，往，遇雨則吉。」

〈蹇〉之「上六」：「往蹇來碩，吉。利見大人。」

〈損〉之「上九」：「弗損益之。无咎，貞吉。利有攸往，得臣無家。」

〈困〉之「上六」：「困於葛藟，於鯢卼，曰動悔。有悔，征吉。」

所謂「先否後喜」、「君子得輿」、「遇雨則吉」、「利見大人」、「无咎，貞吉」、「征吉」，都指出由不吉反於吉之意。勞思光釋此云：

爻辭論各爻之吉凶時，常有「物極必反」的觀念。具體地說，即是卦象吉者，最後一爻多半反而不吉；卦象凶者，最後一爻有時反而吉㊶。

這說的是卦爻之「反」的作用。擴大到卦與卦之間來說，也是如此。〈序卦〉所敘六十四卦之次序，即部分呈現了這種「反」的規律。對此，馮友蘭加以闡釋說：

> 《易傳》認為，「物極必反」是事物變化所遵循的一個通則。照〈序卦〉所說，六十四卦的次序，即表示這種通則。六十四卦中，相反卦常是在一起的。例如：泰卦和否卦、剝卦和復卦、震卦和艮卦、既濟卦和未濟卦，在卦象上都是相反的，可是在六十四卦的排列次序中，它們是在一起的。專就這個次序說，這可能是《易經》中原有的辯證法思想。〈序卦〉這個思想說：「泰者，通也。物不可以終通，故受之以否」、「剝者，剝也物不可以終盡，剝窮上反下，故受之以復」、「震者，動也。物不可以終動，止之，故受之以艮；艮者，止也」。六十四卦的最後一卦是「未濟」。〈序卦〉說：「物不可窮也，故受之以未濟終焉。」「通」的事物「不可以終通」；「動」的事物「不可以終動」；這就是說它們必然要轉化為其對立面。「物不可窮」，就是說，事物是無盡的；世界無論在什麼時候總是未完成（「未濟」），就是說，永遠處在轉化的過程中。這些是《易傳》中的辯證法思想

---

(41) 同注(4)，頁八五～八六。

㊷。

所謂「永遠處在轉化的過程中」，正說明了一切事物的變化，都相反而相成，是永無止境的。而這種「相反相成」的變化，在《周易》（含《易傳》）中，可推擴開來，涵蓋「正變正」、「正變反」、「反變反」、「反變正」等的變化，而形成循環不已的邏輯結構。六十四卦以「屯」起、「既濟」轉、「未濟」終，就表示這種由「屯」而「既濟」而「未濟」而「屯」之循環關係，聯結了天、地、人，以呈現其變化歷程。

就這樣，《周易》先由爻與爻的「相生相反」的變化，以形成小循環；再擴及這種變化到卦，由卦與卦「相生相反」的變化，以形成大循環。而大、小循環又互動、循環不已，形成層層上升之螺旋結構。關於這點，黃慶萱說：

> 《周易》的周，……有周流的意思。《周易》每卦六爻，始於初，分於二，通於三，革於四，盛於五，終於上。代表事物的小周流。再看六十四卦，於〈乾卦〉的行健自強；到了六十三卦的「既濟」，形成了一個和諧安定的局面；接著的卻是「未濟」，代表終而復始，必須作再一次的行健自強。物質的構成，時間的演進，人事的努力，總循著一定的周期而流動前進，於是生命進化了，文明日益發展㊸。

所謂「周流」、「終而復始」、「周期而流動前進」，說的就是《周易》變化不已的螺旋式結構。而這種結構，如對應於「三易」（《易緯・乾鑿度》）而言，則「多」說的是「變易」、「二」說的是「簡易」，而「（0）一」說的是「不易」。因此「三易」不但可概括《周易》之內容與特色，也可以呈現「多」、「二」、「（0）一」的螺旋結構。

㊷見《馮友蘭選集》上卷，同注③，頁四一二～四一三。

㊸見《周易縱橫談》，同注⑨，頁二三六。又黃慶萱：「賈氏（公彥）為《周禮》作疏，在〈春官・大卜〉『掌三易之法』條下疏云：『《周易》以純乾為首，乾為天，天能周匝於四時，故名《易》為周也。』近人錢基博力主此說，於《周易解題及其讀法》指出：『「周」之為言「周匝」也。「周而復始」也。非賈君後起之義，而孔子繫《易》以來授受之微言大義也。何以明其然？孔子繫泰之九三，曰：「无平不陂，无往不復。」〈彖〉復見天地之心；而作〈序卦〉以序六十四卦相次之義；泰之受以否也，剝之窮以復也，損而不已必益，生之不已必困，如此之類，原始要終，罔不根極於復；所以深明易道之「周」也。其見義於〈繫辭下〉者，曰：「《易》之為書也不可遠；為道也屢遷，變動不居，周流六虛，上下无常，剛柔相易，不可為典要，惟變所適。」斯尤明稱易道變動之「周流六虛」焉。』周匝變易，終而復始，為《周易》的進化論。」見同書，頁三。

以《老子》而言，強調這種「反」作用的章節，也相當多。除見於上文外，另有：

故常无，欲以觀其妙；常有，欲以觀其徼。此兩者，同出而異名，同謂之玄。玄之又玄，眾妙之門。（一章）

致虛極，守靜篤，萬物並作，吾以觀復。凡物芸芸，各復歸其根。歸根曰靜，是謂復命，復命曰常。知常曰明，不知常，妄作凶。知常容，容乃公，公乃王，王乃天，天乃道，道乃久，沒身不殆。（十六章）

有物混成，先天地生，寂兮寞兮，獨立不改，周行而不殆，可以為天下母，吾不知其名，字之曰道，強為之名曰大。大曰逝，逝曰遠，遠曰反。（二十五章）

知其雄，守其雌，為天下谿；常德不離，復歸於嬰兒。知其白，守其黑，為天下式；為天下式，常德不忒，復歸於無極。知其榮，守其辱，為天下谷；為天下谷，常德乃足，復歸於樸。（二十八章）

反者道之動，弱者道之用。天下萬物，生於有，有生於无。（四十章）

天下有始，以為天下母。既得其母，以知其子；既知其子，復守其母，沒身不殆。（五十二章）

常知稽式，是謂玄德。玄德深矣遠矣，與物反矣，然後乃至大順。（六十五章）

以上數章，除了所謂「復歸於樸」、「遠曰反（返）」、「歸根」、「復命」等，是就「返回」來說之外；其餘的，則主要在說明「物極必反」而又「相生相成」的道理。陳鼓應引述「反者道之動」說：

> 在這裡「反」字是歧義的（ambiguous）：它可以作相反講，又可以作返回講（「反」與「返」通）。但在老子哲學中，這兩種意義都被蘊涵了，它蘊涵了兩個概念：相反對立與返本復初。這兩個概念在老子哲學中都很重視的。老子認為自然界中事物的運動和變化莫不依循著某些規律，其中的總規律就是「反」，事物向相反的方向運動發展；同時事物的運動發展總要返回到原來基始的狀態㊹。

在此談到了「反」的兩種意涵。除此兩種意涵外，老子的「反」，該也有著「循環」的意思。勞思光闡釋「反者道之用」說：

㊹同注⑮，頁一五四。

「動」即「運行」，「反」則包含循環交變之義。「反」即「道」之內容。就循環交變之義而言，「反」以狀「道」，故老子在《道德經》中再三說明「相反相成」與「每一事物或性質皆可變至其反面」之理㊺。

而姜國柱也說：

「道」的運動是周行不殆，循環往復的圓圈運動。運動的最終結果是返回其根：「復歸其根」、「復歸於樸」。這裡所說的「根」、「樸」都是指「道」而言。「道」產生、變化成萬物，萬物經過周而復始的循環運動，又返回、復歸於「道」。老子的這個思想帶有循環論的色彩㊻。

這是結合「相反」之義來加以說明的。所以老子的這個「反」，與《周易》一樣，含有「相反」與「循環」的意思。而「相反」，則必有所對立，且「相生」、「相成」，如「有」與「無」、「美」與「惡」(醜)、「善」與「不善」、「難」與「易」、「長」與「短」、「高」與「下」、「前」與「後」、「曲」與「全」、「枉」與「直」、「窪」與「盈」、「敝」與「新」、「少」與「多」、「雄」與「雌」、「白」與「黑」、「榮」與「辱」、「禍」與「福」、「壯」與「老」、「強」與

「弱」、「柔」與「剛」等，都可以互動轉化，形成「既相反又相成」之關係，而循環不已。宗白華在談老子「常道之辯證因素」時說：

> 常道，即「反者道之動」、「萬物並作，吾以觀復」。在《老子》思想裡，是具有辯證法的思考因素的。它是了解物質的運動、變化，此外，它亦了解事物的對立矛盾。六十一章說：「牝常以靜勝牡。」所以他常用剛柔、窪盈、雌雄、榮辱、善惡、禍福等對立的範疇說明事物與人生。他主張相對論以為事物是相對變化，相反相成㊼。

這主要說的是二元對待中「相反」之作用，以見其循環不已之「運動」與「變化」。至於「返回」，則說的是「相反」、「循環」的必然結果。徐復觀在論「老子的道德思想之成立」時，特別著眼於此論述說：

㊺同注④，頁二四〇。

㊻見姜國柱《中國歷代思想史．壹、先秦卷》（文津出版社，一九九三年十二月初版一刷），頁六二。

㊼同注⑬，頁八一一～八一二。

老子說到道的作用的話很多；但最切要的莫如四十章「反者道之動，弱者道之用」兩句話。所謂反者道之動的「反」，即回歸、回返之意。道要無窮的創生萬物；但道的自身，絕不可隨萬物而遷流，應保持其虛無的本性；所以它的動，應同時即為自身的反。反者，反其虛無的本性。虛無本性的喪失，即是創造力的喪失。同時，道既永遠保持其虛無本性，它便不允許既生的萬物，一直殭化在形器界中，而依然要回到「無」，回到道的自身那裡去；這是萬物之「反」，也就是道之「反」。否則道之自身，便也將隨萬物殭化而殭化。這即是「常有，欲以觀其徼」（一章）、「萬物並作，吾以觀其復；夫物芸芸，各復歸其根」（十章）、「與物反矣」（六十五章）的意思㊽。

這完全從「復歸」（返回）的角度切入，說的是「相反相成」、循環不已的變化結果。而馮友蘭在論老子「對於事物之觀察」時，也認為「反」是「事物變化之一最大通則」，他說：

事物變化之一最大通則，則一事物若發達至於極點，則必一變而為其反面。此即所謂「反」，所謂「復」。……惟「反」為道之動，故「禍兮福之所倚，福兮禍之所伏」，「正復為奇，善復為妖」（五十八章）。惟其如此，故「曲則全，枉則直，窪則盈，敝則新，少則得，多則惑」（二十二章）。惟其如此，故「飄風不終朝，驟雨不終日」（二十三章）。惟其如此，故「以道佐人主者，不以兵強天下，其示好還」（三十章）。惟其如此，故「天之道其猶張弓與，高者抑之，下者舉之；有餘者損之，不足者補之」（七十七章）。惟其如此，故「天下之至柔，馳騁天下之至堅」（四十三章），「天下莫柔弱於水，而攻堅，強者莫之能勝」（七十八章）。惟其如此，故「物或損而益之，或益之而損」（四十二章）。凡此皆事物變化自然之通則，《老子》特發現而敘述之，並非故為奇論異說㊾。

可見「相反相成」、循環不已，說的就是「變化」，而「變化」的結果，就是「返回」至「道」的本身，這可說是變化中有秩序、秩序中有變化之一個循環歷程。唐君毅釋此云：

> 道之自身，……既可稱為有，亦可稱為無，即兼具能有能無之有相與無相，已成其玄妙之常者。然彼道所生物，則當其未生為無，便只具無相，不具有相；惟其未生，即尚未與道分異。當物既生，即具有相，而離其初之無相，即與道分異而與道相對。至當物復歸於無，則復無其有相，以再具無相，又不復與道分異。以道觀物，物之由未生而生，以再歸

㊽見徐復觀《中國人性論史‧先秦篇》，同注③，頁三四七。

㊾見《馮友蘭選集》上卷，同注③，頁八八。

於無，及物之以其一生之歷程，分別體現道之能有能無之有相與無相，亦即由與道不分異，而分異，再歸於不分異者。此正所以使道之能有能無之有無二相，依次表現於物，使道得長表現其自己之道相於物，以成其常久存在，而不得不如此者也。由是而物之一生，以其生壯老死之事中，表現更迭而呈現之既有還無之二相，所成之變化歷程，便皆唯是道體之自身，求自同自是，以常久存在之所顯；而物之一生之變化歷程之真實內容，即唯是此道之常久。[50]

他把「道」這種「有」與「无」，「依次」、「更迭」而分分合合所形成循環不已的「變化歷程」，說明得極清楚。

這樣，結合《周易》和《老子》來看，它們所主張的「道」，如僅著眼於其「同」，則它們主要透過「相反相成」、「返本復初」而循環不已的作用，不但將「（0）一、二、多」的順向歷程與「多、二、一（0）」的逆向歷程前後銜接起來，更使它們層層推展，循環不已，而形成了螺旋式結構，以呈現宇宙創生、含容萬物之原始規律。

五、結語

綜上所述，可知宇宙創生、含容萬物之歷程，從《周易》（含《易傳》）與《老子》兩種古籍中，不但能由「有象」而「無象」，找出「多、二、一（0）」之逆向結構；也能由「無象」而「有象」，尋得「（0）一、二、多」之順向結構；並且主要透過《老子》「反者道之動」（四十章）、「凡物芸芸，各復歸其根」（十六章）與《周易・序卦》「既濟」而「未濟」之說，將順、逆向結構不僅前後銜接在一起，更形成一層進一層、循環不已的螺旋結構來。而這種螺旋結構，由於掌握了宇宙人生最基本而核心的規律，該是可以適應無窮，以統合各種變化的；而且所凸顯的「多、二、一（0）」、「（0）一、二、多」的結構，特地從多樣的「二元對待」中提煉出「剛柔（陰陽、仁義）」㊿51來統合，在「多樣」與「統一」之間，搭起一座「二」（二元對待——

㊿ 見唐君毅《中國哲學原論・導論篇》，同注㉑，頁三八七～三八八。

51 《周易・說卦傳》：「昔者聖人之作易也，將以順性命之理，立天之道曰陰與陽，立地之道曰剛與柔，立人之道曰仁與義。兼三才而兩之，故易六畫而成卦，分陰分陽，迭用剛柔，故易六位而成章。」見李鼎祚《周易集解》，同注⑥，頁四〇四～四〇五。

剛柔、陰陽、仁義）的橋梁，以發揮居間收、散之樞紐作用，並且特別凸顯出「（0）一」的創生原動力，增加了「有理可說」的可能，這對文學、美學與哲學的研究而言，或許是會有一點點參考價值的。

（原載《師大學報》四十七卷三期，二〇〇三年四月）

重要參考書目

一、專書

王弼（一九七四）：《王弼老子注》（臺景印初版）。臺北：河洛。

仇小屏（二〇〇二）：《古典詩詞時空設計美學》（初版）。臺北：文津。

李鼎祚（一九六三）：《周易集解》（初版）。臺北：世界。

宗白華（一九九六）：《宗白華全集》（一版二刷）。合肥：安徽教育。

林啟彥（一九九四）：《中國學術思想史》（一版四刷）。香港：書林。

邱正明（一九九三）：《審美心理學》（一版一刷）。上海：復旦大學。

姜國柱（一九九三）：《中國歷代思想史・先秦卷》（初版一刷）。台北：文津。

約翰・格理賓（Gribbin, J.）著，方玉珍、朱進寧、秦久怡、朱方譯（二〇〇一）：《雙螺旋探密——量子物理學與生命》（初版）。上海：上海科技教育。

夏放（一九八八）：《美學——苦惱的追求》（一版一刷）。福州：海峽文藝。

唐君毅（一九六六）：《中國哲學原論・導論篇》（初版）。香港：人生。

徐復觀（一九七八）：《中國人性論史・先秦篇》（四版）。臺北：商務。

張立文（二〇〇二）：《中國哲學邏輯結構論》（一版一刷）。北京：中國社科。

張起鈞（一九八九）：《智慧的老子》（重印初版）。臺北：東大。

陳鼓應（一九八五）：《老子今註今譯及評介》（修訂十版）。臺北：商務。

陳鼓應（一九九三）：《老莊新論》（初版一刷）。臺北：五南。

陳望衡（一九九八）：《中國古典美學史》（一版一刷）。長沙：湖南教育。

勞思光（一九七四）：《新編中國哲學史》（增訂初版）。臺北：三民。

馮友蘭（二〇〇〇）：《馮友蘭選集》（一版一刷）。北京：北京大學。

黃釗（一九九一）：《帛書老子校注析》（初版）。臺北：學生。

黃慶萱（一九九五）：《周易縱橫談》（初版）。臺北：三民。

歐陽周、顧建華、宋凡聖（二〇〇一）：《美學新編》（一版九刷）。杭州：浙江大學。

戴璉璋（一九八九）：《易傳之形成及其思想》（臺初版）。臺北：文津。

二、論文

陳滿銘（二〇〇〇）：〈談儒家思想體系中的螺旋結構〉。《國文學報》，二十九期，頁一～三四。

陳滿銘（二〇〇二）：〈章法的哲學思辨〉。論文發表於閩臺辭章學學術研討會。廈門市：集美大學、泉州師範學院。

國家圖書館出版品預行編目資料

論孟義理別裁 ／陳滿銘著, --初版 --臺北市：
萬卷樓, 民 92
面；　　公分
ISBN 957－739－452－3 (平裝)
1.四書－研究與考訂

121.217　　　　　　92013256

論孟義理別裁

作　　者：陳滿銘
發 行 人：楊愛民
出 版 者：萬卷樓圖書股份有限公司
臺北市羅斯福路二段 41 號 6 樓之 3
電話(02)23216565 · 23952992
傳真(02)23944113
劃撥帳號 15624015
出版登記證：新聞局局版臺業字第 5655 號
網　　址：http://www.wanjuan.com.tw
E-mail：wanjuan@tpts5.seed.net.tw
經銷代理：紅螞蟻圖書有限公司
臺北市內湖區舊宗路二段 121 巷 28 號 4F
電話(02)27953656(代表號)　傳真(02)27954100
E-mail：red0511@ms51.hinet.net
承印廠商：晟齊實業有限公司
定　　價：400 元
出版日期：2003 年 8 月初版

ISBN 957－739－452－3